Madeleine Alizadeh
Starkes weiches Herz

MADELEINE ALIZADEH
/
DARIADARIA

STARKES WEICHES HERZ

WIE MUT UND LIEBE UNSERE WELT VERÄNDERN KÖNNEN

Ullstein leben ist ein Verlag der Ullstein Buchverlage GmbH
www.ullstein-buchverlage.de

ISBN 978-3-96366-058-0

2. Auflage 2019
© Ullstein Buchverlage GmbH, Berlin
Lektorat: Aylin LaMorey-Salzmann
Umschlaggestaltung: zero-media.net, München
Titelabbildung: © Hubertus Urbanski
Satz: Pinkuin Satz und Datentechnik, Berlin
Gesetzt aus der Kepler Std
Druck und Bindearbeiten: Longo SPA, Bozen
Printed in Intaly

Dieses Buch wurde auf vollkommen biologisch abbaubarem »Apfelpapier« gedruckt. Es handelt sich um ein nachhaltiges und umweltfreundliches Naturprodukt. Der Rohstoff für das Papier Cartamela sind Apfelreste (Trester) aus der apfelverarbeitenden Industrie. Zur Papierherstellung wird nur erneuerbare Energie (RECS-zertifiziert) verwendet, ein Beitrag zur Verringerung von CO_2-Emissionen. Geliefert wird Cartamela von frumat, Bozen.

Für Oma, Mama und Mala.

Inhalt

Worte zum Anfang 9

1. Bestandsaufnahme: Wie zufrieden bin ich? 15
Das Problem mit dem Glück 19
Das Erwachen 21
Die Jammerfalle 25
Die Samen, die wir pflanzen 28
Emotionales Erbe 35
Money, Money, Money 37
Der Reality-Check 39
Brief an mich selbst 41

2. Bin ich genug? 45
Miss Do It All 46
Der Brei im Kopf 51
Done is better than perfect 58
Feder statt Hammer 60
Auf der Matte bleiben 64
Zufälle gibt's nicht. Oder doch? 74
Die Diktatur der Schönheit 76
Zu dünn, zu dick, zu alles 80
Wir dürfen alle Feministinnen sein 86
Alle wollen individuell sein, aber wehe, du bist anders 88
An erster Stelle kommt die Selbstliebe 95
An erster Stelle kommst du 103

3. Was will ich eigentlich? 113

Von Berufung und Scheitern   114

Schluss mit Zuckerglasur   124

Reinigung, innen und außen   134

Under pressure   138

Get up, stand up   146

Such dir die warmen Menschen, nicht die Coolen   153

4. Was würde ich tun, wenn ich keine Angst hätte? 158

Was wir brauchen, ist Mut   160

Was wir brauchen, ist Wut   163

Manchmal muss man loslassen   170

5. Was kommt nach der Angst? 178

Warte nicht   178

Nein ist ein vollständiger Satz   180

Ehrlichkeit ist anstrengend   185

Produktiv und fokussiert – geht das?   198

Muss es immer wehtun?   205

6. Wie gehe ich mit Hindernissen um? 209

Die drei Schritte für Stresssituationen   210

Wenn meine Schuldgefühle zu deinen werden   216

Tschüss, Energievampir!   222

Im Hier und Jetzt   226

Raus aus der Konsumfalle   233

Zeit für das, was du liebst   237

Muss ich es alleine schaffen?   249

7. Wie liebe ich bedingunglos? 259

Die Macht der Entschuldigung   259

Der härteste Job der Welt   263

Warum dein Schmerz mir wichtig ist   265

Die Sprache, die alle sprechen   270

Liebe unter Umständen   273

Allein ist nicht einsam   277

Weniger Mauern, mehr Vertrauen   282

Wahres Mitgefühl   291

Geben & Nehmen   294

Quellen   297

Worte zum Anfang

Der Mut und die Liebe, die Stärke und das Weiche: Diese vermeintlichen Gegensätze begleiten mich täglich sowohl beruflich als auch privat. Immer wieder stand ich vor folgendem Problem: Für die eine Gruppe bin ich zu weich, zu soft, nicht radikal genug. Für die andere Gruppe wiederum bin ich zu rigoros, zu hart. Zu soft für die Harten und zu hart für die Soften. Jahrelang fühlte ich mich hin- und hergerissen: Soll ich entschiedener, unbarmherziger in meinem Aktivismus werden? Oder soll ich gar milder und sanfter werden in meiner Kommunikation, wenn es um die Klimakrise und andere Probleme geht? Es war ein Spagat, den ich als junge Aktivistin machen musste. Ein ermüdender Spagat. Bis ich eines Tages feststellte: Ich muss mich nicht entscheiden. Ich brauche kein Etikett, das mir vorschreibt, wie man Aktivismus durchzieht. Für manche werde ich immer zu weich und für manche immer zu hart sein – das ist nicht schlimm. Denn für mich ganz persönlich ist der Weg klar: Mein Herz ist stark, und es ist weich. Das eine schließt das andere nicht aus – diese Erkenntnis hat mich unheimlich befreit. Sie hat mir den Raum gegeben, verständnisvoll, aber bestimmt zu sein. Das Befreien von Labels war wichtig für mich, da ich als Person im Internet sofort in Schubladen gesteckt werde. Mal bin ich pazifistische Yogini, die immer lächelt, mal die wütende Feministin. Und was, wenn man beides in sich trägt? Ich wollte keine dieser Schubladen mehr, ich wollte ich sein. Ich wollte Raum für

Liebe, Mut, Hass, Trauer, Leidenschaft, Stärke und Weichheit haben. Und diesen Raum habe ich mir einfach genommen, so wie du ihn dir auch nehmen kannst.

Wir leben in einer Zeit, wo es an Gurus zum Thema Positivität und Glück nicht mangelt, »Liebe ist überall« und »Du bist Liebe« liest man allerorts. Ein gezwungenes Lächeln, auch wenn einem nicht nach Lächeln zumute ist. Bei einem Buch über die Liebe denkt man dann vielleicht zuerst: Ponys, Regenbogen, Blumen. Das ist nicht meine Definition von Liebe. Liebe bedeutet für mich, roh und ehrlich zu sein. Liebe ist nämlich auch Hass, Wut, Trauer. Liebe schließt all diese dunklen Emotionen, die wir nicht fühlen wollen und zur Seite schieben, nicht aus. Liebe ist vielmehr die Erlaubnis, sich all das zu erlauben.

Es ist meine tiefste Überzeugung, dass Liebe ohne all das nicht sein kann, weil es eine oberflächliche Form der Liebe wäre. Eine gekünstelte Hollywoodliebe, eine plastikverpackte Styroporliebe. Liebe ist das Spektrum des Fühlens, mit allen Amplituden, in die das Leben ausschlägt. Ich habe so lange probiert, ein Mensch zu sein, der nicht wütend wird, der sanft ist, ein »liebevoller« Mensch. Was dabei an die Oberfläche gelangt, ist niemals die Wahrheit. Denn wenn wir alles, was nicht schön, glatt und wunderbar ist, nicht ausatmen und rauslassen, sondern glatt bügeln, runterschlucken, ignorieren, dann sprechen wir nicht von Herzen, und wir sprechen nicht unsere Wahrheit. Die Wahrheit kann oft »Ich liebe dich nicht mehr« sein, und dieser Satz birgt oft mehr Liebe als ein »Ich liebe dich«, wenn es nicht die Wahrheit ist. Ehrliche, rohe, wahre Worte zu sprechen, ist das, was Liebe für mich bedeutet. Liebe ist Toleranz, all den Gefühlen und Emotionen Raum zu geben – sie nicht zu ersticken. Bitte merke dir: Gefühle sind nicht schmutzig. Auch nicht die, die wir als negativ oder schmutzig ansehen.

Die Liebe zur Natur, meinen Mitmenschen, den Tieren gegenüber ist der Grundstein für meinen Aktivismus. Die Liebe zu mir selbst ist die Mutter, die über allen Emotionen steht – auch der Wut, der Angst, der Trauer und der Verzweiflung, die der Aktivismus und die allgegenwärtigen Krisen mit sich bringen. Aber auch die Leidenschaft für das, was man tut. In Zeiten der Klimakrise, der politischen und gesellschaftlichen Krise, brauchen wir die Liebe mehr als zuvor. Wir brauchen das Verständnis, den Dialog und die Toleranz, auch der Intoleranz gegenüber, um diese zu bewältigen. Viel zu viele Mauern wurden gebaut; zu viele Menschen leiden.

Mit diesem Buch schlägst du nicht nur Seiten auf – ich mache darin mein Herz für dich auf. Denn ich stelle mir unser Leben wie folgt vor: Es gibt ein inneres und ein äußeres Zuhause. Das äußere Zuhause kennen wir. Der Ort, an dem wir wohnen, uns aufhalten. Das, was wir »Heimat« nennen. Zuhause kann ein spezieller Ort oder auch mehrere, physische Orte sein. Viel weniger beachtet ist jedoch das innere Zuhause. Wie oft schauen wir rein, ins innere Zuhause? Manchmal, wenn man »nach Hause«, zu sich kommt und ganz genau hinfühlt, wird man mit dem inneren Auge sehen: Da sieht es nicht immer aufgeräumt und glatt aus. Manchmal ist das innere Zuhause chaotisch, kopfüber, manchmal hat da gerade jemand eine wilde Party gefeiert oder erotische Fantasien ausgelebt. Manchmal brennt es im inneren Zuhause. Es kann aber auch gemütlich, aufgeräumt oder angenehm unordentlich sein. Für unser äußeres Zuhause haben wir einen Werkzeugkoffer: Hammer, Schraubenzieher, Zange – alles da. Wenn das Bild mal schief hängt oder die Wände neu gestrichen gehören – wir wissen, was wir brauchen. Anders ist es aber oft mit dem inneren Zuhause, für das wir genauso eine Werkzeugkiste brauchen. Was tun wir, wenn wir vor lauter Stress nicht mehr wissen, wo vorne und hinten ist? Wie können wir entgegenwirken, wenn die innere Stimme uns wieder einmal klein macht? Und wie gehen wir mit Menschen um, die unsere gesamte Energie rauben? Wo ist der Feuerlöscher, wenn es mal brennt?

Schon früh wurde mir bewusst: Wir suchen so oft nach Antworten, ohne die richtige Frage zu kennen. Die richtige Frage ist oft viel bedeutender als die Antwort, die oft obsolet wird, sobald man die passende Frage gefunden hat. Wir alle haben Fragen, das beginnt schon im Kindesalter. Es ist die Neugier, die man beim Kind kultivieren muss, denn mit der Erstickung der Neugier stirbt auch alles andere, was daraus wachsen kann: Kreativität, Innovation, Veränderung, Wachstum. Ich selbst war eines dieser »nervigen« Kinder, die ununterbrochen Fragen stellen. Sehr zum Unmut vieler Lehrer*innen, die meine Fragen gerne als verhaltensauffällig bezeichneten und lieber ihren Frontalunterricht durchgezogen hätten. Zu meinem Glück hat mich der Mut zu fragen nie verlassen, vor allem nicht die Fragen, die ich mir selber tagtäglich stelle. Fragen wie »Möchte ich wirklich Kleidung von ausgebeuteten Textilarbeiterinnen tragen?« und »Kann ich mit 20 alleine für vier Monate durch Asien reisen?« haben mein Leben grundlegend verändert. Eine einzige Frage kann wie ein Tropfen auf einen flachen, stillen See prallen und Wellen schlagen, die wir uns zuvor niemals ausgemalt hätten.

Die wohl wichtigste Frage, die ich mir regelmäßig stelle, lautet »Liebe ich?«. Und hier meine ich eben nicht die oberflächliche, artifizielle Liebe, die wir aus Hollywoodfilmen kennen. Ich meine die Liebe, die Leidenschaft, die stärkste

Zuneigung, die man sich vorstellen kann. Die Liebe, die auch Hass, Wut, Trauer erlaubt. Egal ob es das Essen ist, das vor mir steht, der Partner oder das Buch, das ich gerade lese: Wenn da keine Liebe ist, ist es Zeitverschwendung. Als ich 27 wurde, realisierte ich: Ein Drittel meines Lebens war bereits verstrichen. Durchschnittlich werden Menschen 28 000 Tage alt, die Hälfte ist also, wenn es nach der Statistik geht, mit knapp 38 Jahren vorbei. Wieso um alles in der Welt sollte ich etwas tun, wenn ich dabei keine Liebe empfinde? Wieso sollte ich einer Diät nachgehen, die sich jeden Tag wie eine Qual anfühlt? Wieso sollte ich in einer Beziehung bleiben, die mir nur Energie raubt? Und wieso verdammt noch mal sollte ich das tun, was andere, aber nicht mich zufrieden macht? Unsere Vergänglichkeit, die enorm kurze Zeit, die so ein Leben bereithält, sollte uns jeden Tag bewusst werden. Leider wird uns diese Vergänglichkeit aber nur dann bewusst, wenn sie vor der Tür steht. Wenn der Tod bei einem geliebten Menschen oder uns selbst anklopft. Wenn wir über eine Tragödie in der Zeitung lesen. Wenn wir ein ergreifendes Buch lesen oder einen TED Talk schauen, der uns daran erinnert. Zu sagen: »Ich möchte lieben«, mag für viele romantisiert klingen, dabei ist es für mich eine wahrhaftig realistische Herangehensweise, die besagt: Nutze deine Zeit, gib alles, blicke den Tatsachen ins Gesicht.

Wir realisieren nicht, dass es kein zweites, drittes, viertes Leben geben wird. Es gibt nur dieses eine Leben. Trotz alledem schieben wir die Entscheidung, ein erfülltes Leben zu führen, auf. Wir führen Beziehungen, die wir emotional schon längst beendet haben. Wir trennen uns jahrelang nicht, weil wir uns dem Auseinandergehen nicht stellen wollen. Wir verbringen die schönsten Jahre unseres Lebens in Jobs, die uns Tag für Tag mehr zermürben. Wir verbringen fünf Tage die Woche damit, uns auf die zwei Tage zu freuen, an denen wir das tun können, was uns Spaß macht. Wir beschweren uns über zu wenig Zeit für die Dinge, die wir lieben. Wir trauen uns so oft nicht, ins kalte Wasser zu springen, obwohl wir nichts zu verlieren haben. Wir hetzen einer Karriere nach, weil Familie oder Gesellschaft uns von klein auf indoktriniert haben, dass mehr Geld in mehr Zufriedenheit resultiert. Wir nehmen diese Rechnung für Bares, schuften, sind überarbeitet, ausgelaugt, müde und stellen irgendwann fest: Diese Rechnung geht nicht auf. Wir finden zig Erklärungen und Ausreden, wieso wir unser Leben nicht in die Hand nehmen. Die Zeit ist also gekommen: Liebe, oder lass es.

1. Bin ich eigentlich erfüllt?

Ich hätte mir tausend Ausreden zurechtlegen können, wieso es dumm wäre, aus einem Hobby einen Beruf zu machen. Ich war 22, ohne Kohle, kurz vor dem abgeschlossenen Studium, ohne Aussicht auf einen Job. Aber: Ich habe es einfach probiert, denn zu verlieren gibt es selten etwas. Ich beschloss, mich mit meinem Blog, den ich zwei Jahre zuvor gegründet hatte, selbstständig zu machen. Ich jobbte nebenher ein bisschen, um mir meinen Lebensunterhalt zu verdienen, und steckte in meiner Freizeit jede freie Minute in meinen Onlineauftritt. Es fühlte sich nicht wie Arbeit an, denn ich liebte es! Ich hielt jede Situation fotografisch fest, traf mich mit anderen Bloggerinnen, erzählte jedem, den ich kannte, von »dieser neuen App namens Instagram«. Meine Begeisterung beschränkte sich aber nicht nur aufs Bloggen: Schon immer liebe ich eigentlich alles, was ich tat. Ich liebte als Jugendliche meinen Job am Wochenendmarkt, wo ich um fünf Uhr morgens den Stand aufbaute und dann den ganzen Tag in klirrender Kälte Käse verkaufte. Ich liebte meinen Kellnerinnenjob, bei dem ich den dicksten Bizeps bekam. Und ich liebte meine ehrenamtliche Arbeit, die ich im zarten Alter von 14 begann. Und das ist der springende Punkt: Glück findet man nicht nur in glamourösen, glatt polierten Tätigkeiten. Wenn ich von Glück spreche, spreche ich nicht vom Leben auf den Bahamas, sondern von

Dingen, die DICH ganz individuell erfüllen. Wenn ich über das, was wir als Glück bezeichnen, spreche, höre ich so oft »aber«. Menschen finden zig Ausreden, wieso Gegebenheit XY sie davon abhält, erfüllt und zufrieden zu sein. Das klingt jetzt vorerst mal wie ein kitschiges Versprechen eines Zehn-Wochen-Programms, das einem auf Social Media verkauft wird, aber: Jeder Mensch ist seines Glückes Schmied. Nein, ich bin keine Freundin von »Wir müssen alle immer glücklich sein« und der rosaroten Brille. Dennoch glaube ich aber aus tiefstem Herzen, dass Menschen erfüllt sein können, wenn sie es schaffen, das, was sie brauchen, in sich zu finden.

Die meisten Menschen, die auf der Sonnenseite des Lebens geboren wurden, haben einen Luxus, den viele andere Menschen nicht haben. Wieso nehmen wir die Chancen, wenn wir sie haben, nicht wahr? Die wenigsten von uns kämpfen in einem indischen Slum ums tägliche Überleben. Dennoch sind es meist Menschen aus der Mittelschicht, die sich zahlreiche Gründe zurechtlegen, warum sie dieses und jenes nicht tun können. »Check your privilege«, posaunt es. Ja, ich und viele andere sind wahnsinnig privilegiert. Ich lebe als Cisgender in einer sicheren Stadt, durfte eine gute Ausbildung genießen und gehöre zu keiner marginalisierten Gruppe. Natürlich wache ich nicht jeden Tag auf und sinniere über all meine Privilegien, und manchmal ist es völlig legitim zu jammern, sich zu beschweren. Dennoch bin ich irrsinnig dankbar für das wunderschöne Leben, das ich leben darf. »Check your privilege« jedoch kann oft bedeuten: »Halt den Mund, du darfst nicht mitreden.« Dieser Diskurs ist mir während der letzten Jahre mehr und mehr in diversen sozialen Medien aufgefallen, und ich halte ihn für alles andere als konstruktiv. Ja, Privilegien zu erkennen, ist wichtig. Vor allem White Privilege! White

Privilege bedeutet nicht, keine Probleme zu haben, jedoch, dass diese Probleme nicht aufgrund der eigenen Hautfarbe entstanden sind. Abseits des Diskurses zum White Privilege gibt es aber auch andere Arten, einen Menschen darauf hinzuweisen, dass er oder sie etwas hat, was einem selbst fehlt und einen einschränkt. Jemanden im Imperativ zurückzuweisen, schafft keinen konstruktiven Diskurs, und es schafft auch keine Grundlage für Verständnis, Zuhören, und allem voran: Es schafft keine Lösung.

Mein Vater kam mit 16 aus dem Iran nach Wien. Mit im Gepäck: Diagnose Knochenkrebs. Nach einem jahrelangen Krankenhausaufenthalt wurde ihm letztendlich das linke Bein amputiert. Mit nur einem Bein fuhr er Taxi, arbeitete sich hoch, bis er ein Stipendium für die Diplomatische Akademie in Wien bekam. Seine Eltern unterstützten ihn weder finanziell noch emotional – er war auf sich allein gestellt. Meine Mutter kommt aus einer einfachen Familie, sie hat fünf Geschwister. Mit 26 war sie mit ihrem zweiten Kind schwanger, als ihr Vater mit nur 35 Kilo im Krebs-Endstadium auf der Intensivstation für immer ging. Meine Oma war allein, ohne jemals in die Rentenkasse einbezahlt zu haben, als Hausfrau und Mutter von sechs Kindern. Meine Mutter verlor das Kind, mit dem sie zum Zeitpunkt des Todes meines Großvaters schwanger war, im fünften Monat. Die Ehe meiner Eltern scheiterte, bald nachdem ich einige Jahre später geboren wurde – ein Rosenkrieg sondergleichen. Meine Mutter war gezwungen, früh wieder arbeiten zu gehen, ließ mich in der Obhut einer Kinderfrau. Unsere Nachbarin beichtete meiner Mutter, dass sie gesehen hätte, wie die Kinderfrau mich schlug, meine Mutter war außer sich. Die nächsten sechs Monate verbrachte ich bei meiner Großmutter, die das Kind, das sich nicht mehr anfassen ließ und völlig verstört war, wieder aufpäppelte. Ich ging zur Schule, wurde gehänselt, gemobbt, mit acht Jahren zeichnete ich nur noch schwarze Bilder, die Lehrer*innen stuften mich als depressiv ein, ich musste zur Psychologin.

Sinn und Zweck dieses Buches ist es aber nicht, dir über mein Leben und dessen Stolpersteine zu erzählen. Glücklicherweise gab es in meinem Leben viel mehr Höhen als Tiefen, und das ist es, was ich mir in Erinnerung rufe, wenn ich an die letzten Jahre denke. Worum es mir aber geht: Nur weil jemand langes, wallendes Haar, 200 000 Instagram-Follower, eine schlanke Figur und auf den ersten Blick »alles« hat, bedeutet es nicht, dass es fair ist, diese Menschen im Imperativ und pauschal auf ihr Privileg hinzuweisen. Wir kennen die Menschen, ihre Vergangenheit, ihre Herkunft nicht. Ich wurde von einem Vater mit einem Bein und einer Mutter mit einem Eierstock gezeugt, ich hatte sehr viel Glück, aber ich habe auch sehr viel Schmerz erlebt. Ich habe als junge Erwachsene sehr oft von weniger als 300 Euro im Monat gelebt, und ich habe so ziemlich jeden Job ausprobiert, den es auszuprobieren gab. Mein Leben läuft nicht immer glatt, doch ich bin unendlich dankbar, bisher keine gravierenden Schicksalsschläge in meinem Leben verzeichnet haben zu müssen. »Wie zufrieden bin ich?« ist eine Bestandsaufnahme, die wir immer wieder tätigen müssen, ohne sofort mit dem Finger auf andere zu zeigen.

Ich erinnere mich noch genau an meine kurze Zeit im Gazastreifen, wo ich die wärmsten und herzlichsten Menschen meines Lebens getroffen habe. Die Menschen, die in einer politisch so prekären Situation leben, die Menschen, die stetig Bomben fallen hören. Oder an die Menschen, die ich im Irak, nur wenige Kilometer von der stark umkämpften Stadt Mossul kennenlernte – all diese Menschen trugen ein Lächeln auf den Lippen. Nicht, weil sie in dem Moment glücklich waren, das wäre ignorant zu behaupten. Aber weil das Lächeln das Einzige war, was ihnen blieb, und das Einzige, was Glück zumindest nahekam. »Wie zufrieden bin ich?« bedeutet, ehrlich zu sein, und wenn die Antwort »Eigentlich nicht so« lautet, sich hinzusetzen und den festen Entschluss zu treffen, das zu ändern.

Das Problem mit Glück

Nun habe ich den Begriff Glück zuhauf um mich geschmissen, um dich nun aber kurz auf einen philosophischen Diskurs mitzunehmen. Denn eigentlich geht es gar nicht um Glück. Zumindest nicht darum, es als solches zu bezeichnen. Glück ist ein irreführender Begriff, der einen großen Teil zu den vielen Hürden, die unser Leben mit sich bringt, beiträgt.

Was den Begriff des Glücks oft prägt, ist vor allem der Zufall, die Fügung günstiger Umstände. Die erste Krux besteht also darin, dass der Begriff Glück suggeriert: Alles, was uns Glück bringt, ist reiner Zufall, nach dem Motto: Wir haben nie Einfluss auf das eigene Glück, denn es wird uns vom Himmel in den Schoß fallen. Wir kommen zum Glück wie die Jungfrau zum Kind. Dem möchte ich widersprechen, denn nicht jedes Glück ist schierer Zufall. Erfüllung und Zufriedenheit sind Zustände, die dezidiert herangeführt werden können, da braucht es keinen Zufall.

Die zweite Herausforderung mit dem Terminus Glück kommt mit der Tatsache, dass Glück vermeintlich einen Zustand beschreibt, der vollkommen ist. Denn zum Glück gibt es den Gegenspieler namens Unglück, der den Zustand von »kein

Glück« beschreiben soll. Mit dem Wort Glück gibt es kaum Spielraum für die Nuancen, die ein glückseliges Leben mit sich bringt. Meiner Meinung nach kann man durchaus glücklich, aber leidend sein. Man kann sich gestresst, aber zufrieden fühlen. Diese Nuancen, die das Leben mit sich bringt, schließt das Wort Glück für die Auffassung vieler Menschen aus. Glücklich und gleichzeitig unglücklich sein – geht das? Nicht wirklich, wenn das eine das Gegenteil des anderen bedeutet. Viel besser: Erfüllung! Oder: Eudämonie, ein Wort, das vom altgriechischen Begriff *eudaimonía* stammt, vor allem von den Philosophen Platon und Aristoteles gebraucht. Heutzutage greifen wir fälschlicherweise auf das Wort Glück zurück, wenn wir von Erfüllung sprechen, früher war es Eudämonie. Die alten Griechen glaubten nicht daran, dass der Zweck des Lebens darin bestand, glücklich zu sein. Viel eher strebten sie Eudämonie, Erfüllung, an. Der springende Unterschied zwischen Glück und Erfüllung ist nämlich die erlaubte Präsenz von Schmerz. Man kann gleichzeitig beruflich erfüllt sein, aber unter Druck stehen. Es ist möglich, in einer Beziehung Erfüllung zu finden und gleichzeitig hart dafür arbeiten zu müssen und nicht immer glücklich dabei zu sein. Was ich am Wort Eudämonie so mag, ist, dass es laut ausspricht, wovor zu viele scheuen: Schmerz und Trauer gehören dazu – auch zum Glücklichsein. Viele Projekte, die wir im Leben angehen, von Beziehungen bis zur beruflichen Karriere, erfordern oft Tränen und Schweiß. Auch unfassbar erfüllte Menschen gehen nicht immer fröhlich, immer lächelnd durchs Leben. Herausforderung, Schicksalsschläge, Hindernisse, sie alle gehören dazu, um zu wachsen, um zu leben. Das Leben wird uns immer wieder provozieren und herausfordern, was keineswegs im Gegensatz zum Glücklichsein steht. Die Anforderung sollte nicht sein, am Ende des

Lebens auf ein reibungsloses, glückliches Leben ohne Herausforderungen zu blicken. Es sollte sein, auf ein erfülltes Leben
zurückzublicken. Und zum erfüllten Leben kann alles gehören:
das Gute und das Schlechte. Indem wir uns der Vorstellung des
Glücks als vollkommenem Zustand der Zufriedenheit entledigen, können wir endlich aufhören, nach einem schmerzfreien
Dasein zu streben. Wir können aufhören, uns immer zum
Lächeln zu zwingen, und anfangen zu verstehen, dass es um
etwas viel Wichtigeres geht, als ständig zu lächeln: das Beste
aus unserem Leben zu holen, auch wenn das Beste oft nicht
das vermeintlich Schönste ist.

Wenn ich also von Glück in diesem Buch spreche, meine
ich viel eher das Konzept der Eudämonie, auch wenn ich diesen Begriff nicht immer anstelle von »Glück« verwende.

Das Erwachen

Vieles triggert Menschen, doch kaum etwas triggert sie
mehr, als andere Menschen glücklich zu sehen und selbst
das Gefühl zu haben, all das nicht erleben zu dürfen. Mich
macht diese Reaktion immer unheimlich traurig. Vor allem,
weil die Person eigentlich nur die entsprechenden Tools, den
Werkzeugkoffer, braucht, um zufriedener zu sein. Es braucht
keinen Urlaub auf den Malediven, und es braucht keine 200 000
Instagram-Follower, um froh zu sein. Es braucht eigentlich nur
den Mut, die Dinge zu tun, die man gerne tut. Das bedeutet
nicht, dass man nicht mehr arbeiten gehen muss oder keine
Verpflichtungen mehr hat – denn dessen kann man sich nur
schwer entledigen. Es bedeutet aber, dass man das Leben in die
Hand nimmt und sich ehrlich anschaut: Was bedrückt mich

wirklich? Denn oft ist es nicht die Tatsache, dass die Person auf unserem Handyscreen gerade einen tollen Urlaub macht und wir nicht. Wir glauben lediglich, dass das, was uns unglücklich macht, das Glück der anderen ist. Dabei liegt das, was uns unglücklich macht, vermutlich ganz woanders vergraben. Denn selbst wenn die anderen mit dem vermeintlich perfekten Leben unglücklich sind, wird das nichts an unserem eigenen Gemütszustand ändern.

Doch fangen wir von vorne an: Es geht um Selbstverantwortung und darum, was Selbstverantwortung überhaupt bedeutet. Wenn du dich getraut hast, aufrichtig und ehrlich zu fragen, ob du zufrieden und erfüllt bist, hast du den ersten Schritt geschafft. Wenn du mit »Nein« antworten musst, dann kannst du im Rahmen deiner Möglichkeiten daran arbeiten. Selbstverantwortung bedeutet, unser Leben in die Hand zu nehmen. Es gibt keinen Shortcut zu Integrität, und es gibt keinen Shortcut zu Glück. Wir müssen den Weg gehen, denn ohne den Weg kommen wir nicht zum Ziel. (Da habt ihr ihn, meinen ersten Kalenderspruch in diesem Buch!) Die große Schwester der Selbstverantwortung heißt Selbstbestimmung. Selbstbestimmung ist das, was aus einem Opfer eine Kämpferin macht und was aus Passivität Aktivität macht. Das Gegenteil von Selbstbestimmung ist die Fremdbestimmung. Die wenigsten unter uns leben in Sklaverei oder Abhängigkeit, und wir sollten jeden Tag wertschätzen, an dem wir das nicht tun. Man bedenke, wie viele Frauen tatsächlich in Abhängigkeit leben und es dennoch schaffen, Hilfe zu suchen. Dennoch erlebe ich täglich Menschen, die eine vermeintliche Fremdbestimmung leben, wenn all das, was sie bestimmt, sie selbst sind. Sie suchen die Schuld bei anderen und rechtfertigen so ihr eigenes Unglück. Jemandem die Schuld zu geben bedeutet auch, die eigene Macht aufzugeben. Wenn das wunderschöne Model auf Instagram schuld daran sein soll, dass ich unglücklich bin, dann habe ich jegliche Macht über mich selber abgegeben – nämlich an jemanden, den ich nicht mal persönlich kenne. Schuldzuweisungen sind leicht, sie sind ein Mechanismus, um sich aus der Verantwortung zu ziehen, allen voran der Verantwortung, die man sich selber schuldig ist. »Die Zeiten werden immer schlechter« und »Ich kann eh nichts ändern« – all das sind Resignationen. Resignationen von Menschen, die nicht im indischen Slum, sondern in Europa leben.

Die meisten meiner Leser*innen sind weiblich, und die wenigsten leben in dramatisch prekären Situationen wie gravierender Abhängigkeit oder starker körperlicher Einschränkung. Das Skurrile daran ist auch: Die Menschen, die ich kenne, die tatsächlich unter den soeben beschriebenen Umständen leben, sind die Menschen, die am härtesten dafür arbeiten, ihr Leben zu verändern. Meine gute Freundin Jacqueline verlor im August 2016 ihren Partner. Sie wachte neben ihrem leblosen Freund auf, für den jegliche Hilfe zu spät kam. Es ist so ziemlich das Schlimmste, was ich mir vorstellen kann. Der Verlust eines Menschen, den man über alles liebt. Der Mensch, mit dem man den Rest seines Lebens verbringen wollte. Jacqueline hätte jegliches Recht dazu gehabt, alle viere von sich wegzustrecken und zu sagen: »Ich mach nicht mehr weiter – mein Leben ist somit zu Ende.« Doch sie hat selbstverantwortlich und selbstbestimmt gehandelt: Sie hat den Schmerz, die Trauer, die Wut zugelassen. Sie hat akzeptiert, dass man im Verlust eines geliebten Menschen nicht zwanghaft einen Sinn finden muss. Jacqueline ist regelmäßig zur Therapie gegangen, hat ihre Trauer öffentlich auf ihrem Instagram-Kanal *minusgold* aufgearbeitet, Kreativität aus der Trauer geschöpft, um Hilfe gebeten, wenn es zwischendurch einfach nicht weiterging und das Licht so weit weg schien. Sie hat den *Young Widowers Dinner Club* mitgegründet – eine Veranstaltungsreihe für junge Menschen, die ihren Partner oder ihre Partnerin verloren haben. Selbstverantwortung bedeutet nicht immer, am Boden zu liegen und wieder von selbst aufzustehen. Manchmal bedeutet es, jemanden um Hilfe zu bitten, damit man aufstehen kann, weil man es selber gerade einfach nicht schafft. Eine Hand auszustrecken und »bitte« zu sagen, ist genauso selbstverantwortlich, wie sich selber wieder aufzurichten. Jacqueline hätte jeglichen Grund gehabt, anderen Pärchen ihr Glück nicht zu gönnen, doch trotz des tragischen Verlustes kann sie sich von Herzen für andere freuen. Menschen wie Jacqueline geben mir Mut, sie bestärken und schaffen Raum für Verletzlichkeit und offenen Diskurs. Sie leben Selbstverantwortung mit jeder Zelle.

Für mich bedeutet selbstverantwortlich und selbstbestimmt zu leben tatsächlich zu erwachen. Manche Menschen beschreiben es als spirituelles Erwachen, doch nicht für jede und jeden ist dieser Jargon zugänglich. Spirituell oder nicht: Selbstbestimmung bedeutet Macht über das eigene Leben einzufordern. Von sich selbst und von anderen. Viele Menschen sind Opfer schrecklicher Dinge, die ihnen widerfahren sind. Nichts davon soll diskreditiert oder banalisiert werden. Unsere Traumata und Schicksalsschläge müssen in Gänze anerkannt werden – daran geht kein Weg vorbei. Doch abseits dieser wichtigen Anerkennung ist es essenziell, sich zu entscheiden: Möchte ich für das, was ich verdiene, etwas tun? Möchte ich selbst über die Dinge entscheiden, auf die ich Einfluss habe, oder lasse ich mich wie eine Billardkugel herumstoßen? Selbstverantwortung und Selbstbestimmung sind die ersten Schritte, um mehr Liebe ins Leben zu lassen. Denn

Vertrauen, Selbstliebe und unser Umgang mit anderen Menschen sind fundamental davon geprägt, wie selbstbestimmt wir mit unserem Leben und unseren Handlungen umgehen. Einer der großen Pfeiler meiner Arbeit als »Aktivistin für das Gute« ist es Menschen zu ermutigen, diesen Schritt zu tun. Befähigung und Bevollmächtigung scheinen Dinge zu sein, die wir anderen geben, dabei ist es etwas, das wir selbst in uns tragen. Der erste Schritt zu mehr Liebe für dich selber und andere Menschen ist es zu sagen: Ich erlaube mir, Herrin oder Herr über mein eigenes Leben zu sein und die emotionale Intelligenz zu entwickeln, mir die Werkzeuge für ein selbstbestimmtes Dasein zurechtzulegen.

Die Jammerfalle

Vor einigen Monaten war ich Basenfasten in einem Bio-Hotel. Ich wurde zu meinem Aufenthalt eingeladen und berichtete auf meinen sozialen Kanälen darüber. Als Antwort auf meine Fotos erhielt ich einige Kommentare und Nachrichten, eine davon lautete: »Ich wünschte, jede alleinerziehende Mutter würde eine 1000-Euro-Fastenkur geschenkt bekommen.« Für Außenstehende wirkt mein Job natürlich meistens so: Junge Frau fährt in ein Hotel, muss nichts tun außer lächeln, bekommt alles in den Arsch geschoben und darf wieder gehen. Geschenkt wurde mir die Fastenkur natürlich nicht – ich machte Fotos, schrieb Texte, beantwortete Fragen – mehrere Stunden pro Tag. Ich bot dem Hotel eine Plattform, die ich mir über neun Jahre aufgebaut habe. Eine Reichweite, die mir nicht geschenkt wurde. Das Problem mit Kommentaren wie dem der Mutter ist folgendes: Wir machen aus unseren Beschwerden

Anforderungen an Fremde, denen faktisch die Hände gebunden sind. Die Tatsache, dass eine Fastenkur für 1000 Euro nicht drin ist, ist für manche Menschen schiere Realität. Doch einem fremden Menschen im Internet die Verantwortung dafür zu geben und zu erwarten, dass diese Person das eigene Problem nun löst, ist für mich das Gegenteil von Selbstbestimmung. Oft versuche ich solchen Kommentaren positiv entgegenzuwirken, was aber sehr häufig zu noch mehr Resistenz führt. Versteh mich nicht falsch: Ich jammere oft! Ich jammere über dieses und jenes, oft kleinste Kleinigkeiten. Jammern ist erlaubt, denn wie in der Einleitung bereits vorausgeschickt: Die Welt ist nicht immer Ponys und Regenbogen. Doch wenn das Jammern, das Auslagern der eigenen Probleme auf andere Menschen, zum Dauerzustand wird, dann haben wir uns als Mensch unseres machtvollsten Werkzeugs entledigt: der Selbstverantwortung.

Was wir tun müssen, ist, aufstehen und aktiv werden. Es reicht nicht zu kritisieren, mit dem Finger zu zeigen, sich hinter dem Handy zu verstecken. Manchmal muss man sich aus diesen Situationen, so wie ich aus der Diskussion, zurückziehen, durchatmen und sich fragen: Was kann ich, hier und jetzt, tun, um mein Problem zu lösen? Oder wen kann ich um Hilfe bitten, um das Problem zu lösen? Was ist mein Beitrag, und wie kann ich Selbstverantwortung kultivieren? Oft ist es tatsächlich nur ein kleiner Beitrag, den wir leisten können. Manchmal aber auch größere, wie das Anschließen an eine politische Partei oder Bewegung, die unsere Werte vertritt. In meinem Leben habe ich viele Menschen getroffen, die nicht wählen dürfen. Für jemanden wie mich ist das unvorstellbar. Ich darf wählen! Und nicht nur bei politischen Wahlen, sondern ich darf auch wählen, wen ich liebe, mit wem ich ins Bett gehe, wohin ich als Nächstes reise. Ich darf entscheiden, ob ich

Fleisch esse oder nicht. Uns täte es gut, uns auf das zu konzentrieren, was wir aktiv tun können und dürfen, statt das Defizit zu unterstreichen. Vom Mangel in die Fülle! Selbstverantwortung bedeutet, die Fülle, vor allem für Menschen, die ein Privileg leben, anzuerkennen, auch wenn das manchmal schwer ist. Ich bin der Meinung, dass sich das öffentliche Echauffieren und Empören zu einem Trend entwickelt haben, der uns davon entledigt, tatsächlich politische Partizipation zu leben. Online wird oft mit dem Finger gezeigt, sich darüber gestritten, wer denn nun »korrekter« handelt. Offline sollten politische Partizipation und Veränderung aber genau anders aussehen: Wir müssen uns zusammensetzen, darüber sprechen, Lösungen finden. Mobilisieren und aktiv partizipieren. Wir werden selten eine absolute Deckungsgleichheit haben, wenn es um unsere Wertvorstellungen geht. Selbst mit Gleichgesinnten wird es immer nur eine Schnittmenge sein, die uns vereint. Aber vielleicht können wir uns so auf diese Schnittmenge, auf das Vereinende und die Themen, für die wir gemeinsam brennen, konzentrieren und proaktiv etwas tun.

In dem Bestseller *Die 7 Wege zur Effektivität: Prinzipien für persönlichen und beruflichen Erfolg* von Stephen Covey lautet die erste Regel zu mehr Effektivität im Leben: Sei proaktiv! Vorausdenken und handeln, aufhören, sich nur zu beschweren, und lernen, für das eigene Leben verantwortlich zu sein und es selbst zu gestalten – in dem Rahmen, in dem es einem möglich ist. An manchen Tagen ist einfach alles unfair, die Welt scheint gegen uns, kein Gespräch verläuft so, wie wir uns das vorstellen. Wir fühlen uns hässlich, ausgegrenzt, ungeliebt. Manchmal ist alles irgendwie doof, aber Jammern allein hilft nicht. Es ist wichtig, sich zu fragen: Was kann ich heute, hier und jetzt tun, um etwas zu verändern?

Die Samen, die wir pflanzen

Manchmal wache ich aus einem Traum auf und frage mich, wie dieser Zustand kommen konnte. Scheinbar zusammenhanglose Sachverhalte, Menschen oder Orte, mit denen ich schon ewig nichts mehr zu tun hatte, tauchen plötzlich im Traum auf. »Wie zum Teufel hat mein Hirn diesen Traum zusammengesponnen?«, frage ich mich dann. Doch wir Menschen tendieren dazu zu vergessen, dass unser Wesen aus einem Bewusstsein und einem Unterbewusstsein besteht. Das Bewusstsein ist der »wache« Zustand, den wir kennen, wenn wir Dinge aktiv, also bewusst tun. Demgegenüber steht jedoch der Schatten, in dem so viel verborgen liegt: das Unterbewusstsein. Die Tiefenpsychologie geht davon aus, dass es einen Teil der menschlichen Psyche gibt, der dem Bewusstsein nicht direkt zugänglich ist. Täglich tun wir zig Dinge, die unbewusst passieren. Wenn im Traum plötzlich Personen aus der Vergangenheit auftauchen, obwohl wir nichts mehr mit ihnen zu tun haben, ist es das Unterbewusstsein, das ein bisschen Archivarbeit betreibt. Und wenn wir nachts etwas plötzlich verarbeiten, was wir am Tag gar nicht richtig wahrgenommen haben, ist es das Unterbewusstsein, das sagt: »So beiläufig und belanglos war diese Sache gar nicht.« Wir säubern unseren Geist oft so, wie wir die Wohnung säubern: Wir heben den Staub auf und legen ihn in die Ecke oder kehren ihn unter den Teppich. Oft liegt die Wollmaus nämlich genau vor uns da auf den Fliesen des Badezimmers, und ganz unbewusst, automatisiert, kehren wir den Staub woandershin, statt ihn zu vernichten. So ähnlich passiert es auch mit unseren Gefühlen. Sie kommen und gehen, ohne aktives Eingreifen unseres Bewusstseins. Und dennoch reagieren wir immer wieder überrascht, wenn wir plötzlich vor einer völlig unaufgeräumten Wohnung stehen und uns denken: Wie ist das passiert?

Viele Menschen gehen durchs Leben und denken, ihre Beziehungen würden ihnen »einfach so« passieren. Sie betrachten sich als Blätter im Wind, die von willkürlichen Kräften herumgewirbelt werden. Dabei schaffen wir ganz viele unserer Beziehungen aus unbewussten Bedürfnissen und Mustern. Die Kräfte des Unterbewusstseins sind primitiv: Sie sind das, was wir von klein auf gelernt haben. Jemand, der einen intellektuellen, aber erniedrigenden Vater hatte, wird im Erwachsenenalter vielleicht, unbewusst, eine Aversion gegen intellektuelle Menschen haben – ohne bewusstes Wissen darüber, woher diese Aversion kommt. Genauso primitiv sind unbewusste Vereinbarungen, die wir mit Menschen treffen. Unbewusst begeben wir uns in Beziehungen, die rein selbsterfüllende Prophezeiungen sind. So begeben sich viele Menschen, die als Kind Gewalt von Eltern erfahren haben und somit Liebe mit Gewalt verknüpfen, als Erwachsene in Beziehungen, in denen sie diese Gewalt wieder erfahren. Das Unbewusste versucht nämlich eines: Dinge zu kategorisieren, einzuordnen, Muster zu definieren und diese Muster so oft wie möglich zum Einsatz kommen lassen. »Das war mir nicht bewusst« ist oft das Aufwachen aus einem Autopiloten, in dem wir uns seit Jahren befinden.

Aus dem Unterbewusstsein entspringen so viele Probleme, mit denen wir heutzutage zu kämpfen haben: Sucht, Abhängigkeit, Angstzustände. Die Reaktion, die das Unterbewusste dann oft sucht, ist die Schuld. Wem können wir die Schuld geben, wenn die Schuld doch nicht bei uns liegt? Das Externalisieren der eigenen Probleme bedeutet oft, die Aufmerksamkeit von innen auf außen zu legen. Denn: Nur wenn wir in das Verborgene, das nicht Offensichtliche, blicken, können wir eine realistische Bestandsaufnahme machen. Folgende Fragen könnten dabei hilfreich sein:

Was macht mir momentan Angst?
Was ärgert mich gerade?
Worüber grüble ich besonders viel?
Was für Dynamiken entwickeln sich
in meinen Beziehungen häufig?

Wenn wir uns immer wieder in dergleichen Situationen wiederfinden, noch so banal, können wir sicher sein, dass unser Unterbewusstsein ein Programm abspielt, von dem wir nicht wussten, dass es uns überhaupt einprogrammiert ist. Das kann bei Dingen wie Essverhalten anfangen und übergehen zu der Art und Weise, wie wir mit unseren Partner*innen umgehen. Viele Menschen wundern sich, warum sie immer wieder dieselbe Art von Beziehungen führen, warum der Streit über etwas vermeintlich Banales wie die offene Zahnpasta auch in der neuen Beziehung auftaucht und warum auch in der neuen, tollen Beziehung nach ein paar Monaten der Wunsch nach neuen Sexualpartner*innen aufkeimt.

Erst wenn wir sehen, dass all das rein gar nichts mit dem Gegenüber, sondern nur etwas mit uns selbst zu tun hat, haben wir den Jackpot getroffen. Wir haben das Unbewusste entdeckt.

Wir sind Produkte von alten Mustern, die sich vor allem in den ersten Lebensjahren eingebrannt haben. Erst wenn wir erkennen, dass die Ergebnisse unseres Handelns tatsächlich von uns generiert sind, unterbewusst gewünscht sind, können wir verstehen, dass tatsächlich wenig Zufall ist. Es ist leicht, die Dinge, die uns passieren, äußeren Gegebenheiten zuzuschreiben. Vielleicht sind einfach alle Männer scheiße und alle Arbeitskolleginnen und -kollegen intrigant. Vielleicht kann man einfach niemandem vertrauen, und vielleicht soll es einfach so sein, dass wir nie bekommen, was wir wollen. Vielleicht wäre es aber lohnend, genauer hinzusehen und sich anzuschauen: Wieso passieren mir eigentlich immer dieselben Dinge? Ist es vielleicht ein unbewusstes, inneres Muster, das es so will? Oft glauben wir, es reicht, etwas »bewusst« zu wollen. Wenn wir bewusst einen besseren Job, eine bessere Partnerschaft wollen, dann muss das reichen. Wir manifestieren, wir meditieren, wir versuchen optimistisch gestimmt zu sein. Und dennoch: Es geht immer wieder alles schief. Warum? Weil wir Programme abspielen. Ein Beispiel aus meinem eigenen Leben gab mir eine kräftige Ohrfeige, direkt aus meinem Unterbewusstsein:

In meinem ganzen Leben habe ich nie gelernt, was eine intakte Beziehung zwischen Mann und Frau bedeutet. Meine Eltern ließen sich früh scheiden, meine Mutter hatte immer wieder Partner, die früher oder später fremdgingen oder die Familie verließen. Für mich war es ganz normal: Frau trifft Mann, Mann verlässt Familie. Trauer und Verlassenwerden gehören für mich zu den frühesten Erinnerungen, die ich habe. Als Erwachsene befand ich mich immer wieder in romantischen Beziehungen, die anfangs sehr aufregend und schön waren, aber schnell zum Albtraum wurden. Streitigkeiten entstanden, ich entdeckte Fehler an meinen Partnern, schnell war klar: Die Beziehung ist zum Scheitern verurteilt. Seltsamerweise passierte das immer nach ungefähr einem Jahr, und meine Freundinnen scherzten schon, dass sie auf den Mann warteten, der es bei mir über die »Einjahresmarke« schafft. Ich glaubte zu wissen, dass es einfach nie »der Richtige« war, auf den ich traf. Mal war er zu langweilig, mal emotional zu unterkühlt, mal verstand er mich einfach nicht. Dabei waren unter all den Kandidaten einige tolle Menschen dabei, die bereit gewesen wären, an dem Projekt Beziehung mit mir zu arbeiten. Oft verstanden meine Mitmenschen nicht so richtig, wieso die Beziehung denn nun in die Brüche ging. Und es war nicht so, als wäre ich immer diejenige gewesen, die ging. Ich wurde verlassen, und zwar oft, weil ich es provozierte. Ich verhielt mich wochenlang unrund, unnahbar, gereizt. Und irgendwann fiel es mir wie Schuppen von den Augen: Immer, wenn die ersten Hormone verflogen waren und es darum ging, etwas Substanzielles, etwas Echtes, etwas Warmes und Schönes, etwas, was ein Zuhause hätte werden können, aufzubauen, spielte ich das Muster, das ich gelernt hatte, ab. Ich provozierte so lange Reibung, bis es zum Bruch kam. Ich provozierte so lange, um die Gefühle, die ich so gut kannte, wieder leben zu dürfen. Trauer, Verlassenwerden, Einsamkeit – diese Gefühle waren mir aus tiefster Kindheit bekannt, und diese Gefühle versuchte ich wieder zu erleben, indem ich die Situationen, wie ich sie gelernt hatte, rekonstruierte. Es war absurd, vor den eigenen Trümmern meiner letzten, langen Beziehung zu stehen, der Beziehung, die viereinhalb Jahre hielt. Am Ende musste ich feststellen, dass ich nach wie vor keine richtige Nähe zulassen konnte. »Du bist manchmal so unnahbar, als könne ich dich nicht greifen«, sagte mein Partner damals zu mir, und es brach mir das Herz. Da war ich, die Person, die mit allen anderen, außer dem romantischen Partner, so liebevoll und herzlich umging. Die fürsorglich und empathisch war und es nicht schaffte, genau diese Qualitäten im intimsten Bund zwischen zwei Menschen zuzulassen.

Die Gründe, die wir vorschieben, um Muster von Verlassenwerden oder Enttäuschung aufleben zu lassen, sind mannigfaltig. Mal haben potenzielle Partner*innen eine zu große Nase, mal nicht den richtigen Job, mal sind sie nach einigen Jahren einfach »zu langweilig«. All das sind Gründe, die uns alarmieren sollten, denn es sind vorgeschobene Motive, die uns erlauben, unseren Fahrplan, die innere Regie, überhandnehmen zu lassen. Wir suchen nach Gründen und Entschuldigungen, um dieses eigene Storyboard, das wir bereits als Kinder geschrieben haben, durchzuziehen. Das, was man auch Selbst-Sabotage nennen könnte, wird vom Unterbewusstsein sorgfältig und akribisch geplant. Wir legen uns und anderen Menschen unbewusst Fallen aus, in die wir und sie tappen sollen, damit wir unsere Muster manifestieren können. Wenn wir immer im Namen unserer Partner*innen antworten und sie aber letztendlich als unselbstständig ankreiden, sollten wir uns fragen, ob es nicht von Anfang an unser unbewusster Plan war, unser Bild der Unfähigkeit eines Partners oder einer Partnerin aufrechtzuerhalten. Und wenn wir uns als ständig hilflos darstellen, obwohl wir erwachsen und kompetent sind, sollten wir uns fragen, ob es nicht ein innerer Spielfilm ist, der in Dauerschleife spielt, bei dem wir die Rolle des angeschossenen Rehs einnehmen.

Die Realität, in der wir leben, ist ein Konstrukt, etwas, das wir uns selbst erschaffen. Aber jede und jeder von uns hat eine persönliche Sicht auf die Welt. Was wir sehen, ist immer von unserer Vergangenheit und unseren persönlichen Erfahrungen geprägt. Wir sind so viel komplexer, als wir glauben. Wieso sollten die Antworten also nicht ebenso komplex und tief verborgen sein? Oft verwenden wir unsere persönliche Wahrheit als Entschuldigung und Rechtfertigung für alles, was rund um uns passiert. Und es ist nicht verwerflich, dass wir das tun.

Denn als Kinder tun wir nichts anderes, als Puzzlestücke zu sammeln und sie zusammenzusetzen. Wir stellen Beweise auf, wie Dinge funktionieren. Wenn ich als Fünfjährige laut lache und dafür getadelt werde, zu laut zu sein, könnte meine Schlussfolgerung sein: Lautsein bedeutet Schmerz. Unbewusst mache ich mich dann als Erwachsene vielleicht immer klein, ohne wirklich zu wissen, wieso das immer automatisch passiert. Aus den Puzzlestücken und Beweisen, die wir im Laufe unseres Lebens sammeln, konstruieren wir uns ein System, das unser Leben erklären und leiten soll. Wir nehmen etwas wahr, ordnen es ein und handeln dementsprechend. Das kann sehr praktisch sein, im Straßenverkehr zum Beispiel. Eine Gefahr zu sehen, einzuordnen und dementsprechend schnell zu reagieren, kann unser oder das Leben eines anderen Menschen retten. Doch oft sind diese automatischen Reaktionen nicht fürs Überleben notwendig. Sie schaffen ein Glaubenssystem, an dem schwer zu rütteln ist.

Oft sind wir gar nicht so sehr das Produkt dessen, was uns passiert, sondern das, wofür wir uns entscheiden zu sein. Jeder Samen, den wir im Unterbewusstsein pflanzen, wird irgendwann im Bewusstsein, verändert und verschleiert, auftauchen und sich konkretisieren. Der Samen wirkt anfänglich klein und ist dann aber, als eine Art DNA, in jeder Handlung zu finden. So wie auch die Krone des Baumes Information aus den Wurzeln zieht, ziehen wir als Hundertjährige nach wie vor Information aus Samen, die bereits zum Zeitpunkt unserer Zeugung gepflanzt wurden. Wir müssen uns bewusst werden, dass wir nicht einfach als wunderschöner Baum aufgewacht sind, sondern dass wir gepflanzt wurden. Und in diesem Samen, der unsere Psyche ausmacht, ist unglaublich viel enthalten. Wir tendieren oft dazu, uns nur die Blüten oder die herabgefallenen Blätter anzusehen, wenn es oft viel wichtiger wäre, unsere Wurzeln, die wir als Baum haben, zu untersuchen.

Emotionales Erbe

Zur Analogie des Baumes ist auch ein bedeutender Punkt hinzuzufügen: das emotionale Erbe. Wir alle kennen den Familienstammbaum, der uns verrät, wie wir mit wem verwandt sind, und der manchmal mehr und manchmal weniger Aufschluss über unsere Geschichte gibt. Wir kennen den Begriff »Erbe« in Zusammenhang mit Geld oder Prestige. Kinder erben von ihren Eltern Geld, Immobilien, Objekte, Adelstitel. Doch weniger beachtet ist das emotionale Erbe, das wir alle in uns tragen. Diverse Studien legen heute nahe, dass Traumata ebenso vererbt werden, wie die Dreizimmerwohnung in der Altstadt.

Anfang der 1930er-Jahre ordnete Stalin die Ausrottung der ukrainischen Bevölkerung an, indem er ihre Ernte konfiszieren und sie von der Lebensmittelversorgung abschneiden ließ. Die Menschen sollten systematisch verhungern, und das taten sie auch. Drei bis sechs Millionen Menschen starben, manche Quellen sprechen von bis zu 14,5 Millionen Todesopfern. Der Begriff Holodomor beschreibt heute diese menschengemachte Hungersnot in der Ukraine, die 1932 bis 1933 stattfand. Eine kanadische Studie aus dem Jahr 2015 zeigte viele Jahrzehnte später, dass dieses unfassbare Trauma auch in den Familien der Überlebenden weiterlebte. Die Kinder und Enkelkinder befanden sich im innerlichen Überlebensmodus, als seien sie inmitten der Hungersnot. Die äußerte sich vor allem im Horten von Lebensmitteln, dem exzessiven Gärtnern, Übergewicht als

Folge von Überessen und dem absoluten Tabu, Essen zu verschwenden.

Ähnliche Studien gibt es zu Holocaust-Überlebenden, und noch immer ist vieles auf diesem Gebiet nicht hinreichend erforscht. Vor allem im Bereich der Genaktivität, also wie sich das Trauma tatsächlich biologisch auswirkt, wird aktiv gearbeitet. Das Feld der Epigenetik nimmt sich dieses Themas an: Es wird davon ausgegangen, dass unser Erleben sich direkt auf unsere Gene auswirken kann. So kann Genaktivität etwa durch traumatische Erfahrung verstärkt oder vermindert werden und somit unser Verhalten und unsere Emotionen beeinflussen. Veränderte Erbsubstanz könnte so theoretisch weitergegeben werden.

Wir wissen also inzwischen: Traumatische Erfahrungen unserer Eltern oder Vorfahren können durchaus auch in unserem Leben eine Rolle spielen. Übertragungsphänomene treten über Generationen hinweg auf, sei es bei einer Vorgeschichte mit psychischer Krankheit oder bei Erfahrungen von Misshandlung und Krieg. Wichtig ist es deshalb zu verstehen: Oft liegen viele Dinge, die wir spüren und erleben, außerhalb unseres Wirkungsradius. Ein Teil der Bestandaufnahme, die wir machen, muss auch lauten: Gibt es in meiner Familie, in den Generationen, die vor mir lagen, Traumata?

Fragen, die am Anfang dieser Erforschung unseres Selbst stehen können:

Fühle ich mich geliebt?

Sehe ich mich oft als Opfer oder ungerecht behandelt?

Fühle ich oft Schuld und Scham?

Welche Glaubenssätze hat mir meine Familie mitgegeben?

Unsere Identität ist immer auch ein Produkt des emotionalen Erbes, das wir in uns tragen. Diese Erkenntnis soll keine Ausrede für unangebrachtes Verhalten oder eine Rechtfertigung sein, eher soll sie uns Verständnis für uns selbst und andere Menschen geben. Oft sind unseren Eltern oder Großeltern schreckliche Dinge widerfahren, die Teil unserer DNA sind. Wir können eigene, irrationale Reaktionen auf gewisse Auslöser etwas besser verstehen, ohne uns dafür zu hassen. Wenn wir die Geschichte der Eltern kennen, können wir anderen Menschen etwas ruhiger und gelassener erklären, wieso gewisse Gefühle in uns programmiert sind. Und am wichtigsten: Es gibt uns das machtvolle Werkzeug, diese Traumata aufzuarbeiten, am besten mit professioneller Hilfe. Es gibt uns die Möglichkeit, Selbstliebe zu kultivieren und Dinge besser zu gestalten.

Money, Money, Money

Als ich zum ersten Mal 1000 Euro für einen Job bekam, war ich außer mir. Ich war frisch ausgebildete Fotografin, und 1000 Euro, auch wenn mir davon nach Steuerabzug etwas weniger blieb, war eine gigantische Zahl auf dem Papier. Ich fotografierte mehrere Tage lang, und wenn ich es mir genau ausrechnete, blieb mir ein recht kleiner Stundenlohn, doch das war irrelevant, denn: 1000 Euro! Ob mich das in dem Moment fröhlich machte? Ja, natürlich. Wenn ich lese, »Geld macht nicht glücklich«, stimme ich nicht überein. Denn das Geld zu haben, um die Dinge zu tun, die man gerne tut, macht glücklich. Es macht glücklich, zum Arzt gehen zu können, ohne Schulden davonzutragen, und es macht glücklich, sich gesunde, frische Lebensmittel kaufen zu können. Dennoch ist es ein Trugschluss zu glauben, das wäre alles, was es braucht. Denn als ich 2016 in ein Burn-out schlitterte, weil ich 14 Stunden pro Tag an sieben Tagen die Woche arbeitete, brachte mir das ganze schöne Geld wenig. Außer dass ich mir davon eine Therapie leisten konnte. Ich hatte niemanden, mit dem ich meinen kleinen Reichtum teilen konnte, keine Zeit für meine Freunde, weil ich so viel arbeitete, und wenn ich Geld ausgab, dann unbewusst und automatisiert, weil ich dauergestresst unter Strom stand. Heute weiß ich: Geld macht mich glücklich, aber nur so viel, wie ich wirklich brauche und womit ich mir das Umfeld, das ich möchte, schaffen kann. Ich mache keine Luxusurlaube, ich besitze kein teures Auto, fliege niemals Business Class, und Designerhandtaschen interessieren mich höchstens gebraucht als Schnäppchen.

Sozialwissenschaftler haben verschiedene Studien untersucht, wie ein Lottogewinn das Leben der Gewinnerin verändert, und sind zu folgendem Schluss gekommen: Der Alltag für die Gewinnerinnen änderte sich kaum, die Freude über das Geld verflog mit der Zeit. Die Begründung? Jeder Mensch hat ein individuelles Glückslevel, auf das er immer wieder zurückfällt. Eine weitere Studie versuchte eine Zahl festzumachen: Wie viel Geld braucht man denn, um glücklich zu sein? 1,7 Millionen Menschen wurden befragt, und die Ziffer, die rauskam, lag bei 95 000 US-Dollar pro Jahr. Für eine emotionale Ausgeglichenheit lag der Verdienst bei 60 000 bis 75 000 US Dollar. Was allen Befragten wichtig war: Altersvorsorge. Einen drastischen Rückfall im Ruhestand möchte offensichtlich niemand erleben.

Auch ich konnte für mich persönlich festhalten: Solange ich das Geld habe, um die Dinge zu tun, die ich gerne tue, bin ich glücklich. Mir ein teureres Zugticket leisten zu können, ab und zu essen gehen (niemals schick, das ist nicht meins!), kleine und größere Reisen tätigen, im Secondhandshop auch mal 80 Euro für ein Teil auszugeben – all das sind Dinge, die ich mir leisten kann, und das macht mich glücklich. Das ist, im globalen Kontext, ohnehin schon ein riesiger Luxus. Was mich jedoch nicht glücklich macht: sehr viel Arbeit, mehr Geld und keine Zeit. Kein Geld der Welt kann verpasste Beziehungen, Freundschaften, schöne Momente ersetzen. Es wird immer Luft nach oben geben. Es wird immer eine noch schönere Wohnung, einen besser aussehenden Partner, einen strafferen Busen und einen luxuriöseren Urlaub geben – die Möglich-keiten sind unendlich. Doch selbst wenn wir mit gestrafftem Busen, unserem Model-Boyfriend in der Zweihundertquadrat-meterwohnung oder auf den Malediven im Fünfsternehotel sitzen: Es wird nach wie vor Luft nach oben geben. Deswegen gilt: Geld macht glücklich, doch wie möchte ich damit umge-hen und wie viel brauche ich davon, um das zu tun, was mich glücklich macht?

Der Reality-Check

Eine Liste von Dingen, die mich glücklich machen:

- Mit meinem Hund Mala kuscheln
- Im Wald spazieren
- Ausschlafen
- Aus der Haustür gehen und Sonnenstrahlen auf dem Ge-sicht spüren
- Wenn ich mich richtig öffnen und weinen kann
- Das Gefühl nach einer Yogastunde

- Die Leichtigkeit nach einer Meditation
- Ein Sauerteigbrot, innen weich, außen kross, in herrliches Olivenöl getunkt
- Am Gipfel eines Berges ankommen
- Im Zug sitzen und die Landschaft vorbeiziehen sehen
- Mich mit Händen und Füßen in einem fremden Land verständigen und feststellen, dass ein Lächeln schon reicht
- Mit meiner Oma Rummy spielen
- Witzige Videos von Hunden im Internet anschauen
- Das Gefühl, das der Anblick schöner Farben in mir auslöst
- Leidenschaft und körperliche Nähe mit einem Menschen, den ich liebe
- Ein besonderes Stück in einem Vintage-Laden finden
- Mich frisch geduscht in ein frisch bezogenes Bett legen
- Die schönen Keramiktassen, die ich auf der ganzen Welt gesammelt habe
- Ein Lied, das mich zum Tanzen bringt
- Am Abend in den Nachtzug steigen und am nächsten Morgen in einer anderen Stadt aufwachen
- Die Antizipation, wenn man einen geliebten Menschen lange nicht gesehen hat und kurz davor ist, ihn oder sie wieder zu umarmen
- Von Herzen lachen
- To-do-Listen abhaken
- Mit Menschen zusammen sein, die dieselben Werte in die Welt tragen
- Frische, kalte Luft im Winter und rote Wangen
- Zu Klimastreiks und Protesten gehen
- Geduscht mit gewaschenen Haaren, schön angezogen und geschminkt in den Tag starten, sich richtig frisch fühlen
- Die Wohnung aufräumen oder die Möbel umstellen

- Über besondere Textilien streichen, vor allem Leinen
- Ein Buch lesen und nicht aufhören können

Sobald du dieses Buch heute weglegst: Fertige solch eine Liste an. Wenn du nah am Wasser gebaut bist, wie ich, werden dir die Tränen übers Gesicht rollen. Unsere Leben sind voller wunderschöner versteckter Momente Glück. Während ich diese Liste schrieb, fühlte ich nichts anderes als Liebe. Eine innere Vollkommenheit, die sich wie die wärmste Umarmung der Welt anfühlt. Immer, wenn ich mich alleine oder einsam fühle, sehe ich mir diese Liste an. Und ich weiß: Viele von diesen Dingen kann ich hier und jetzt tun. Einen geeigneten Partner kann man nicht von einer Sekunde auf die andere hervorzaubern, aber ein Lied zum Tanzen oder ein Butterbrot ist schnell zur Hand. Ich kann kaum genug betonen: Nur wenn wir wissen, was ein Glücksgefühl auslöst, können wir Glück ins Leben lassen. Diese Liste ist ein Werkzeug, so wie der Schraubenzieher oder die Zange, die wir uns zulegen können. Ich stelle mir es immer ein bisschen wie eine Papyrusrolle bei Harry Potter vor, die er aus seinem Mantel zieht. Er schaut drauf und weiß sofort, was zu tun ist.

Brief an mich selbst

Ein kleines Tool, das ich im Laufe der Jahre entwickelt habe, ist der Brief an mich selbst. Wie alle Menschen gehe ich durchs Leben, schaffe es mal mehr, mal weniger, mich und alles rund um mich herum im Griff zu haben. Es gibt Phasen, da arbeite ich sieben Tage die Woche 14 Stunden pro Tag, weiß nicht mehr, wo hinten und vorne ist. Dann gibt es Phasen, in denen ich konsequent »Nein« zu zu viel Arbeit und sozialen Verpflichtungen sage. Ende 2018 ging ich durch eine Phase, in der ich wochenlang so viel zu tun hatte, dass ich mich jeden Tag am liebsten verkrochen hätte. Meine To-do-Liste war endlos. Es klopfte täglich jemand bei mir an, eine Deadline nach der anderen. Zu einem Zeitpunkt waren es 335 E-Mails, die ich zu beantworten hatte. Allein in einem Monat bereiste ich neun verschiedene Städte, sechs davon innerhalb von neun Tagen. Es war absurd, überfordernd und belastend. Ich war an einem Freitag im EU-Parlament in Brüssel, am Samstag bei der Weltklimakonferenz in Polen, am Dienstag in Heidelberg für meinen TED Talk, die Liste könnte ich noch über einige Zeilen ausführen. In diesen Wochen wünschte ich mir nichts mehr als ein ruhiges, entspanntes Leben. Einen Arbeitsalltag, in dem ich vor mich hinarbeitete, mein Pensum am Abend oder zumindest in der Woche erledigt hatte. Ich schwor mir: Ab 2019 wird alles besser. Ich werde mir Zeit nehmen, an nicht so vielen Projekten gleichzeitig arbeiten, mir meinen Terminkalender realistischer einteilen. Und das tat ich auch. Ich nahm mir eine Auszeit von drei Wochen, um in Portugal an diesem Buch zu schreiben und die neue Kollektion für mein Modelabel ins Laufen zu bringen. Eigentlich sind beides bereits riesige Projekte, die meinen Alltag problemlos jeden Tag für acht Arbeitsstunden füllen könnten. Im Gegensatz zu meinem Alltag war es jedoch »Urlaub«. Ich stand jeden Tag zwischen halb sieben und sieben Uhr auf, trank Tee, schrieb an meinem Buch, machte mich um zehn auf den Weg ins Büro, in das ich mich eingemietet hatte, arbeitete weiter an Buch und Kollektion und beantwortete nebenher meine E-Mails, lehnte jede Anfrage, die eintrudelte, ab. Ich ging meist um 17 Uhr nach Hause, kochte mir etwas Gutes, las oder ging ins Yogastudio. Meine Wäsche wusch ich im Waschsalon, und am Wochenende unternahm ich etwas mit meinen neu gewonnenen Freundinnen und Freunden vor Ort. Mein Leben war, im Gegensatz zum vorigen Tempo, entschleunigt. Ich hatte kaum soziale Verpflichtungen, kaum Deadlines, kaum E-Mails, ich schottete mich ab, um meinen ganzen Fokus den zwei wichtigen Dingen auf meiner Agenda zu schenken. Eines Abends saß ich im Bett, kurz davor, pünktlich um 22 Uhr schlafen zu gehen. Ich stellte fest: Ich bin so glücklich. Glücklich hoch zehn. Glücklich mal tausend. Ich hatte das Gefühl, nicht mehr mit 180 Stundenkilometern auf drei Spuren gleichzeitig zu fahren, sondern gemütlich mit dem Fahrrad am Seeufer entlangzuradeln. Ich hatte das Gefühl von Kontrolle, von atmen können, von Gelassenheit. Das war das Leben, das ich wollte. Ich musste weit weg, mich abriegeln und verbarrikadieren, jede E-Mail mit »Entschuldigen Sie, ich nehme mir gerade eine Auszeit« beantworten, um endlich das Tempo einzulegen, das gut und gesund war. Das sich richtig anfühlte. Nun ist es so: So ging es mir schon öfter. Doch immer wieder geriet ich zurück in den Sog von »Ich kann und muss alles machen«. Und immer wieder fand ich mich im selben Dilemma wieder: Stress, Stress, Stress. Doch irgendwann, nach mehreren Phasen von Kontrolle, keiner Kontrolle, Kontrolle, keiner Kontrolle, fing ich an, mir ein Tool zuzulegen: Ich begann mir in Phasen des Glücklichseins selber Briefe zu schreiben. In Portugal setze ich mich hin und fing an:

Liebe Madeleine,

ich liebe mein Leben hier. Ich gehe früh ins Bett, checke keine E-Mails mehr vor dem Zubettgehen. Ich stehe früh auf, erledige wichtige Dinge und bin total produktiv! Ich gehe gemütlich ins Büro, habe sogar Zeit für eine entspannte Mittagspause. Es ist super, dass ich gerade echt viel »Nein« sage und Menschen nicht ständig Gefallen tue, die meinen Terminkalender zupflastern. Am Abend nehme ich mir Zeit, eine tolle Mahlzeit zu kochen, am Wochenende habe ich sogar ausreichend Freizeit, um mir ein richtig großes Frühstück zuzubereiten ...

In den Briefen listete ich alles, das mich gerade glücklich machte, auf. Alle Parameter, die notwendig waren, um meinen Alltag gelassener und leichter zu gestalten. Die Briefe notierte ich in meinem Tagebuch mit dem Vorhaben, sie, zurück zu Hause angekommen, regelmäßig zu lesen. Immer, wenn ich in alte Muster verfalle, lese ich diese alten Briefe. Ich versuche mir das Gefühl einzuverleiben, das ich zuvor empfand. Ich versuche mich zurückzuerinnern, was genau wichtig war, um gelassen durchatmen zu können. Briefe sind wichtige Zeitdokumente. Nicht nur, um unser Leben, wie es mal war, festzuhalten und um viele Jahre später in Erinnerungen zu schwelgen. Sie sind auch notwendig, um uns zu erinnern, wie schön es sein kann, wenn wir die notwendigen Schritte gehen.

2. Bin ich genug?

Ambitionen, perfekt und toll sein zu wollen, sind nobel. Sie können aber auch zu unnötigem Druck und vielerlei Problemen führen. Wir scheinen mit uns selbst strengere Maße als mit anderen Menschen anzusetzen, wenn es um die Frage »Bin ich genug?« geht. In den 1950er-Jahren untersuchte der Psychoanalytiker Donald Winnicott Beziehungen zwischen Eltern und Kindern. Er traf oft auf Eltern, die glaubten, versagt zu haben. Weil ihre Kinder nicht in die besten Schulen gekommen waren oder weil es manchmal Streitigkeiten am Esstisch gab. Seine entscheidende Erkenntnis war, dass die Eltern unrealistische Hoffnungen an den Tag legten, einen Perfektionismus. Um den Eltern zu helfen, entwickelte er die Idee *good enough parent*. Er erklärte den Eltern, dass es keine perfekten Kinder, sondern Eltern, die gut genug waren, brauchte. Denn bereits ein ganz normales Leben aufrechtzuerhalten sei eine Leistung an sich. Die vielen Herausforderungen, die ein Leben mit Arbeit, Liebe, Familie mit sich bringt, seien fast schon heroisch. »Bin ich genug?« taucht oft auf, wenn wir es versäumen, die Leistungen, die wir im alltäglichen Leben ganz selbstverständlich erbringen, wertzuschätzen.

Die Frage nach dem Gut impliziert oft, dass es ein Schlecht gibt. Und so wird schnell aus der Frage »Bin ich gut genug?« ein stilles »Bin ich etwa schlecht?«. Die Angst davor, nicht vollkommen, gar fehler- oder mangelhaft zu sein, steht dabei oft im Vordergrund. Beim Schreiben dieses Buches stellte ich mir oft die Frage, »Wird das Buch gut genug sein?«, und »Werde ich gut genug als Autorin abschneiden?«. Offensichtlich lag viel tiefer die Angst: Es wird ein schlechtes Buch. Ich werde eine schlechte Autorin. Und diese Gedanken waren mir nicht neu. Als Unternehmerin tanzt diese Angst oft um alles, was ich tue. Beim Designen eines neuen Stückes für mein nachhaltiges Modelabel, beim Verfassen einer großen Rede vor vielen Menschen. Und inzwischen weiß ich: Alle Menschen, die ich kenne, sind mindestens gut genug, wenn nicht sogar viel besser. Umso wichtiger also, hinzusehen und zu fragen: Was gibt uns überhaupt das Gefühl, nicht gut genug zu sein?

Miss Do It All

Am 13. Dezember 2018 ging ich unter tobendem Applaus von der Bühne. Ich war 29, stand zum zweiten Mal auf einer TEDx-Bühne, war dabei, mein erstes Buch zu schreiben, war seit vielen Jahren selbstständig, führte mein eigenes Modelabel, und die Tage zuvor war ich auf der Weltklimaschutzkonferenz und im Europäischen Parlament eingeladen gewesen. Nüchtern betrachtet: Ich hatte sehr viel erreicht. Doch als ich in dem Moment von dieser Bühne trat, waren meine ersten Gedanken nicht diese. Meine ersten Gedanken waren: »Das hättest du besser machen können.« Ich war entrüstet und ernüchtert über meine eigene Reaktion, darüber, dass ich mir tatsächlich innerlich nicht auf die Schulter klopfen konnte. Hier stand ich: unfassbar erfolgreich und unfassbar perfektionistisch. Ich zermalmte mir den Kopf über zwei wichtige Aussagen in meinem Vortrag, die ich am Vortag zur Generalprobe noch fehlerlos untergebracht hatte, doch zum eigentlichen Auftritt vergessen hatte. Was ich in dem Moment empfand, war pure Scham. Ich schämte mich dafür, keine (in meinen Augen) perfekte Performance hingelegt zu haben. Mich nahm plötzlich eine irrsinnige Einsamkeit ein. Als ich aus dem Aufenthaltsraum ging, wartete bereits eine Schlange von Menschen auf mich. Die folgenden zwei Stunden stand ich am selben Fleck, sprach mit mehreren Dutzend Menschen, die mir gratulierten, sich bedankten, mich für meine außerordentliche Leistung lobten. Nach zwei Stunden war ich emotional und körperlich ausgelaugt, musste dringend ins Bett, um am nächsten Tag um sechs Uhr den Zug zur nächsten beruflichen Verpflichtung in Berlin zu nehmen. Auf dem Heimweg gingen mir die Worte der Scham- und Schuldforscherin Brené Brown durch den Kopf, die sagt, dass Perfektionismus ein Panzer ist. Dass es nicht das Streben nach Exzellenz oder gesundem Wachsen, sondern ein defensiver Mechanismus sei. Laut Brown glauben wir stets, dem Schmerz der Verurteilung aus dem Weg gehen zu können, wenn wir endlich perfekt sind und makellos aussehen. Aus ihren Texten lernte ich auch, dass Perfektionismus nicht der Schlüssel zum Erfolg ist, sondern sogar zu Depression, Angstzuständen, Abhängigkeit und Handlungsunfähigkeit führt. Sie vergleicht den Perfektionismus mit einer tonnenschweren Rüstung, die wir mitschleppen, weil wir glauben, Perfektionismus würde uns vor dem Urteil der Welt beschützen.

Hätte ich nicht schon Jahre zuvor begonnen, Brené Browns Texte zu lesen, hätte ich die Scham, die ich zu dem Zeitpunkt fühlte, nie als solche demaskieren können. Die Angst davor zu scheitern, kritisiert zu werden, Fehler zu machen, den Erwartungen anderer nicht gerecht zu werden – all das führt zu einem tiefen Gefühl der Einsamkeit. Wir fühlen uns isoliert, allein. Perfektionismus, oft als positive Eigenschaft dargestellt, ist in seinem Ursprung eine tiefgründig negative Emotion. Pure Angst. Perfektionismus ist die tiefe Angst, so wie man ist, nicht zu genügen. Die Angst davor, als unvollkommener Nichtsnutz enttarnt zu werden. Perfektionismus ist der Tod aller Neugier, Unbekümmertheit, er erstickt menschliche Verbindung oder das Potenzial dafür. Die Situation bei meinem TED Talk hat aber vor allem eines gezeigt: Perfektionismus hat nichts mit den anderen zu tun. So oft macht man vermeintliche Fehler und denkt sich: »Ich bin eine Versagerin. Ich habe alle enttäuscht. Niemand wird mir vertrauen.« Doch wären das die Sätze, die man einer guten Freundin oder einem guten Freund an den Kopf wirft, wenn sie oder er versagt haben? Nein! Als Perfektionist*innen messen wir mit zweierlei Maß: Die anderen dürfen scheitern, Fehler gehören dazu. Doch wir? Niemals!

Beim letzten Abendessen während meiner Basenfastenkur im Bio-Hotel lag eine Karte am Tisch, ich packte sie aus dem Kuvert aus: »Es braucht circa 66 Tage, bis Sie eine neue Routine geformt haben. Schreiben Sie hier auf, welche gesunden Gewohnheiten Sie von hier in Ihren Alltag mitnehmen wollen. Nach 66 Tagen schicken wir Ihnen diese Postkarte zu.« Eifrig machte ich mich daran: viel Wasser, kein Zucker, besser kauen – die Liste wurde immer länger. Meine Freundin, die mich begleitete, saß neben mir und beäugte mich kritisch. »Das sind aber ganz schön viele Dinge, die du da aufschreibst. Möchtest du nicht erst mal ein oder zwei Gewohnheiten aufschreiben, bevor du dich übernimmst?« Ihre liebevolle Art und Weise zu sagen, »Du kannst nicht alles auf einmal machen, setz dich nicht so unter Druck«, war schwer nötig. Dieses Mal war es tatsächlich die Freundin, die mir den guten Rat gab – ich musste mich nicht selbst daran erinnern, dass ein guter Vorsatz Arbeit genug ist. Dass ich kein besserer oder schlechterer Mensch bin, wenn ich mir nur eine gesunde Gewohnheit mitnehme und aneigne. Dass es kein Wettrennen und keine Prüfung ist, die ich mit einer römischen Eins bestehen muss.

Wir versuchen, die beste Mitarbeiterin, die tollste Mutter, die Frau im straffesten Körper zu sein. Oder der Mann, der alle versorgt, niemals weint und immer gewinnt. Perfektionismus ist die Epidemie des 21. Jahrhunderts. Nach dem Motto »Schöner, schlanker, besser« machen wir jede Leistung, für die wir uns auf die Schulter klopfen sollten, zu etwas, das immer noch übertroffen werden kann. Bestärkt wird das vor allem von den Medien, uns werden unentwegt Alleskönner*innen präsentiert. Täglich wird uns diktiert, wie wir aussehen, wiegen, Sex haben, unsere Wohnungen einrichten und uns kleiden sollen. Wir verfügen über mehr Wissen als je über gesunde Ernährung und einen gesunden Lebensstil, was auch immer gerade gehypt wird. Und was kommt dabei heraus? Wir sind die übergewichtigste, gestressteste, nervöseste und depressivste Gesellschaft seit Beginn der Menschheit.

»Comparison is the thief of joy« – wie es Theodore Roosevelt auf den Punkt gebracht hat. Wir leben in einer Gesellschaft, in der wir dazugehören, aber gleichzeitig die Außergewöhnlichsten sein sollen. Wir sollen wie jeder andere sein, bloß besser. Ein Paradox, dem kein Mensch gerecht werden kann. Es ist eine Welt, in der Glück über materielle Güter und Prestige über Leistung definiert wird. Eine Welt, in der Erschöpfung und wenig Schlaf ein Statussymbol sind (wenig Schlaf = harte Arbeit = toller Hengst). Zum Schlafdefizit gehören natürlich auch exzessiv Sport treiben, täglich Salat essen und ein makelloses Aussehen. London halb neun Uhr morgens, Regen: Die

Frisur sitzt. Denn sie sitzt immer. Menschen, die sich dieser Kasteiung entziehen, die beschließen, auch an einem Montag erst um elf Uhr aufzustehen – das sind die, die herablassend beäugt werden, denn für SO WAS haben WIR keine Zeit. Das müssen Künstler oder verwöhnte Menschen mit reichen Eltern sein – diesen Luxus (Schlaf!) können sich hart arbeitende Menschen schließlich nicht leisten.

Frage: Diese Bilder in den Medien, reflektieren sie ein gesundes Leben? Oder sind sie da, um dein Leben in Statussymbole und Leistungen zu verwandeln? Wer profitiert davon, dass du diese Bilder siehst und dich plötzlich ganz klein und schlecht fühlst? Und das Gefühl hast, du brauchst diese Tasche, diese Figur und diesen Urlaub? Es geht hier IMMER um Geld, Macht und Kontrolle. Unser Gefühl, mehr zu brauchen und perfekt zu sein, und der daraus resultierende Konsum machen jemand anderen, viele Kilometer weit weg, in einem blank geputzten Hochhaus mit Ferrari vor der Tür (entschuldigt die klischeehafte Darstellung), sehr reich und uns sehr arm – materiell gesehen. In der Werbung geht es nicht um ein schöneres Leben. Es geht darum, Produkte zu verkaufen. Wenn du dir meine Liste aus dem zweiten Kapitel ansiehst: Da stehen keine Designerhandtasche und kein Luxusauto drauf. Materielle Dinge, Errungenschaften oder leistungsorientierte Verdienste sind das, was uns Erfüllung suggeriert, aber niemals zur Gänze das sein können, was uns zufrieden und erfüllt macht.

Was das Alleskönner*innen-Syndrom am gefährlichsten macht: Wir entziehen uns unserer Freiheit. Indem wir 24 Stunden an sieben Tagen in der Woche damit beschäftigt sind, unser Leben und unsere Leistung glatt zu polieren, verpassen wir all das, was nicht glatt, sondern holprig ist. Ein Leben damit zu verbringen, einen Schein aufrechtzuerhalten, bedeutet, sich dem wichtigsten Gut zu entziehen, das wir als Menschen, geboren in eine Demokratie, bekommen: der Freiheit. Angenommen, ich hätte 66 Tage lang keinen Zucker gegessen, besser gekaut, mehr Wasser getrunken und nebenbei noch jeden Tag Sport gemacht: Wie viel Zeit hätte ich dann für all die Dinge, die auf meiner Eudamonieliste stehen? Mit meinem Hund Mala kuscheln, ausschlafen, im Wald spazieren gehen: Alle diese Dinge sind keine gesellschaftlichen Medaillen oder Verdienste, sie machen mich nicht zu einem perfekten Menschen. Aber: Sie geben mir Freiheit und Zeit. Zeit, die ich damit verbringen könnte, meine Leistung fein zu polieren, zu verbessern.

Der Brei im Kopf

Es ist noch nicht mal zehn Minuten nach dem Aufstehen, und ich habe bereits folgende Gedanken im Kopf:

Welche Termine stehen heute an?
Wie wird das Wetter?
Wann soll ich mit dem Hund raus?
Habe ich den wichtigen Arzttermin schon ausgemacht?
Wie viele E-Mails warten wohl auf mich?
Kann ich die Deadline noch verschieben?
Was werde ich zu Mittag essen, und wann gehe ich einkaufen?
Soll ich jetzt oder am Abend Haare waschen?
Soll ich die Nachrichten überfliegen?
Ich habe die Nachrichten überflogen. Wieso ist die Erde so ein schrecklicher Ort?

Geht es dir manchmal wie mir? Willkommen im Klub, du bist normal. Wir denken, und das tun wir die ganze Zeit. Wir sorgen, wir planen, wir checken, wir analysieren, wir durch- und zerdenken mehrere Tausend, wenn nicht sogar Millionen Mal am Tag. Angstzustände sind Resultat des Breis an Sorgen, die wir im Kopf mitschleppen. Nüchtern betrachtet, sind die wenigsten dieser Dinge, über die wir uns den Kopf zerbrechen, weltbewegend. Selbst die Dinge, die sich schwerwiegend anfühlen, wie das Verlieren eines Jobs, weil wir die E-Mail nicht ernst genug genommen haben, scheinen marginal im Vergleich zu wirklich gravierenden Sorgen wie einer Krebsdiagnose. Das Interessante ist dennoch, dass die meisten Dinge, die wir zerdenken, eher Aufschluss über unsere Vergangenheit als über unsere Zukunft geben. Denn in der Regel zermürben wir uns den Kopf über Situationen in der Zukunft, die wir mit Wissen aus der Vergangenheit beurteilen. Müssen wir vor jeder Reise in Panik ausbrechen, weil wir einmal, vor vielen Jahren, aufgrund unglücklicher Umstände einen Flug verpasst haben? Und müssen wir jeden Tag akribisch das Wetter checken, weil wir letzte Woche mit dem Rad in den Regen gekommen sind? Mit unseren Gedanken sind wir eigentlich immer in der Vergangenheit oder in der Zukunft.

Zu beurteilen, abzuwägen, das ist wichtig. Doch im 21. Jahrhundert lebend, tun wir das selten in einem gesunden Ausmaß. Wir überdenken alles, und die Sorgen zerfressen uns. Im zweiten Kapitel dieses Buches ging es um den Ballast, den wir aus der Kindheit mitnehmen, und wie vorprogrammierte Programme oft dazu führen, dass wir uns selbst sabotieren. Ähnlich sind unsere Ängste vorprogrammiert. Wurden wir in der Schule oft gehänselt, sorgen wir uns als Erwachsene vielleicht außerordentlich viel drum, was andere von uns denken. Hat uns ein Elternteil verlassen, haben wir als Teil einer Partnerschaft später vielleicht immer die Angst, betrogen zu werden. Man kann sich die Sorgen, die wir täglich und unsichtbar mitschleppen, wie einen Rucksack vorstellen. Der Rucksack ist voll mit den Enttäuschungen und schmerzhaften Erfahrungen, die wir machen mussten. Sie alle wiegen schwer in unser Dasein. Aus Angst, dieser Rucksack könnte noch schwerer werden, tun wir alles in unserer Macht Stehende, um ihn nicht noch schwerer werden zu lassen. Unterbewusst wägen wir jede Situation ab, versuchen sie zu kontrollieren und glauben so, den Rucksack leichter zu machen. Wir blicken in die Zukunft und glauben, dass wir genug abwägen und vorsichtig genug sein können, um diese zu beeinflussen. Doch statt der Zukunft sollten wir uns die Vergangenheit ansehen. Den Rucksack aufmachen, reinschauen und Sorge für Sorge rausnehmen, analysieren. In einer idealen Welt haben wir von klein auf gelernt, um Hilfe zu bitten, einen Schritt zurückzutreten oder nur die Verantwortung zu übernehmen, die uns gebührt. In einer etwas realistischeren Welt sieht es jedoch anders aus: Wir fühlen uns erschlagen. Kein Wunder also, dass viele von uns sich in Situationen der Angst und Gedankenflut in kindliche Verhaltensmuster zurückziehen. Ich persönlich werde ungeduldig und verzweifelt, wenn ich Dinge zerdenke. Und wir tun es auf viele andere Arten und Weisen: Wir prokrastinieren, wir laufen davon, wir schweigen oder rasten aus, wir reagieren irrational und unüberlegt. Denn wir haben einfach nicht gelernt, mit dem, was in dem Rucksack ist, umzugehen.

Die Alarmglocken sind ganz individuell und unterschiedlich. Was und wie wir es zerdenken, hängt von unserer eigenen Geschichte ab. Die Rucksäcke sehen verschieden aus, manche sind praller, manche weniger prall gefüllt. Doch was wirklich hilft, ist, unsere Alarmbereitschaft zu erkennen und zu bemerken, wenn wir anfangen, einen Brei im Kopf anzurühren. Das bedeutet: Statt dich heute in Panik und Sorgen zu wälzen, fange an, Mitgefühl für deine Vergangenheit zu entwickeln. Denn jetzt bist du erwachsen und musst dich nicht mehr als hilfloses Kind fühlen – du kannst dieses Kind sogar in den Arm nehmen und trösten. Die infantile Reaktion, die wir oft an den Tag legen, wenn wir Dinge zerdenken, seien sie noch so banal (»Ich weiß einfach nicht, was ich anziehen soll!«), kann durch eine verständnisvolle Anerkennung unserer Vergangenheit (»Ich wurde am Schulhof als Kind für meine abgetragene Kleidung gemobbt«) ersetzt werden. Als Kind fehlt einem die Perspektive, und das Schöne am Erwachsenwerden ist, dass man diese dazugewinnt. Vorausgesetzt, man möchte das.

Für mich ist das Thema des Zerdenkens eins der wichtigsten, weil es mich in meinem Leben sehr betrifft. Ich bin, vermutlich auch aufgrund meiner Hochsensibilität, immer am Zerdenken. Ich kann tagelang vor der Entscheidung sitzen, welches Hotel ich für den nächsten Urlaub buche, immer im Hinterkopf behaltend, dass es eine Entscheidung geben könnte, die die falsche ist. Ich treibe meine Mitmenschen in den Wahnsinn, wenn ich bereits um sieben Uhr morgens davon spreche, was heute zu tun und erledigen ist. Ich mache mir um die Frau neben mir in der U-Bahn Sorgen, weil sie etwas traurig dreinsieht, und fühle mich für das Kind, das etwas forscher von der Mutter angesprochen wird, verantwortlich. Die Liste ist lang, und ich wäre recht gut in einem buddhistischen Kloster aufgehoben, wo ich den ganzen Tag vermutlich nichts anderes machen würde als nachzudenken. Der Brei wäre, wenn ich mir dessen nicht eines Tages bewusst geworden wäre, immer noch da. Es ist nicht verwunderlich, dass ich bereits als Jugendliche *Sorge dich nicht, lebe!* von Dale Carnegie gelesen habe. In einem Alter, wo andere sich euphorisch vom Zehnmeterbrett ins Wasser warfen und genauso viele Drogen einschmissen, beschäftigte ich mich mit »Was ist der Sinn des Lebens?« und »Was bedeutet das kapitalistische System für unsere Zukunft?«. Damit will ich nicht sagen, dass ich intellektueller als meine gleichaltrigen FreundInnen war, sondern dass ich mir ständig über alles Gedanken machte. Ich war schon immer die, die alles plante, alle Eventualitäten einbezog und, im Gegensatz zu meinen Kolleg*innen, wohlüberlegte Entscheidungen traf. Und so löblich und klug es sich anhört, sich mit 17 Gedanken über das Aussterben der Bienen zu machen, so traurig und belastend war diese Eigenschaft immer schon für mich. Es war immer ein zweischneidiges Schwert: Einerseits wurde ich sehr verantwortungsvoll und selbstständig erzogen. Man hätte mich vermutlich mit zehn Jahren aussetzen können, und ich hätte problemlos überlebt. Ich war schon früh sehr selbstständig, weil ich immer in die Zukunft und die Folgen meiner Handlungen blickte. Diese Eigenschaft hat bestimmt zu meinem beruflichen Erfolg beigetragen, sie hat mich aber auch sehr viele Jahre, die ich unbekümmert und losgelassen verbringen hätte können, gekostet. Es ist ein Fluch und Segen zugleich, mit einem Brei im Kopf zu leben. Denn aus dem Brei kann man so viel schöpfen: Kreativität, Intellekt, Emotion. Der Brei kann aber auch zu einer Vernebelung und Überforderung führen. Er kann dazu führen, dass wir ständig das Gefühl haben, unter uns würde es brennen. Dass die Katastrophe bevorsteht und alles, was unser Leben ausmacht, zerbrechlich ist. Die ständige Alarmbereitschaft, die das Überdenken erzeugt, kann zu Burnout und Erschöpfungszuständen führen. Eine latente Nervosität, die vielen von uns innewohnt, kann sich bei den kleinsten

Dingen zeigen: beim Buchen einer Reise, beim Besuchen einer Party oder beim Einkauf im Supermarkt. Das kleine, nagende Angstgefühl, mit dem wir kurz nach dem Aufstehen bereits konfrontiert sind, gibt große Auskunft darüber, wie angstbehaftet wir Dinge auch im Großen zerdenken. Diese subtile Nervosität wird Teil unseres Lebens, die stille Zuschauerin, die immer dabei ist. Wir glauben, die Zuschauerin zu Hause lassen zu können, wenn wir uns auf eine Traumreise begeben oder in eine schönere, größere, aufgeräumtere Wohnung ziehen. Wir glauben, dass der Brei gegen Klarheit getauscht wird, wenn wir endlich den richtigen Partner finden. Doch die obsessiven Gedanken, das Zerdenken, wird uns dennoch früher oder später einholen, egal wo wir sind. Äußere Umstände wie ein Ortswechsel oder Menschen, die wir mögen, können definitiv zu mehr Klarheit führen. Sie können aber nicht den Schritt ersetzen, der notwendig ist, um herauszufinden, was die Balance zwischen zu viel und zu wenig nachdenken ist.

Wer zu viel denkt, zermürbt sich irgendwann. Wenn du zu viel über dieses und jenes nachdenkst, wirst du dich irgendwann hilflos und ausgebrannt fühlen. Doch wenn du zu wenig denkst, verpasst du vielleicht großartige Möglichkeiten im Leben und banalisierst Aspekte deiner Seele, die es wert wären, angesehen zu werden. Gerade in rational dominierten Branchen wie dem Finanzwesen wird, vor allem von Männern, erwartet, nicht zu sehr auf Gefühle und Tieferliegendes zu achten. Beides, das obsessive Zerlegen wie auch das kühle Wegsperren, sind keine Lösung. Die Lösung liegt, wie immer, in der Mitte. Wer achtsam leben will, dem wird es nicht erspart bleiben, eine feine Sensorik für das eigene Verhalten zu entwickeln. Fragen, die dabei vielleicht auftauchen:

Was bereitet mir gerade Angst?

Worüber denke ich immer wieder nach?

Welche Gedanken versuche ich krampfhaft
aus meinem Kopf zu bekommen?

Welche Menschen provozieren mich?

Welche Situationen überfordern mich?

Erlaube ich mir zu fühlen?

Schlucke ich viel runter?

Bagatellisiere ich die Gefühle anderer?

Was kann ich rational einfach nicht lösen?

Die Antworten auf diese Fragen kann ich dir nicht geben. Du musst sie selbst finden. Meine Antworten, sogar meine Fragen, mögen diametral anders als deine sein. Dennoch steht uns beiden dieselbe Aufgabe bevor: die Fragen und vielleicht auch die entsprechenden Antworten dazu zu finden. Und wenn der Brei zu viel wird, vielleicht einfach durchzuatmen und liebevoll hinzunehmen, dass wir sehr komplex und dennoch vollkommen sind.

Persönlich hat mir vor allem eines geholfen: Stille. Was ich als Brei im Kopf bezeichne, ist eine Unruhe, die sich für mich wie das Gegenstück zu Stille anfühlt. Gerade wenn ich ruhig in der Meditation sitze, weiß ich: Rund um mich kann es noch so still sein, in meinem Kopf ist es fast nie still. Insofern ist es meiner Meinung nach wichtig, all dem, was in unseren Gedanken täglich herumschwirrt, mit Phasen von Stille, sei es durch Meditation, Ruhephasen oder sogar Schweigeseminare, zu helfen.

Done is better than perfect

Eine Freundin sagte einmal zu mir: »Letztens erklärte ich meiner Therapeutin, dass mein Mann und ich Kinder haben wollten, aber ich das Gefühl hätte, die Rahmenbedingungen seien nicht perfekt. Ich sei noch nicht der Mensch, der ich sein will, wenn ich Kinder habe. Daraufhin antwortete meine Therapeutin: ›80 Prozent reicht. Wenn Sie das Gefühl haben, 80 Prozent zu sein, sind Sie schon weit über vollkommen.‹« Ich fand die Antwort der Therapeutin interessant, denn sie erinnerte mich an das Zitat »Done is better than perfect«, das auch Sheryl Sandberg in ihrem Buch *Lean In* anführt. Zu Deutsch bedeutet es: »Erledigt ist besser als perfekt.« Sandberg erklärt in ihrem Buch, dass sie unerreichbare Maßstäbe losgelassen und versucht habe, das Motto »Erledigt ist besser als perfekt« anzunehmen. Laut Sandberg verursacht das Streben nach Perfektion Frustration und ein Gefühl der Lähmung.

Diese Feststellung kann ich, nach vielen Jahren der Selbstständigkeit, absolut unterschreiben. Wer dazu tendiert, sich im Detail zu verlieren und jede Kleinigkeit akribisch zu perfektionieren, wird ewig brauchen, um eine Aufgabe zu bewältigen. Ich möchte damit nicht sagen, dass wir unsorgfältig und achtlos mit unseren Aufgaben umgehen sollten – auf keinen Fall! Hingabe und Liebe sind die wichtigsten Zutaten für ein gelungenes Projekt, egal ob privater oder beruflicher Natur. Dennoch muss man einen Essay, eine Präsentation, einen selbst gestrickten Pulli, eine Mahlzeit einfach als fertig, komplett und vollkommen akzeptieren, obwohl man noch Lichtjahre daran weiterarbeiten könnte, in dem Glauben, irgendwann käme die Perfektion. Ich veröffentliche und poste regelmäßig Inhalte, die in meinen Augen alles andere als vollkommen sind. Doch ich erinnere mich immer wieder daran: Das ist mein Perfektionismus, der versucht mich zu verlangsamen, zu verunsichern und zu panzern. Wer wie ich von klein auf gelernt hat, dass Leistung Anerkennung bringt, wird auch im Erwachsenenalter versuchen, sich so zu profilieren. Bei manchen Menschen ist es nicht die Leistung, die ihnen als Kindern Anerkennung der Eltern brachte, sondern vielleicht das hübsche Aussehen, das sie nun weiter akribisch polieren. Früher gab es das Modell der Hausfrau, die sich um Kind, Kegel, alles Drum und Dran kümmert und nebenbei auch noch Vollzeit arbeitet, nicht. Dennoch glauben wir heute, alles unter einen Hut bringen zu können: Beruf, Familie, Partnerschaft, Freizeit. Wer viel unter einen Hut bringen will, muss Abstriche machen: Done is better than perfect. Eine Aufgabe perfekt auszuführen, bedeutet, sich voll und ganz nur dieser Aufgabe hinzugeben. Möchte ich als Athletin bei den Olympischen Spielen teilnehmen, wird es eher schwierig, nebenbei noch Konzertpianistin, vierfache Mutter und Leiterin des lokalen Buchklubs zu sein. Wenn wir es also nüchtern betrachten, haben wir nur zwei Möglichkeiten: Wir machen eine Sache, wirklich eine, der wir uns hingeben. Wir werden zu Profis in welchem Bereich auch immer und streben nach Exzellenz. Im Kampfsport ist das sehr üblich, wenn Schülerinnen einer fernöstlichen Kampfsportart ihr Leben dem Meister oder der Meisterin widmen, im unendlichen Rad Schlafen, Essen, Trainieren. Oder: Wir werden nicht zu Profis. Wir machen viele verschiedene Dinge und versuchen, sehr viele Projekte unter einen Hut zu bringen. Dann müssen wir aber akzeptieren: Nicht jede einzelne Aufgabe und jedes Projekt werden perfekt ausgeführt sein. Wir müssen die unglatte, raue und kantige Oberfläche nicht als unvollkommen ansehen, sondern erkennen, dass auch hier Schönheit liegt. Nur weil ein Stoff nicht glatte Seide ist, heißt es nicht, dass er nicht auch so schön sein kann, so wie grobes Leinen.

Feder statt Hammer

Als heranwachsende Frau habe ich mich viele Jahre für alles Mögliche unter Druck gesetzt: Ich glaubte jedes Mal beim Sex einen Orgasmus haben zu müssen, immer für Menschen da zu sein, nebenbei einen perfekten Haushalt und Karriere zu schmeißen. Auf die Schulter geklopft habe ich mir dabei selten. Dabei würde ich mir, wäre ich meine Freundin, allemal für alles, was ich so im Alltag schaffe, auf die Schulter klopfen. In Situationen, wo wir die beste Freundin oder den besten Freund nicht dabeihaben, ist es durchaus hilfreich, deren Perspektive einzunehmen. Hätte mir meine beste Freundin auf die Schulter geklopft, als ich von dieser Bühne kam? Bestimmt! Hätte sie mir gratuliert? Auf jeden Fall! Hätte sie mir versichert, dass niemand die vermeintlichen Fehler bemerkt hat? Definitiv. Das innerliche Vertauschen der Rollen ist ein machtvolles Werkzeug, das wir alle einpacken sollten. Alles, was es braucht, ist ein Perspektivenwechsel. Und der schadet nie, oder?

Nun gibt es aber Situationen, in denen wir tatsächlich Fehler begehen und andere das auch merken. Als ich als frisch gebackene Yogalehrerin von meiner Ausbildung zurückkam, war ich voller Tatendrang und Elan. Ich wollte unterrichten und alles Gelernte in die Praxis umsetzen. Diese Gefühle schwappten schnell in etwas anderes um. Pure Angst. Ich stand in einem Raum mit 50 Menschen. 100 Augen starrten mich an, mein Puls stieg. Ich war enorm nervös und eingeschüchtert, zumal viele der Menschen größer waren als ich und wortwörtlich auf mich herabblickten. Ich unterrichtete meine erste Stunde und machte wenige, aber doch einige Fehler. Und zu meiner Überraschung: Niemand verurteilte mich dafür. Niemand schrie »Buh!« oder verließ den Raum. Doch das sollte sich ändern. Ich unterrichtete einige Wochen später einen Samstagskurs, und am Ende der Stunde, in Shavasana (die am Boden liegende Ruheposition, die man am Ende einer Yogastunde einnimmt), passierte das, wovor ich mich so gefürchtet hatte. Eine Teilnehmerin setzte sich auf, warf einen bösen Blick in meine Richtung und hielt sich die Ohren zu. Meine Shavasanas begleite ich immer mit klassischen Klavierstücken oder atmosphärischer Hintergrundmusik, und diese schien ihr offensichtlich nicht zu gefallen. Das zeigte sie sehr, sehr demonstrativ! Die Stunde ging zu Ende, und natürlich stellte ich mir die Frage: Wie kann ich es besser machen? Wie kann ich alle glücklich machen? Ich hatte ein schlechtes Gewissen: Hat diese Frau die Stunde denn überhaupt genossen? Hat sie das Gefühl, dass ich sie um ihr Geld betrogen habe? Ich fühlte mich niedergeschlagen und eingeschüchtert, hatte den symbolischen Hammer rausgeholt, mit dem ich mir auf den Kopf schlug.

Im Laufe meines ersten Jahres als Yogalehrerin begegnete ich immer wieder ähnlichen Situationen: Einmal unterrichtete ich einen Workshop mit 108 Sonnengrüßen und stellte, während ich das tat, fest, dass Zählen, Vorzeigen und Anleiten gleichzeitig ein Ding der Unmöglichkeit war. Ich verzählte mich unaufhörlich und fand es selbst eigentlich recht witzig. Ich machte Späßchen über mich, und die meisten Schülerinnen lachten mit. »Ich hab die 108, oder waren es doch 120, Sonnengrüße mit dir geliebt!«, sagte eine Schülerin nach der

Stunde augenzwinkernd. Doch nicht alle fanden es amüsant: Einige Stimmen im Raum waren leise, aber doch zu hören. Empörung über meinen Mangel an Vorbereitung und Know-how. Ein anderes Mal vollzog ich eine Teststunde in einem neuen Yogastudio, und die Besitzerin des Studios kam, einige Minuten nach Beginn der Klasse, leise herein, um mitzumachen. Natürlich war ich sofort verunsichert. Die Stunde war jedoch gut, und ich bekam sehr gutes Feedback von den Teilnehmerinnen. Bloß die Besitzerin nahm mich zur Seite und gab mir ein, milde ausgedrückt, desaströses Feedback. Ich hatte mit meiner Musik und dem Yogastil ihrer Meinung nach danebengegriffen. Ich war am Boden zerstört. Irgendwann rang ich mich durch, auf ihr Feedback zu reagieren, und erklärte, dass ich mir konstruktiv formulierte Kritik gewünscht hätte. Sie entschuldigte sich bei mir und erklärte, dass ihre Worte öfter härter rüberkämen als beabsichtigt. In einem weiteren Gespräch mit einer anderen Yogastudiobesitzerin bekam ich zu hören, die Menschen kämen nur wegen meiner Onlinepräsenz und nicht, weil ich eine gute oder erfahrene Yogalehrerin sei. Autsch. Diesmal fühlte es sich an, als würde auch noch jemand anderes mit dem Hammer draufhauen. Sich klein, ungenügend und fehlerhaft fühlen – kennst du das?

Manchmal stelle ich mir diese innere Stimme, die ständig nagt, wie eine kleine Richterin im Kopf vor. Diese Stimme im Kopf sitzt da und beurteilt alles, was wir tun: Sie beobachtet, wie wir arbeiten, wie wir auf andere wirken, und evaluiert aufgrund dessen unseren Erfolg oder Misserfolg und fällt ein Urteil. Die Richterin im Kopf fällt mit einem schweren Gerichtshammer ihr Urteil: Sind wir liebenswert oder nicht? Das Urteil der inneren Stimme gibt uns ein Gefühl dafür, ob wir es überhaupt lohnenswert finden zu existieren. Daraus resultiert unser Selbstwertgefühl. Nicht oft gleicht der Gerichtshammer jedoch einem Hammer, der so schwer über unseren Köpfen hängt, dass er nichts anderes tut, als uns zu bestrafen. Oft für Situationen, die die innere Stimme schlichtweg falsch oder zu pessimistisch, zu gravierend eingeschätzt hat.

Für diese Situationen habe ich das schönste aller Werkzeuge: den Hammer durch eine Feder ersetzen. Wenn wir etwas wirklich vermasselt und verbockt haben, dann müssen wir lernen, den Hammer, mit dem wir uns innerlich als Strafe auf den Kopf hauen, durch eine Feder zu ersetzen. Wir sollten uns selbst nicht noch kleiner machen und bestrafen. Mit einer Feder können wir uns ruhig auf den Kopf hauen – das kitzelt höchstens und bringt uns wieder zum Lachen. Anstatt uns selber weiter zu verletzen, sollten wir uns lieber eine warme, aufbauende Umarmung geben.

Am besten fragst du dich, in welchen Situationen deine innere Stimme sich laut macht. Sehr lange habe ich »Ich bin so dumm« laut ausgesprochen, wenn ich etwas verbockt hatte. Irgendwann sagte ein Bekannter von mir: »Hör auf, das zu sagen. Dein Dialog mit dir selber ist nicht so banal, wie du denkst.« Ich fing an zu grübeln, denn grundsätzlich hatte ich nicht das Gefühl, ich würde mich sonderlich runtermachen. Doch dann begann ich, mitzuzählen und zu beobachten, wie oft ich mich – ganz nebenbei – als dumm bezeichnete. Das Ergebnis: ziemlich oft! Ich sagte es oft einfach so, beiläufig, ohne dem wirklich Bedeutung beizumessen. Ich versuchte mir folgende Sätze zu beenden:

Wenn ich etwas verbocke, sagt meine innere Stimme meist ...
Wenn ich etwas gut mache, sage ich mir ...

Ist deine innere Stimme eher großzügig oder streng? Vergibt sie schnell oder nicht? Diese Analyse soll dir helfen herauszufinden, wie dein innerer Monolog aussieht und wie du dann der inneren Stimme eine Feder statt einen Hammer in die Hand drücken kannst. Das Ziel ist es nicht, die innere Stimme zu einer zu verwandeln, die rücksichtslos alles erlaubt und dir auf die Schulter klopft, wenn du mit 180 Stundenkilometern das Geschwindigkeitslimit auf der Autobahn überschreitest und dich an illegalen, rücksichtslosen Aktivitäten beteiligst. Eher geht es darum, eine realistische Einschätzung zu schaffen, also zu lernen, ein besseres Urteil über dich selbst zu fällen. Und vielleicht eines, das nicht ganz so hart und gnadenlos, sondern etwas liebevoller ist.

Auf der Matte bleiben

In der Yoga-Praxis gibt es eine goldene Regel: »Bleib auf deiner Matte.« Was damit gemeint ist? Während man durch die eigene Praxis, die aneinandergereihten Übungen, fließt, sollte man sich so gut es geht auf die eigene Erfahrung und nicht die der Menschen, die rund um einen praktizieren, konzentrieren. Für jemanden, der Yoga noch nie ausgeübt hat, mag das vielleicht lächerlich klingen. Auf der Matte angekommen, wird es vermutlich den meisten schwerfallen, mental auch dort zu bleiben. Ich erinnere mich gut an meine allererste Yogastunde in einem Studio. Ich hatte zuvor über ein Jahr mit Videos zu Hause geübt und wagte mich dann, es war ungefähr im Jahr 2013, zum ersten Mal in ein Yogastudio. Es war keins der hippen Studios mit lichtdurchfluteten Räumen und Kokoswasser als Erfrischung, sondern ein dunkler Kellerraum in einem nicht gentrifizierten Teil der Stadt. Underground also, so wie ich es gerne mag! Weniger mochte ich allerdings den Verlauf der Stunde, der mich dazu brachte, ein weiteres Jahr keinen Fuß in ein Yogastudio mehr zu setzen. Ich startete die Stunde bereits super nervös, war währenddessen schweißgebadet, weil ich nicht so recht wusste, was passierte. Ich äugte ständig zu meiner Nachbarin und versuchte ihre Bewegungen möglichst unauffällig zu kopieren. Schließlich, als wir aufgerufen wurden, uns in die kleine Cobra zu begeben, passierte es. Ich begab mich in meine eigene Interpretation der kleinen Cobra, was dazu führte, dass die Lehrerin sich neben mich hockte und etwas entsetzt fragte: »Was soll *DAS* sein?« Ich spürte, wie sich mein Kehlkopf unmittelbar verengte, mir die Röte ins Gesicht stieg. Ich wollte einfach nur noch weg. Ich schämte mich, ich fühlte mich wie eine Versagerin, unsportlich sowieso. Dabei hatte es mich so viel Überwindung gekostet, endlich in ein richtiges Yogastudio zu gehen! Zurückblickend kann ich sagen, dass mich kaum etwas mehr auf meiner Yogalaufbahn geprägt hat als dieser erste Besuch im Yogastudio. Abgesehen davon, dass die Reaktion der Lehrerin inadäquat war, waren es viel mehr meine Reaktion und der Umgang mit der Situation, die mich einiges lehrten. Die Schönheit des Yoga besteht für mich genau aus diesen Lehren, die mir die Praxis mitgibt. Denn die Matte ist symbolisch für unser Leben. Wie wir auf der Matte reagieren, gibt uns sehr aufschlussreiche Auskunft darüber, wie wir im Leben mit gewissen Dingen umgehen. Genau darum geht es in dieser Praxis für mich: genau hinzuschauen, wie mein Körper und Geist antworten. Das beginnt bei physischen Reaktionen, wie zum Beispiel dem Zähnezusammenbeißen, wenn etwas unangenehm wird oder die Augen sich nicht zumachen können in der Endentspannung. Emotionale Reaktionen sind aber genauso aufschlussreich wie das Abwägen des eigenen Egos. Muss ich wirklich noch einen Kopfstand machen, wenn ich eigentlich schon müde bin? Und messe ich mich unterbewusst mit der Person neben mir? Die Erkenntnis, dass der eigene Körper nicht der der Nachbarin ist und dass Tagesverfassung oder gesundheitliche Voraussetzungen verschieden sind, gehört zum Yoga wie der Ball zum Tennis. Jetzt, wo ich Yoga auch selbst unterrichte, fallen mir diese Dinge mehr auf als zuvor. Sei es die Person, die während der Endentspannung, der sogenannten Totenstellung, nicht zur Ruhe kommt und sich weiterbewegt, oder die Person, die mit den eigenen Augen überall außer auf der eigenen Matte ist – ich habe all diese Dinge selber erlebt. Das Leben gibt einem, meiner Meinung nach, immer wieder die Lektionen, die es gilt zu lernen, bis man sie gelernt hat. Insofern ist jedes Hindernis auf der Yogamatte als unglaublich tolle Möglichkeit zu sehen.

Doch was genau bedeutet diese goldene Regel, die besagt, man solle auf der eigenen Matte bleiben? Letzlich besagt sie einfach, sich auf die eigene Praxis zu konzentrieren, sich nicht zu vergleichen. Die eigene Stärke oder Flexibilität nicht mit der Person auf der Nachbarmatte zu vergleichen, denn Erfahrung, aber auch Genetik machen einen Unterschied. Das bedeutet, die eigene Momentaufnahme in keinen Vergleich zu setzen, denn jede Erfahrung ist einzigartig und individuell und kann somit nicht verglichen werden. Tieferliegend besagt die Matte, die tatsächlich eher metaphorisch gemeint ist, das Wertschätzen und Anerkennen der eigenen Leistung, unabhängig von dem, was rundherum ist. Angenommen, du trainierst seit Jahren in deinem Fitnesscenter. Von allen Menschen, die dorthin gehen, gehörst du zu den Sportlicheren. Du bist durchtrainierter und gehst auch häufiger hin. Im Vergleich zu deinen Kollegen im Fitnesscenter schneidest du »besser« ab und fühlst dich gut. Nun ziehst du vielleicht in eine andere Stadt und besuchst ein neues Fitnesscenter. In diesem Stadtteil leben hauptsächlich Menschen, die für ihr Leben gern stählerne Körper haben. In dem neuen Fitnesscenter gehörst du mit deiner körperlichen Verfassung und Besuchsfrequenz eher zum unteren Drittel. Und hier liegt die Absurdität, die Vergleichen zugrunde liegt: Wir fühlen uns plötzlich schlechter. Unser Wert, unsere Selbsteinschätzung, das gute Gefühl, rasseln bergab, sobald wir uns vergleichen und vielleicht einem anderen Setting ausgesetzt sind, als wir es waren.

Erst kürzlich hatte ich eine Situation, die mir das Leben vermutlich genau für das Schreiben dieses Kapitels geschenkt hat. Vergangenen Winter wurde ich als Model gebucht – jawohl, als Model. Ich sollte das Gesicht eines Lookbooks für nachhaltige Yogamode sein. Gebucht wurde ich nicht wegen meiner Modelgröße von sage und schreibe 1,60 Metern, sondern aufgrund meines Engagements im Bereich Umweltschutz. Man wollte mich in tollen Ökoklamotten in Szene setzen, daneben Statements von mir drucken. Ich wurde um sieben Uhr morgens auf den Set zitiert, geschminkt und von der Make-up-Artist-Dame etwas verwundert gefragt, ob ich denn nun ein echtes Model sei, was ich als Kompliment auffasste. Ich wurde einige Stunden lang fotografiert, in verschiedenen Outfits, bekam ständig Komplimente, wie gut ich mich vor der Kamera machte. Ich fühlte mich wunderschön, regelrecht vor Selbstbewusstsein strahlend. Ich hätte Bäume ausreißen können.

Bis um 11 Uhr am Vormittag, als das zweite Model an den Set kam. Französin, seidiges Haar, international gebuchtes Model, Synchronschwimmerin und Ballerina. Die Tür flog auf, sie trat ein, und sofort verabschiedete sich jegliches Strahlen meines Selbstbewusstseins. In den ersten zehn Minuten ihrer Anwesenheit wurde über den 250 000-Euro-TV Deal, den sie mit einem großen Kosmetikkonzern gelandet hatte, und über ihre Eigentumswohnung in der Pariser Innenstadt, die sie sich mit Anfang zwanzig gekauft hatte, gesprochen. Leise stand ich neben ihr, meine 1,60 Meter Körpergröße fühlten sich mit jeder Sekunde weniger an. Ich hatte das Gefühl zu verschwinden, kurz nachdem ich mich doch so groß und präsent gefühlt hatte. Wir wurden zusammen fotografiert, dabei musterte sie mich mehrmals von Kopf bis Fuß, griff mir in die Haare und fragte, ob das Extensions seien. Ich ärgerte mich darüber, dass ich auf den Fotos neben ihr plump und dick aussah, obwohl ich mich eigentlich, wenn ich morgens in den Spiegel schaue, richtig gut finde. Ich ärgerte mich, dass ich mich von einer Frau, die zehn Jahre jünger war, innerhalb kürzester Zeit verunsichern ließ. Ich weiß es doch besser! Nach all den Jahren, die ich brav auf meiner Matte geblieben war, war ich nun überall anders als bei mir selbst. Wie konnte ich mich stundenlang wunderschön, kompetent und grazil fühlen und so schnell zur selbst ernannten Kartoffel am Set werden?

Die Wahrheit ist: Es ist wirklich schwierig, sich nicht zu vergleichen. Ich wäre eine Lügnerin, wenn ich sagen würde, dass ich es nicht tue. Ich möchte nicht vorgeben, nicht in diese Falle zu tappen, denn ich tue es immer noch sehr oft. Im Yogastudio, am Fotoset, in den sozialen Medien. Meine Ideen und Konzepte werden regelmäßig kopiert, und es fällt mir definitiv nicht leicht, mich nicht mit einer Neuauflage meines Konzepts, von jemand anderem umgesetzt, zu vergleichen. Aber es wird besser. Als ich die einzige Person am Strand von Rio de Janeiro mit massiver Bein-, Achsel- und Intimbehaarung war, war's okay. Auch wenn ich aussah wie eine Mischung aus Brooke Shields in den 80ern und einem Grizzlybären. Als ich in einer Soulcycle-Klasse in Los Angeles die einzige Person war, die bereits beim Aufwärmen und nur einem Song völlig erschöpft war vor Anstrengung, musste ich lachen statt weinen. Früher hatte ich FOMO (Fear Of Missing Out, die Angst, etwas zu verpassen), heute habe ich JOMO (Joy Of Missing Out, die Freude, etwas zu verpassen).

Vergleiche und die daraus resultierende Unzufrieden- oder Unsicherheit beginnen bereits im Kinderalter: Unser Spielzeug ist interessant und toll, bis wir ein besseres im Sandkasten sichten. Als Teenager ist die eigene Geburtstagsparty die beste, bis wir auf die von Bettina aus der 9B gehen. Als junge Erwachsene ist unser Ferienjob der lukrativste, bis die Cousine beim Familienessen erzählt, dass sie bei ihrem Praktikum das Doppelte verdient hat. Als Erwachsene fühlen sich unsere Partnerin oder unser Partner und unsere Beziehung richtig an, bis wir beim befreundeten Pärchen zum Abendessen eingeladen sind, die auch nach zehn Jahren Beziehung nicht die Hände voneinander lassen können, lauthals über die Witze des anderen lachen, sich niemals anzicken, ihre Urlaube vor dem Eiffelturm küssend verbringen und mit über dreißig volles Haar haben. Es ist verdammt schwer, ausgeglichen und mit dem Blick nach innen gekehrt auf der eigenen Matte zu bleiben, wenn neben uns Heidi Klum einen Spagat macht, während wir uns schon mit einem Schneidersitz quälen.

Grundsätzlich vergleichen wir uns am liebsten mit den Menschen, die uns umgeben. Als ich zum ersten Mal in New York war, wurde mir klar, wieso alle Menschen dort so getrieben und unglücklich wirkten: Überall wird man mit einer Realität konfrontiert, die Galaxien von der eigenen entfernt ist. Durchtrainierte, reiche, erfolgreiche Menschen überall. So gern ich die Stadt besuche, ich könnte dort nicht leben. Tatsächlich gibt es Studien, die besagen: Wenn man in Gegenden mit reichen Menschen lebt, ist man unglücklicher, auch wenn man selber zur oberen Mittelklasse gehört. Eine Studie von Forschern der University of Warwick und der Cardiff University im Jahr 2010 ergab, dass Geld nur dann glücklicher macht, wenn es auch den sozialen Rang der Menschen verbessert. Sprich: wenn man genau so viel oder mehr verdient als die Nachbarn. Es kommt also nicht auf das Einkommen an, sondern darauf, wie hoch dieses im Vergleich zur eigenen Vergleichsgruppe ist. Danah Boyd, eine Wissenschaftlerin, drückt es wie folgt aus: »Wie die Politik ist jeder Status letztlich lokal – die Menschen vergleichen sich mit denen, mit denen sie leben. Amerikaner mögen zwar besser leben, als mittelalterliche Aristokraten es jemals hätten träumen können, aber das bedeutet nichts, wenn Oligarchen in der Nachbarschaft nebenan wohnen und ihre luxuriösen Häuser und erstklassigen Privatschulen zur Schau stellen.« Und genau diese Feststellung der Wissenschaft belegt das oben beschriebene Fitnesscenter- oder Fotoshootphänomen: Wir sind so lange schön, toll und gut, solange rund um uns keine Menschen sind, die unser eigenes Ranking zerstören. Das Ranking, das wir uns selbst geben, aber auch die Gesellschaft uns leider gibt.

Denn es kann relativ bedeutungslos sein, wenn die Yogaschülerin oder der Yogaschüler neben uns den Kopfstand kann und wir nicht. Doch weniger bedeutungslos sind die gravierenden Folgen, die unsere Vergleichskultur nach sich zieht. Zigtausende Menschen sitzen auf Schuldenbergen, weil ihnen kulturell eingetrichtert wurde, dass es nur die richtige Handtasche, die teure Wohnung, das schnelle Auto oder die richtige Nasenform braucht, um dazuzugehören. Marketing lebt von dem Mangel, den wir empfinden, wenn wir uns zu vergleichen anfangen. Im Jahr 2012 waren 3,3 Millionen Todesfälle oder 5,9 Prozent aller Todesfälle weltweit (7,6 Prozent bei Männern und 4,1 Prozent bei Frauen) auf Alkoholkonsum zurückzuführen. Im gleichen Jahr machte der weltweit größte Spirituosenhersteller umgerechnet circa 18 Milliarden Euro Jahresumsatz und eine Verkaufsmenge von 960 Millionen Liter. Wie diese zwei Zahlen korrelieren, ist die Tatsache, dass unsere Vergleichskultur einem Geschäftsmodell dient. Dem Modell, das sagt: »Trink einen Cocktail, du wirst Spaß haben, glücklich sein, dich toll auf der Tanzfläche bewegen können und bestimmt deinen Traumpartner kennenlernen.« FOMO (Fear Of Missing Out; die Angst, etwas zu verpassen) ist das, was vor allem der Alkoholindustrie diese enormen Umsätze verschafft. Ähnlich funktionieren alle anderen großen Industrien, die einem ein Produkt verkaufen, das ein gewisses Gefühl, Aussehen oder Zustand verschaffen soll. Das übermäßige Angebot dieser vielen Produkte, die uns schöner, schlanker, reicher, beliebter, lustiger, sportlicher, intellektueller machen sollen, resultiert oft in einem nicht enden wollenden Entscheidungsprozess, der uns lähmt. Zum ersten Mal war ich damit als frischgebackene Abiturientin konfrontiert: Ich wusste, dass ich studieren wollte, aber ich wusste nicht, was. Es war nicht so, dass mich nichts interessierte, sondern dass mich zu viel interessierte. Mein Vater wollte unbedingt, dass ich Medizin oder Jura studiere, meine Mutter gab mir Mut, mich meiner kreativen Ader zu widmen.

»Paralyse durch Analyse« ist ein Terminus, der beschreibt, wie das übermäßige Analysieren einer Situation zu dem beschriebenen Gefühl der Lähmung führen kann. Wenn wir so lange damit beschäftigt sind, uns mit jedem Mitschüler und jeder Mitschülerin zu vergleichen, bis wir ein Studium für uns ausgewählt haben, verzögern wir wichtige Entscheidungen oder verpassen diese sogar. Wer die perfekte Lösung sucht und Angst vor einer suboptimalen Lösung hat, wird auf lange Sicht wohl kaum glücklich. Es ist wie mit dem Urlaubbuchen: Es kann klug und sinnvoll sein, Preise für Hotels zu vergleichen. Wenn man aber wie ich dazu tendiert, Entscheidungen exzessiv perfekt umsetzen zu wollen, kann es sein, dass man Nächte vor dem Laptop auf diversen Anbieterseiten verbringt, am Ende vielleicht ein paar Euro gespart, aber wertvolle Stunden Leben verbraucht hat. Sich nicht mehr entscheiden können, weil man sich überfordert fühlt – auch das ist ein Angstzustand, der zu einem generellen Unwohlsein führt. Einer Epidemie an Unwohlsein, die sich vor allem in meiner Generation breitmacht. Nun sagen viele Vertreterinnen anderer Generationen, dass wir Millennials es einfach zu gut haben, zu verwöhnt sind. Ja, wir sind verwöhnt, aber wir sind auch heillos überfordert. Gab es früher nur wenige Partner, die für eine Beziehung infrage kamen, so gibt es heute Hunderte, der Nächste ist nur einen Wisch nach links oder rechts am Handybildschirm entfernt. Stand man früher vor einem Kühlregal mit maximal zwei Joghurtsorten, sind es heute Dutzende. Gab es früher einen Laden, wo man eine neue Winterjacke kaufen konnte, gibt es heute unzählige. Uns wird oft nahegelegt, endlich »erwachsen zu werden«, und das von Menschen, deren Erwachsenwerden schlichtweg anders aussah, weil es eine andere Zeit war.

Ich wuchs mit der Idee auf, ständig beschäftigt sein zu müssen. Ständig etwas zu kreieren, zu lesen, zu schreiben, zu schaffen – so wie viele andere Millennials auch. Als ich Mitte zwanzig war, war es ganz normal, dass einige der erfolgreichsten Unternehmerinnen meiner Zeit nicht viel älter als ich waren. Ständiges Vergleichen, Selbstoptimierung und die Karriere vor dreißig – die Realität vieler Menschen meiner Generation. Als krasse Gegenbewegung zur konstanten Überforderung, die wir fühlen, kamen dann Yoga, Meditation, die gesamte spirituelle Wellnessbewegung, die uns mit grünen Smoothies und Meditationsapps aus dem ausgebrannten Gefühl holen sollen. Ja, ich spreche von einem privilegierten, weißen, in die Mittelschicht geborenen Standpunkt aus, doch ich wäre nicht die erste Person, die zwischen 1981 und 1996 geboren wurde und sich verdammt überfordert fühlt. Der Druck, der auf uns Millennials lastet, ist groß. Auch, weil unsere Eltern einfach wollten, dass es uns besser geht. Doch die Vorstellung, mit Mitte zwanzig glücklich zu heiraten, einen akademischen Titel bei einem Vorstellungsgespräch vorzulegen und einen Job fürs Leben zu bekommen, ist veraltet und entspricht nicht der Realität. Wir leben in einer Zeit, in der Möglichkeiten und Selbstoptimierung unendlich sind. So unendlich, dass sie es schier unmöglich machen, nicht mit einem Auge auf die Matte, die neben einem liegt, zu schielen, um zu schauen, was dort noch für Möglichkeiten vergraben liegen. Was also passiert, ist, dass wir die Zeit, in der wir leben, die eigentlich irrsinnig viel zu bieten hat (Technologie und hervorragende medizinische Versorgung – um nur zwei Errungenschaften des 21. Jahrhunderts zu nennen), als mangelhaft betrachten. Wenn all die Möglichkeiten, die wir haben, zu einem ständigen Vergleich führen, sehen wir nicht mehr die Fülle, die existiert, sondern den Mangel.

Der Vergleich ist eine Verführung, die überall anzutreffen ist. Nicht nur im Yogastudio auf der Matte nebenan, sondern auch am Handybildschirm, auf diversen sozialen Plattformen, im Büro, im Supermarkt, in der U-Bahn, in der Familie und unter Freunden. Vergleiche führen uns dazu, den Blick nach außen statt nach innen zu wenden und vielleicht Entscheidungen zu treffen, die nicht die Entscheidungen sind, die wir ursprünglich getroffen hätten. Die Konsequenz ist nicht selten das Gefühl, das eigene Leben durch Tretmühlen, wie durch Honig, laufen zu lassen. So fühlt es sich nämlich an, wenn man täglich Dinge tut, die man nur getan hat, weil man zuvor den Blick nach außen statt nach innen gerichtet hat. Entscheidungen zu treffen, die einen individuell glücklich machen, bedeutet an erster Stelle, auf der eigenen, metaphorischen Matte zu bleiben und sich zu fragen:

Wie ist meine Verfassung?
Wie fühle ich mich?
Wonach ist mir?
Was gibt mir Fülle?

Den Antworten auf diese Fragen solltest du nachgehen und nicht dem, was die Person neben dir macht.

Zufälle gibt's nicht. Oder doch?

Die Tatsache, dass du, jetzt in diesem Moment, dieses Buch liest und atmest, ist wahrhaftig ein Wunder. Ein Wunder, das jedoch auch auf Zufall beruht. Deine Augenfarbe, deine Größe, dein Geschlecht, deine Knochenstruktur – sie alle sind Nebenprodukt eines Zufalls. Das Model am Nebentisch hat es sich genauso wenig ausgesucht, so auszusehen, wie der kahlköpfige, etwas übergewichtige Mann auf der anderen Straßenseite. Unser individuelles Leben auf diesem Planeten ist, entschuldigt, wenn das nicht romantisch klingt, unwichtig. Als spiritueller Mensch möchte ich an eine Form der Existenz nach dem Tod, wenn auch nicht physisch, glauben. Dennoch muss ich mich immer wieder daran erinnern: Ich bin wie jede andere. Was daran jedoch unglaublich erleichternd ist: Sozialer Druck entweicht. Der Pickel auf meiner Stirn ist wirklich nichts Einzigartiges, und die Erde hört nicht auf sich zu drehen, wenn ich mal paar Kilo mehr auf den Rippen habe.

Natürlich ist es leicht für mich, das alles hinzunehmen: Ich habe mehr oder weniger die genetische Lotterie gewonnen. Das soll nicht überheblich klingen, aber ich bin eine gesunde Cisgender-Frau, die bis auf ihre Körpergröße einem, leider normativen, Schönheitsideal entspricht. Ich weiß de facto nicht, wie es ist, körperlich benachteiligt zu sein, und habe nur sehr selten erlebt, für mein Aussehen diskriminiert zu werden. Dennoch: Auch ich fühle mich manchmal hässlich. Dieses Recht wird mir aber, aufgrund der oben gelisteten Gründe, grundsätzlich abgesprochen. Ja, es ist leichter, einen gesunden Körper zu lieben. Nein, auch vermeintlich »schöne« Frauen fühlen sich nicht immer schön. Denn die genetische Lotterie haben alle Menschen gewonnen, die ihren Körper als intaktes Werkzeug für ihr Leben nutzen können. Schauen wir uns die Funktion eines Armes an: Ein Arm kann ein Baby halten, einen Löffel zum Mund führen, man kann sich damit festhalten. Von der Sekunde, in der wir aufstehen, bis zum Moment, wo wir zu Bett gehen: Zwei Arme zu haben ist verdammt essenziell. Gleiches gilt für alle anderen Extremitäten und Organe. Gut, den Blinddarm können wir vielleicht ausklammern. Was ich sagen möchte, ist: Schönheit ist Definitionsfrage, Gesundheit ist alles. Ich selbst wurde von einer Mutter mit nur einem Eier- stock und einem Vater mit nur einem Bein gezeugt. Die wenigen Jahre, die ich mit meinem Vater verbringen durfte, bekam ich hautnah mit, was es bedeutet, sich jeden Tag eine Prothese anziehen zu müssen. Welche Schmerzen oft damit verbunden sind zu funktionieren, wenn der eigene Körper nicht intakt ist. Wie das ist, im Schwimmbad angestarrt zu werden. Immer, wenn ich also mit fettigem Haar, unreiner Haut und Regelschmerzen, die mich in den Orbit katapultieren, auf dem Sofa liege und das Gefühl habe, so attraktiv wie Jabba the Hutt zu sein, erinnere ich mich an Folgendes: Meine Existenz ist ein Wunder. Und: Arme, Beine, Organe – alles noch da, alles intakt. Ich bin wirklich privilegiert.

Die Diktatur der Schönheit

Es ist wichtig, eine liebevolle Beziehung zu unserem Körper aufzubauen. Für manche Menschen ist dies eine lebenslange Aufgabe. Im Jahr 2019 eine Aufgabe, die vielleicht schwieriger ist als gedacht. Wenn man sich die Evolution des weiblichen Schönheitsideals ansieht, wird schnell klar: Es ist nichts in Stein gemeißelt. So ließ sich bei der Ausgrabung der Venus von Willendorf belegen, dass Fettleibigkeit in der europäischen Frühgeschichte zum Schönheitsideal gehörte. Im alten Ägypten war Körperpflege en vogue, vor allem durch den Einsatz von Salben und Ölen, Nofretete trug sogar Lidstrich und rote Lippen. Auch hier waren weibliche Kurven nach wie vor angesagt. Die griechische Klassik bevorzugte harmonische Proportionen, und im antiken Rom war es kaum anders. Jedoch war Fettleibigkeit keineswegs negativ behaftet, sondern ein Zeichen von Wohlstand und Status.

Das Schönheitsideal des Mittelalters ist schwer nachzuvollziehen, da diese Epoche stark vom Christentum geprägt war. Somit wurden nackte Menschenkörper kaum und menschliche Figuren anatomisch nicht unbedingt korrekt dargestellt. Die mittelalterliche weibliche Schönheit hatte eine weiße Haut. Nicht nur, weil Frauen normalerweise zu Hause waren und somit keine Sonne abbekamen, sondern auch, weil die Farbe Weiß die Reinheit, Keuschheit und Jungfräulichkeit symbolisierte.

Im 15. Jahrhundert wurde das Ideal dann sowohl bei Frauen und als auch bei Männern ausgesprochen schlank. Betont schmale Taillen, eng geknüpfte Gewänder waren die Mode der Zeit. Ein sehr auffälliges Schönheitsideal war die hohe Stirn. Viele Frauen rasierten sich oder zupften sich die Haare am Haaransatz aus. Später dann war auch gelocktes, langes Haar ein Attribut eines schönen jungen Mannes, wie auch die helle Haut. Engels-Ähnlichkeit war hier das Ziel.

An Botticellis Venus erkennt man dann den Wandel, der auf diese Zeit folgte. Weiblichere Kurven, nicht ganz so zurechtgezupfte Körper. Weibliche Körper sind füllig, aber nicht dick, der Busen meist klein, und ein leichtes Doppelkinn wird auch geschätzt. So bleibt das Schönheitsideal für Frauen quasi bis ins 19. Jahrhundert. Interessant an der italienischen Renaissance ist, dass Haarefärben richtig angesagt war. Blondes, goldblondes oder rotblondes Haar versuchte die italienische Frau mit diversen Tinkturen zu erhalten. Die Frauen setzen sich auch tagelang in die Sonne, damit das Haar ausbleicht. Dass ihre Haut gleichzeitig schneeweiß sein soll, wirft somit einige Probleme auf. Auch hier wissen sich die Frauen bereits zu helfen, um das schier absurde Ideal zu erreichen: Das Haar wird sorgsam über einen breiten Hut verteilt, unter dem Gesicht und Dekolleté im Schatten sind. Männer zu dieser Zeit sind kräftig und muskulös – auch Schulterpolster gibt es bereits. Ein Bart ist nicht ungepflegt, sondern gefragt. Wie auch zuvor wird von Männern verlangt, schöne Beine zu haben, damit das enge Beinkleid auch gut aussieht. Im Barock und Rokoko sollen Frauen üppige Körper haben, am besten dargestellt durch Peter Paul Rubens, auf den auch der Begriff *Rubensfigur* zurückgeht.

Ab Mitte des 17. Jahrhunderts ist die Sanduhrform das Ideal der Weiblichkeit. Oft mithilfe von stark geschnürten Korsetts und anderen Hilfsmitteln. Der Körper: eine ewige Baustelle, die nie fertig wird. Oft auch mit schwerwiegenden Konsequenzen: Durch das Tragen enger Korsetts fallen Frauen regelmäßig in Ohnmacht, Rippen werden verformt und Organe verlagert. Aus dem 19. Jahrhundert ist folgende Geschichte bekannt: Eine 23-jährige Frau aus Paris stirbt nur zwei Tage, nachdem man sie für ihre schmale Taille bewundert, da durch das stark geschnürte Korsett ihre Leber von drei Rippen durchbohrt wurde. Auch Kaiserin Sissi verfällt dem Schönheitswahn komplett. Rigide Diäten mit Ochsenblut oder exzessiver Sport, der für Frauen damals eher ungewöhnlich ist: Kaiserin Elisabeth will um jeden Preis schlank sein.

Nach der Jahrhundertwende kommt ein großer Sprung: Das Korsett wird ausrangiert, Frauen dürfen wieder natürlichere Körperformen tragen. Besonders revolutionär: Frauen zeigen zum ersten Mal Bein. Der Kleidersaum wird kürzer, in den 20er-Jahren reicht er bis unters Knie, Knöchel und Waden sind sichtbar. Damit der Effekt nicht zu erotisch ist, sind die Silhouetten vorerst sackig und weit – man möchte nicht zu viel zeigen. Der Typus der *Garçonne* wird geboren, sie ist eine emanzipierte, befreite Frau mit Kurzhaarschnitt, schwarz umrandeten Augen, roten Lippen.

Der schlanke und jugendliche Körper wird später auch vor allem von den Nationalsozialisten propagiert und gilt als das Ideal, neben blondem Haar und blauen Augen. Als der Zweite Weltkrieg zu Ende geht, darf Frau wieder etwas kurviger werden, betonte Taillen holen die klassische Sanduhrfigur zurück. Marilyn Monroe oder Brigitte Bardot gelten als die Idole der Zeit. Dennoch ist auch hier wichtig: extreme Kurven, dennoch schlank – bereits viele der Schönheitsikonen damals leiden unter enormem Druck. Besonders widersprüchlich das Paradox dieser Zeit: Frauen als Sexbomben auf der einen und artige Hausfrauen auf der anderen Seite. »Magere« Gegenspielerinnen zu Monroe und Co sind Stars wie Audrey Hepburn, die androgyn und mit sichtbaren Knochen zum Schönheitsideal wird.

Bis dahin sind Frauen in der Öffentlichkeit auch ausschließlich westlich weiß. Erst später, angefangen mit »mediterranen« Typen wie Sophia Loren und später in den 2000ern gefolgt von Latinas wie Jennifer Lopez, werden auch Frauen abseits der eurozentrischen Ethnie als schön angesehen.

In den 80er- und 90er-Jahren beginnt schließlich die Zeit der Supermodels, Cindy Crawford oder Claudia Schiffer sind Frauen, die vor allem meine Kindheit prägten. Bereits als junges Mädchen turnte ich mit meiner Mama zur Fitness-Videokassette von Cindy Crawford. 90-60-90 auf eine Körpergröße von 1,80 Meter ist eine Formel, die aus dieser Zeit stammt, welche sich bis heute hartnäckig hält und unzählige junge Frauen, vor allem Models, weltweit zum Hungern bringt.

Wie du merkst: Das Schönheitsideal ändert sich stetig. Es ist austausch- und wandelbar. Mal müssen Frauen groß- und dann wieder kleinbusig sein. Mal ist es helle, mal dunkle Haut. Wärst du ein paar Jahrhunderte früher geboren, wären deine

Kurven der absolute Renner, heute wiederum werden Frauen in Kleidergrößen gezwungen, die nicht dem Durchschnitt entsprechen. Was uns die Geschichte also lehren kann: Egal wie, es wird immer Verliererinnen des Systems geben, und im aktuellen Fall sind es gefühlt 99,9 Prozent aller Frauen, die keine 90-60-90 Maße auf eine Körpergröße von 1,80 Meter bringen.

Ich bekomme täglich mehrere Nachrichten, hauptsächlich von jungen Frauen, die keine positive Regung spüren, wenn sie in den Spiegel schauen. Auch ich poste hauptsächlich Bilder von mir, auf denen ich mir gefalle. Zwischendurch zeige ich mich im Bewegtbild ungeschminkt, mit fettigem Haar, dennoch achte ich, wie die meisten Menschen des öffentlichen Lebens, darauf, mir auf den Fotos zu gefallen. Trage ich also zu der Züchtung eines Ideals bei, das für viele Menschen schier unerreichbar scheint?

»You will never look like the girl in the magazine. The girl in the magazine doesn't even look like the girl in the magazine.«

Zu dünn, zu dick, zu alles

Als ausgebildete Fotografin durfte ich ein Jahr im Mode-Mekka Mailand studieren und arbeiten. Ich studierte Modefotografie und arbeitete nebenbei, unter anderem assistierte ich einem Fotografen, der Kurzfilme für das Vogue-Magazin drehte. Ich stand fast täglich im Studio und machte Testshoots mit Models. Die meisten dieser Models waren sehr junge Frauen aus verschiedenen Ländern, die nach Mailand kamen, um dort ihr Glück zu versuchen. Agenturen in Städten wie Mailand, Paris oder London biegen sich nur so vor Bewerbungen junger

Frauen und Männer – sie haben freie Wahl. Den Traum vom gut bezahlten Model träumen viele. Um Fotos für ihre Mappe, mit der sich Models bei größeren Castings bewerben, zu sammeln, stellten uns die Agenturen ihre »Mädchen und Jungs« zu Verfügung. Die Anführungsstriche sind bewusst gesetzt, denn im deutschsprachigen Raum wird oft so von den jungen, aber erwachsenen Models gesprochen. Bereits hier fühlt es sich an, als würde es sich um Kinder handeln, die man herumschickt. Genau so sah auch die Realität für viele dieser Models in Mailand aus: Für keinen oder einen Mini-Tageslohn von 30 bis 40 Euro wurden sie zu uns ins Uni-Studio geschickt, wir setzten sie in Szene und fotografierten sie. Die vielen Geschichten, die ich vor allem von den jungen Frauen hörte, schockierten mich. Eines der Models erzählte mir, ihre Agentur würde sie alle paar Wochen messen, um sicherzugehen, dass sie nicht zugenommen habe. Ihre Frisur, Nägel und bis zu einem gewissen Grad auch die Kleidung würden von der Agentur bestimmt, damit sie dem entsprächen, was am Markt gerade gefragt sei. Bei den diversen Fotoshoots oder Laufstegevents bekäme sie wenig bis gar kein Geld, je nachdem, wie etabliert sie sei. Sie und ihre Kolleginnen rennen von Casting zu Casting, warten viele Stunden, lassen sich wie ein Stück Fleisch begaffen und oft angrapschen und gehen dann wieder, oft enttäuscht, in ihre WGs, die sie sich mit anderen Models teilen. Die Kosten für das Zimmer können sie oft noch gerade so stemmen.

Ebenso das WG-Zimmer gerade noch bezahlen konnte meine damalige Mitbewohnerin Anna. Sie war eine unfassbar liebenswürdige, witzige und angenehme Italienerin aus dem Süden des Landes. Wir lebten zusammen mit ihrem Freund und noch einem weiteren Mitbewohner in einer großen, aber ziemlich heruntergekommenen Wohnung. Es war die schmutzigste Wohnung, die ich je betreten hatte: Auf allen Regalen lag eine zentimeterdicke Staubschicht, das Bad schien seit mehreren Jahrzehnten nicht geputzt, und es überraschte mich kaum, dass die WG nicht mal einen Staubsauger besaß. Mein selbst diagnostizierter Putzfimmel war außer sich! Dennoch: Es störte mich nicht mal, dass es so dreckig war. Ich liebte meine MitbewohnerInnen so sehr, dass ich dort mehrere Monate lebte und es einfach liebte, von so warmherzigen Menschen umgeben zu sein. Die Abende verbrachten wir in der Küche am kleinen Metalltisch sitzend, rauchend, Wein trinkend, über das Leben sinnierend. In der ganzen Wohnung wurde geraucht, also rauchte ich auch, obwohl ich Nichtraucherin war! Und von allen war Anna meine Favoritin, noch heute denke ich an sie. Woran ich aber vor allem beim Sinnieren über meine berufliche Zeit in Mailand denke, ist die Tatsache, wie Anna finanziell ausgebeutet wurde. Mehrere Jahre arbeitete sie für ein großes Luxusmodelabel, das wir alle kennen, in der Presseabteilung. Ein Vollzeitjob, kein Praktikum. Auch nach mehreren Jahren verdiente sie nicht mehr als 500 Euro monatlich – in einer Stadt wie Mailand, wo WG-Zimmer bereits mindestens 500 Euro kosteten. Sie erklärte mir, dass sie vermutlich gehen müsse, wenn sie um mehr Geld bat. Verträge in Mailand sind meist befristet, und wenn einem der Lohn nicht passt, gibt es Hunderte von Anwärter*innen, die froh sind, bei einem renommierten Modehaus für einen Hungerlohn zu arbeiten.

Das Absurde an dem System ist aber, dass alle verlieren: die unterbezahlten Mitarbeiterinnen des Büros, die Models, die Fotografen, die Näherinnen des Kleidungsstücks, die Frauen, die nicht in die viel zu kleinen Kleidungsstücke passen, weil die Industrie bereits Größe 38 als »Plus Size« verschlankt. Das aktuelle Modesystem beruht auf einer extrem ungleichen Einkommensschere, mit 95 Prozent der Beteiligten auf der einen und den restlichen Beteiligten auf der anderen Seite. Unverhältnismäßig viel verdienen Zweitere. Wir glauben immer, dass es nur die Näherinnen sind, die ausgebeutet werden, aber es sind genauso die jungen Frauen, die Model werden wollen und für ihre Träume mit finanzieller Existenz bezahlen. Es sind auch Fotografinnen wie ich. Für meinen Assistenzjob beim Vogue-Fotografen bekam ich keinen Cent, nicht einmal das Straßenbahnticket wurde mir erstattet. Und als ich mich als Social-Media-Managerin bei diversen Labels bewarb und erwähnte, dass ich für einen Vollzeitjob bezahlt werden möchte, wurde ich schief angesehen und nicht mal mit einer Absage zurückgerufen – ich hörte einfach nie wieder etwas von ihnen.

Die Grausamkeit des Systems betrifft auch die vermeintlich »Schönen«, also die Menschen, die auf den Covern der Magazine zu sehen sind. Schönheit allein reicht nicht, um Erfüllung, sowohl privat als auch beruflich, zu finden. Wer jeden Abend Instant-Nudeln in einem nicht geheizten Raum mit schlecht isolierten Fenstern essen muss, dem bringen eine kleine Stupsnase und seidenglatte Haut wenig. Was mir also in diesem Diskurs immer besonders wichtig ist, ist Mitgefühl für alle Beteiligten, die als Verliererinnen des Systems aussteigen, zu kultivieren. Wir tendieren dazu, die »schönen« Menschen, die Models, über einen Kamm zu scheren. »Die wissen ja gar nicht, wie es sich anfühlt, sich hässlich zu fühlen!«, höre ich oft. Dabei ist das gar nicht der Fall. Gerade Models müssen ständig an sich rumzupfen und -fummeln lassen. Sie müssen alles an sich kritisieren und verändern lassen. Der erst kürzlich verstorbene Karl Lagerfeld war bekannt für seine spitze Zunge. Sängerin Adele bezeichnete er als »ein bisschen zu fett«, und die »metoo«-Bewegung tat er spöttisch ab: »Wenn Frauen nicht wollen, dass ihnen die Hose runtergezogen wird, sollen sie doch ins Nonnenkloster gehen.« Das *International Journal of Eating Disorders* bestätigt ebenso, dass Essstörungen in der Modeindustrie ein unfassbar großes Problem sind. Versuche, Bulimie und Magersucht bei Models zu unterbinden, resultieren in Arbeitsverboten, sobald diese einem gewissen Body Mass Index unterliegen, also zu dünn sind. Dennoch werden Models regelmäßig aufgefordert, Gewicht zu verlieren. Und man muss sich vor Augen führen: Diese Frauen sind Menschen, die nach Standards der Weltgesundheitsorganisation bereits als untergewichtig eingestuft werden.

Dennoch nehme ich vermehrt Skinny Shaming wahr, also das Beschämen dünner Frauen. Die deutsche Durchschnittsfrau ist nach Angaben des statistischen Bundesamtes 1,64 Meter groß, wiegt 68 Kilogramm und trägt Konfektionsgröße 42/44. Die schlanken Models sind also zur perfekten Projektionsfläche geworden, um diese hochgradige Ungerechtigkeit zu adressieren. Ich selbst bin 1,60 Meter groß und wiege meist zwischen 56 und 59 Kilogramm, je nachdem, welche Jahreszeit gerade ist und in welchem Teil meines Zyklus ich mich befinde. Mein Body Mass Index liegt somit bei etwa 22,7, was einem Normalgewicht entspricht. Mir wird auf diversen Seiten empfohlen, dass mein Idealgewicht zwischen 49 und 62 Kilogramm liegt. Demzufolge bin ich also im oberen Drittel, näher am Über- als am Untergewicht. Wenn ich auf Instagram den Hashtag »bodypositivity« anwende oder davon spreche, wie ich versuche, meinen Körper zu lieben, bekomme ich regelmäßig Anfeindungen. Im Onlinemagazin *Refinery 29* schrieb eine Autorin sogar einen an mich adressierten Artikel, der lautete, »5 Gründe, warum es mich ankotzt, wenn schöne Menschen sagen, sie seien body-positive«. Darin steht unter anderem: »Schön und gut, aber warum verletzt es mich, dass jemand Schwächen, die eigentlich keine sind, künstlich in den Mittelpunkt rückt? Ganz einfach, weil ich dann selbst über mich und meinen wesentlich unansehnlicheren Körper sowie mein Scheißleben insgesamt nachdenken muss.«

Hier liegt das Missverständnis, das die ganze Diskussion dominiert: Wir dürfen Menschen nicht für das, was sie fühlen, so absurd es auch in unserem eigenen Spektrum scheinen mag, verurteilen. Models fühlen sich oft dick, und die Industrie ist schuld daran. Menschen wie ich, die im weitesten Sinne einer von außen vorgegebenen Schönheitsnorm entsprechen, fühlen sich oft nicht schön. Auch ich kann mich dem Sog und dem System manchmal nicht entziehen, vor allem, wenn Größe 38 bereits als Plus Size verkauft wird. Erst wenn wir den Schmerz aller Menschen, die vom System betroffen sind, anerkennen, können wir gemeinsam heilen. Das klingt vermutlich sehr spirituell, dennoch glaube ich nicht, dass ein Leid das andere ersetzen oder verkleinern kann. Wer glaubt, dass das Attackieren von schlanken, schönen Menschen, die dem aktuell festgesetzten Ideal entsprechen, die nicht so schlanken und nicht dem gängigen Ideal entsprechenden Menschen glücklicher macht, der irrt. Unglücklich in diesem System sind momentan nämlich alle: von der hübschen Instagrammerin, die jedes ihrer Fotos akribisch bearbeitet, weil sie weiß, dass schlankere Taille mehr Likes bedeutet, bis zur Frau mit Akne, die sich an schlechten Tagen nicht mal vor die Haustüre traut. Scham darf niemals mit Beschämung bekämpft werden. Wir alle haben unser Päckchen zu tragen, und uns befreien können wir nur gemeinsam.

Wir dürfen alle Feministinnen sein

Weil wir nur gemeinsam aus dem Dilemma kommen können, ist es ebenso wichtig anzusprechen, was es eigentlich bedeutet, Feministin zu sein. Denn mir scheint es, als würde diese Bezeichnung sehr inflationär verwendet werden, und gleichzeitig verhalten sich viele Frauen alles andere als sich gegenseitig bestärkend. Kann ich eine Feministin sein, wenn ich ein T-Shirt kaufe, das von einer Frau genäht wurde, die keines der Rechte, die ich für mich beanspruche (Mutterschutz, faire Entlohnung, ein sicherer Arbeitsplatz), hat?

»Feminismus. Richtung der Frauenbewegung, die ein neues Selbstverständnis der Frau u. die Aufhebung der traditionellen Rollenverteilung anstrebt«

So steht es im Duden. Wenn wir also eine grundlegende Veränderung herbeiführen wollen, dürfen wir nicht bei einem eurozentrischen, westlichen Feminismus anfangen, der unzählige Frauen im globalen Süden ausschließt. Wir müssen inklusiver und einheitlicher denken, damit alle Frauen, weltweit, von unserem Aktivismus profitieren. Der springende Punkt ist nämlich, dass viele von uns einen sehr begrenzten Feminismus leben. Wir verurteilen, zeigen mit dem Finger, beschämen andere Frauen, oft unbewusst. Obwohl es genau das ist, was wir nicht wollen. Für mich gehört es zum Feminismus, einer anderen Frau komplett frei einzuräumen, was sie mit ihrem Körper tut. Solange sie es aus eigenen, freien Stücken tut! Wenn eine Frau ein Kopftuch tragen will und das toll findet, soll sie das doch gerne tun. Wenn eine Frau Silikonbrüste mit Doppel-D und Plastiknägel ästhetisch ansprechend findet, darf sie das.

Als Feministin sehe ich es als meine Aufgabe, Frauen ihre Körper selbst zu überlassen und nicht darüber zu urteilen, ob ein haarfreier Intimbereich oder haarige Achseln nun emanzipiert seien. Emanzipiert ist die Frau, wenn sie so lebt, wie sie das möchte. Und das ist enorm individuell, bunt und vielschichtig!

Das Problem ist, dass unsere Körper immer zur Projektionsfläche für Diskussion werden. Tanze ich in Unterwäsche in der Küche, werde ich gefragt, warum ich denn so oft halb nackt sei. Zeige ich meine haarigen Arme, werde ich gefragt, warum ich sie mir nicht rasiere. Das grundlegende Problem besteht darin, dass Frauenkörper ständig zum Mittelpunkt der Diskussion werden. Wir beurteilen, kritisieren, bejahen oder verneinen. Es geht um eine stetige Objektifizierung des Körpers, egal ob positiv oder negativ.

Und das muss aufhören. Wir müssen aufhören, uns gegenseitig Rankings zu geben, denn im Prinzip tun wir nichts anderes, als dem System zu geben, was es von uns verlangt. Indem wir dünnen Frauen sagen, sie seien zu dünn, oder dicken Frauen sagen, sie seien zu dick, bestätigen wir doch immer wiederkehrend eine Art von Kategorisierung. Mein Vorschlag ist, Feminismus als solchen zu leben: Frauen sind die Chefinnen über ihre Körper. Sie dürfen machen und tun damit, was sie wollen. Solange wir nicht in den Körper hineingeboren wurden, haben wir absolut keinen blassen Schimmer davon, wie sich die Person fühlt. Was wir tun können, ist, die jeweilige Frau in ihrer Entscheidung zu bestärken und ihr ebenso zu helfen, wenn es eine Entscheidung war, die nicht sie selbst, sondern jemand anderer getroffen hat.

Empowerment bedeutet für mich eben dieses Bestärken. Eine Frau soll sich schön fühlen dürfen, was auch immer das für sie bedeutet. Für die eine Frau mag es befreiend sein, sich nicht mehr zu schminken, und für die andere mag es genau das Gegenteil bedeuten. Manche Frauen sind froh, wenn sie verstehen, dass man sich auch als Feministin die Achseln rasieren darf, und manche freuen sich, wenn sie akzeptieren, dass sie auch mit einem androgynen Körper eine Frau sind. Denn wenn ich höre, »echte Frauen haben Kurven«, werde ich sehr ungehalten! Was ist mit all den flachbrüstigen, nicht-kurvigen Frauen, die sich genauso weiblich fühlen wollen? Wir alle dürfen uns erlauben, ohne Labels und Schubladen zu leben. Genauso macht es mich fast wahnsinnig, wenn Frauen wie Louisa Dellert, die für Self-Love und einen gerechteren Planeten einstehen, auf Instagram zu hören bekommen, es sei erstaunlich, dass sie mit »so viel Gewicht« einen Marathon laufen könne. Bitte, Frauen dieser Welt, gebt euch Raum. Gebt euch Toleranz und Verständnis, und hört auf, euch ständig zu beschämen. Wir Frauen müssen zusammenhalten, uns bestär-ken, uns das Verständnis und den Raum geben zu wachsen. Wir können uns gegenseitig darin bestärken, mit viel Liebe im Gepäck, die Menschen zu werden, die wir sein wollen. Und dieser Mensch kennt keine Grenzen, Größen und Labels.

Alle wollen individuell sein, aber wehe, du bist anders

Bleiben wir noch ganz kurz bei den Labels: Heute blättern wir durch Magazine oder scrollen durch Instagram und sind mehr denn je bombardiert mit Vorgaben, wie Frau und Mann auszusehen haben. Die Betonung liegt auf Frau und Mann, denn für alles, was unsere Zweigeschlechtlichkeit übersteigt, ist immer noch zu wenig Platz. Menschen, die zur Intersexualität oder Transidentität gehören, finden nach wie vor wenig bis keinen Platz in alltäglichen Bildern. Und es ist absurd, wenn ich darüber nachdenke, dass ich erst Charlie kennenlernen musste, um zu verstehen, was es bedeutet, in unserer Welt der Zweigeschlechtlichkeit keinen Platz zu finden.

Charlie hat den Namen für die Berichterstattung ausgewählt. Denn Charlie ist ein Name, der ohne Geschlecht auskommt und somit gut passt. Charlie kontaktierte mich im Sommer 2016. »Falls du Interesse an einem Gespräch über Gendervorstellungen und Intersex hast, kannst du gerne mit mir sprechen.« Kurz und knackig war die erste E-Mail, auf die ich umgehend antwortete. Von Anfang an machte Charlie klar: Sie wollte nicht erkannt und öffentlich geoutet werden. Ein paar Tage später wartete ich in der Wiener Innenstadt, und plötzlich stand sie vor mir: eine wunderhübsche, attraktive Frau mit langem, blondem Haar, toller Figur, sie war so klein wie ich, nur zierlicher. Als wir im Café saßen, bemerkte ich ihre Nervosität, sie begann zu erzählen:

1990 wird Charlie geboren. Sie verbringt eine ganz normale Kindheit, außer dass sie etwas wilder ist als die anderen Mädchen. Sie klettert auf Bäume, spielt Fußball, schlägt sich das Knie beim Radfahren auf und schneidet der Barbie ihrer Schwester die Haare ab. Zwischendurch verhält sich Charlie aber wie ein klassisches Mädchen oder zumindest so, wie die Gesellschaft es von Mädchen erwartet. Zum Schulfoto mit sieben Jahren besteht sie auf dem rosa Kleid. Fünf Jahre später: Charlie merkt, dass etwas anders ist. Die meisten Mädchen in ihrer Klasse kaufen sich die ersten BHs, die Schambehaarung beginnt zu wachsen, sie bekommen ihre Regel. »Du bist halt eine Spätentwicklerin, das liegt in der Familie!«, beschwichtigt sie ihre Mutter. Innerlich weiß Charlie aber bereits, dass das nicht der Fall ist. Sie weiß, dass sie anders ist. Charlie besteht auf eine ärztliche Untersuchung, landet schlussendlich im Wiener Allgemeinen Krankenhaus, mehrere Bluttests und Ultraschalle später die Diagnose: Charlie ist intergeschlechtlich. Charlie ist erst zwölf Jahre alt, als sie erfährt, dass sie keine Eierstöcke, keine Gebärmutter hat und demnach nie Kinder bekommen kann. Stattdessen hat Charlie Gonaden im Bauchraum. Auch Keimdrüsen oder Hoden genannt. Es sind zwei Buchstaben, die Charlies Leben verändern: XY. Ihre Chromosomen sagen, sie sei männlich.

Was ich an dem Tag mit Charlie im Café lernte: Es gibt unzählige Formen der Intergeschlechtlichkeit. Charlies Form nennt sich *Complete Androgene Insensitivity Syndrome*, kurz CAIS. Das bedeutet, dass Charlie rein chromosomal ein Mann ist, ihr Körper jedoch resistent gegen männliche Hormone ist. Charlies Gonaden im Bauchraum wanderten während der Schwangerschaft im Bauch ihrer Mutter also nicht nach unten, produzierten aber gleichzeitig männliche Hormone, die der Fötus wiederum nicht aufnehmen konnte und in Östrogen umwandelte. Deswegen entwickelte Charlie auch weibliche, äußere Geschlechtsmerkmale.

Bei den Untersuchungen damals im Alter von zwölf Jahren erfährt Charlie auch, dass ihre Scheide nur fünf Zentimeter lang ist und somit zu kurz, um problemlos heterosexuellen, vaginalen Geschlechtsverkehr zu haben. Die Ärztin bietet die operative Entfernung der Gonaden an, auch eine Scheidenverlängerung sei möglich. Charlie möchte einfach nur so schnell wie möglich so normal wie möglich sein. Sofort. Wenn die im Bauchraum verbliebenen Hoden warm sind, besteht die Gefahr eines Tumors. Dies ist bei Charlie der Fall, weswegen die

Ärzte die Entfernung ebenfalls empfehlen. Heute weiß man, dass das Risiko bei Weitem nicht so hoch ist, wie man damals glaubte. Die Familie und Charlie entscheiden sich für die Entfernung der Gonaden. Charlie ist somit, wie viele andere XY-Frauen, auf lebenslange Hormonersatztherapie angewiesen, da die Gonaden im Bauchraum für die Hormonproduktion verantwortlich waren. Der Eingriff entspricht einer Zwangskastration, die zu mangelnder Hormonproduktion führt. Bei vielen intergeschlechtlichen Menschen wird diese OP bereits im Kinderalter durchgeführt, ohne dass das Kind überhaupt Mitspracherecht hat, ob es ein Leben mit Hormonersatztherapie überhaupt will. Statt der Scheidengangverlängerung rät die Ärztin Charlie zu einem Phantom, einem Stück Kunststoff, das die Scheide weiten und verlängern soll. Ihre ganze Jugend über muss Charlie immer größer werdende Phantome in ihre Scheide einführen, immer vor dem Schlafengehen.

Charlie erzählte mir: »Stell dir vor, du bist auf Klassenfahrt und musst, wenn alle schon im Bett sind, aufstehen, um dir ein Stück Kunststoff einzuführen, um deinen Scheidengang zu weiten. Und du bist die, die vor allen anderen aufsteht, um es wieder rauszuholen. Es war psychisch sehr schwer, das als Jugendliche zu verkraften. Gerade in dieser Zeit will man ja eigentlich nur dazugehören. Ich glaube, die meisten Mädchen hassen ihren Körper in dieser Zeit, aber wenn dir dann auch noch gesagt wird, dass du eigentlich kein Mädchen hättest sein sollen, dann hasst du dich selbst wahrscheinlich noch viel mehr.« Viele weiblich eingestufte, intergeschlechtliche Menschen bekommen Neovaginas, sie werden sozusagen penetrationsfähig gemacht. Mikropenisse werden abgeschnitten, Geschlechtsteile entfernt, Menschen für immer sterilisiert. Säuglinge werden operiert, weil die Harnröhre nicht in der Eichel, sondern im Schaft endet, damit sie im Stehen und nicht nur im Sitzen pinkeln können. Denn ein echter Mann, der muss ja im Stehen pinkeln können. Wir wollen uns Menschen so zurechtformen, wie wir uns das vorstellen, ohne dabei zu verstehen, dass das für die Betroffenen an Folter grenzt.

Ein äußeres Geschlechtsmerkmal, das unter 0,7 Zentimeter lang ist, gilt als Klitoris. Alles über 2,5 Zentimeter als Penis. Und dazwischen? Das Dazwischen rücken, schneiden und stutzen wir so lange zurecht, bis wir es zum Mann oder zur Frau gemacht haben, koste es, was es wolle. Als wäre es ein verdammter Bonsai-Baum. Doch wir sprechen hier nicht von einer winzigen Randgruppe, die Wahrscheinlichkeit, dass wir einige intergeschlechtliche Menschen kennen, die sich nicht trauen, sich zu outen, ist also gegeben. Ob intergeschlechtliche Menschen es wollen oder nicht: Sie müssen sich einordnen, denn in unserer Welt gibt es keinen Platz für Grauzonen. Mann oder Frau, schwarz oder weiß. 170 Operationen an weiblich eingestuften Kindern unter fünf Jahren waren es im Jahr 2014 in Deutschland. Diesen Kindern wird eines entzogen: das Menschenrecht auf einen unversehrten Körper.

»Es ist schwer, nicht in ein Schema zu passen, wenn sich die ganze Gesellschaft nach diesem Schema richtet. Damit habe ich sehr oft zu kämpfen. Auch mit dem Vorurteil ›Zwitter‹ kann ich nicht umgehen. Ich mag das Wort einfach nicht«, erklärte mir Charlie während unseres Treffens. Wir stehen jeden Tag vor Entscheidungen, die uns leichtfallen: aufs Damen- oder Herrenklo, ob wir das Kreuz bei »weiblich« oder »männlich« machen. Und Charlie? Ist sie nun männlich oder weiblich? Charlie ist Charlie.

In unserer Gesellschaft gibt es kaum Möglichkeiten, aus der Zweigeschlechtlichkeit auszubrechen. Nicht mal auf medizinischem Niveau ist es intergeschlechtlichen Menschen möglich durchzuatmen. Wenn im Pass »Frau« steht und man aber eine Prostatauntersuchung braucht, weil man eben eine Prostata hat, dann wird die nicht von der Krankenkasse übernommen. Wenn Charlie ins Krankenhaus muss, muss sie auf die Transsexuellen-Ambulanz, obwohl sie nicht transsexuell ist. Die Krankenschwester fragt: »Sie sind also transsexuell?«, und Charlie ist völlig bloßgestellt, muss einer wildfremden Person, zu der sie kein Vertrauensverhältnis hat, erklären, dass sie intergeschlechtlich ist und was das eigentlich bedeutet. Ihr ganzes Leben lang ist sie solchen Situationen ausgesetzt. Charlie hat große Angst davor, ungewollt geoutet zu werden. »Es gibt keinen Platz für mich in der Gesellschaft. Es gibt keine ›dritte Option‹, die ich wählen kann. Wenn es einen Platz für intergeschlechtliche Menschen gäbe, wenn andere wüssten, was das eigentlich ist, und wir uns nicht mehr zwei Kategorien zuordnen müssten, wäre das einfacher.«

Am Ende unseres Treffens sagte Charlie etwas sehr Kluges zu mir: »Mann und Frau sind nur die Endpunkte auf einer Linie, wieso schenken wir dem, was dazwischenliegt, nicht mehr Akzeptanz? Wieso MUSS ich mich entscheiden?« Und mir fiel dazu ein: »Why not change minds instead of bodies?« Ein Zitat von Gretchen Worden.

Seit dem Gespräch trage ich eine Wut in mir, die sich dagegen richtet, dass unsere Welt alles und jeden normalisieren und stereotypieren will. Es verärgert mich, dass intergeschlechtlichen Menschen ein Schamgefühl aufgezwungen wird, weil man ihnen das Gefühl gibt, nicht der Erwartung zu entsprechen. Obwohl es gar keine Erwartung gibt, denn am Ende des Tages sind wir nicht weiblich oder männlich, sondern menschlich.

Wieso können wir Menschen nicht Menschen sein lassen? Wieso muss »weiblich« oder »männlich« über das bestimmen, was wir sein sollen? »Du läufst wie ein Mädchen« – das weibliche Klischee ist rund, das männliche Klischee ist eckig. Und Charlie? Charlie ist ein Dreieck. Ein verdammt schönes, vollkommenes Dreieck! Und wenn du ein Oktogon oder eine schöne Welle sein willst: Sei das. All die Magazine und Social Media zeigen uns ein viel zu eng gefasstes Spektrum an Optionen, die es für Menschen gibt. Erst im Oktober 2018 wurde der erste geschlechtsneutrale Pass ausgestellt. Leonne Zeegers, 57, ist also der erste Mensch, der ein X statt einem M für Mann oder einem V für Frau in seinem holländischen Pass stehen hat. Zeegers setzte sich erfolgreich mit einer Klage gegen die Regierung des Landes durch. Viele Menschen, auch in Österreich und Deutschland, hatten dies zuvor erfolglos versucht. Die guten Neuigkeiten sind jedoch, dass in Deutschland inzwischen ein Gesetzesentwurf auf dem Weg ist, der einen dritten Geschlechtseintrag ermöglichen soll. Intersexuelle Menschen sollen so künftig endlich die Möglichkeit haben, ihre Identität als solche ins Geburtenregister eintragen zu lassen.

Das Paradox unserer Zeit besteht darin, dass wir alle unfassbar individuell sein wollen, aber nach wie vor wenig Platz für Andersartigkeit herrscht. Wir wollen anders, aber doch gleich sein. Alternativ, aber reinpassen. Als cisgender, heterosexuelle Frau, war es lange eine Welt, die mir nicht zugänglich war: Ich weiß schlichtweg nicht, wie es ist, in ein anderes oder zwei Geschlechter hineingeboren zu werden. Ich lachte lange über die transphoben Witze in der Serie *Friends* (Chandlers Vater ist in der Serie eine Transgender-Frau), ohne zu wissen, dass diese Witze eine unfassbar schmerzhafte Realität für unzählige Menschen sind. Bis ich Charlie kennenlernte und von ihr sehr simpel und geduldig erklärt bekam, was es bedeutet, intersexuell zu sein, und dass es einen vehementen Unterschied zwischen Intersexualität und Transidentität gibt. Ich bin dankbar für Menschen wie Charlie, die nicht nur für den Ausbruch aus der Zweigeschlechtlichkeit kämpfen, sondern auch mit Unwissenden sprechen und ihnen diesen Ausbruch erklären. Denn der Dialog ist hier, wie sonst auch, irrsinnig wichtig. Wir können entscheiden, wie die Welt rund um uns aussieht, und was allem voran dazugehört, ist der Mut, diese Dinge beim Namen zu nennen. Der Mut, sich auf die Seite der marginalisierten Gruppe zu stellen und die Art von Unterstützung zu geben, die man als der Norm entsprechender Mensch geben muss. Das beginnt beim Wählen der Parteien, die alles abseits der Zweigeschlechtlichkeit anerkennen, als auch beim Wählen der Parteien, die zwei erwachsenen Menschen, egal welches Geschlecht sie haben, erlaubt, sich zu lieben und zu heiraten. Rechte, die heterosexuellen Cisgender-Menschen eingeräumt werden, müssen allen eingeräumt werden. Daran geht für mich kein Weg vorbei, wenn wir eine friedvolle, liebevolle und tolerante Zukunft leben wollen.

An erster Stelle kommt die Selbstliebe

»Starkes weiches Herz« lautet der Titel dieses Buches, und er impliziert Folgendes: Der Weg zu einem mündigen Leben, aus ganzem Herzen, liegt in der Stärke und dem Mut. Es braucht Stärke, sich selbst und die Menschen um einen herum zu lieben und für das einzustehen, was einem wichtig ist. Und das beginnt vor allem bei sich selbst. Alles, was wir geben, müssen wir zuerst bei uns selbst finden. Wenn wir nicht von unserer eigenen Liebenswürdigkeit überzeugt sind, kann es schwierig sein, Zuneigung zu erhalten. Es mag sich dann wie ein Preis für eine Leistung anfühlen, die wir nie vollbracht haben. Wie soll jemand anders an uns glauben, wenn wir nicht einmal an uns selbst glauben? Und wie sollen wir Liebe annehmen, wenn wir unsere eigene Liebe nicht annehmen können? Wie können wir jemand anderem bloß die Erlaubnis geben, uns zu lieben, wenn wir uns selbst die Erlaubnis entziehen, uns zu lieben?

Am Anfang meines Schaffens stand die Erkenntnis, dass ich es verdiene, erfolgreich zu sein und geliebt zu werden. Nur dieser Glaube, wenn er auch mit Anfang 20 noch nicht so ausgeprägt war, brachte mich dazu, einen Weg einzuschlagen, der viel Mut abverlangte. Ich war jung und hatte das Gefühl, nirgendwo so richtig reinzupassen. Ich wusste, dass mir ein Nine-to-five-Job nicht die Erfüllung gab, die ich wollte. Meinen Blog hatte ich zwei Jahre zuvor gestartet und war inmitten eines Praktikums bei einem großen Kosmetikkonzern. Das Praktikum, für das ich aus vielen Bewerberinnen auserwählt worden war, sollte sechs Monate dauern. Nach vier Monaten kündigte ich, weil es mir einfach nicht lag, in einem Betrieb zu sitzen und Regeln zu befolgen, die in meinen Augen sinnlos waren. Nun mag jemand, der das hier liest, denken, ich sei ein wohlstandsverwahrlostes Bourgeois-Kind, das nicht weiß, was es bedeutet zu arbeiten. Doch, das wusste ich! Ich begann sehr früh zu jobben, damals als Teenager, und liebte arbeiten immer. Ich habe so ziemlich jeden Job ausprobiert, stand um fünf Uhr morgens auf dem Bauernmarkt und bereitete alles für einen Verkaufstag in der Kälte vor, saß an der Rezeption eines 24-Stunden-Fitnesscenters und kellnerte. Bei meinem Praktikum saß ich fast jeden Tag bis 20 Uhr oder länger im Büro – obwohl ich nicht hätte müssen. Ich liebte arbeiten, und ich war bereit, viel zu geben, aber irgendwann nur unter der Prämisse, dass es mich auch erfüllt.

Wenn Menschen die oben genannte Reaktion hervorbringen und sagen, ich sei verwöhnt oder hätte zu hohe Ansprüche, geht mir Folgendes durch den Kopf: Was ist falsch daran, Ansprüche zu haben? Wieso sollte ich mir selber etwas nicht erlauben, was ich meiner Freundin von Herzen wünsche? Und wieso sollte ich meine Ansprüche nicht dort ansetzen, wo ich glaube, es verdient zu haben? Der Wert, den wir uns selber geben, determiniert sehr oft auch den Wert, den wir von anderen beigemessen bekommem: in der Beziehung, im Beruf, in der Freundschaft.

Viele sagen aber: »Nun ja, dein Leben war viel einfacher als meins, deswegen fällt es dir vermutlich leichter!« Dem ist allerdings nicht so. Für ihr Buch *Verletzlichkeit macht stark* untersuchte Brené Brown zwei Gruppen von Männern und Frauen. Sie teilte diese Gruppen dann jeweils wieder in zwei Untergruppen ein: die Menschen, die ein tiefes Gefühl von Liebe und Zugehörigkeit spüren, und diejenigen, die darum kämpfen. Und zwischen diesen Gruppen gab es nur eine Variable, die die Gruppen voneinander unterschied: Diejenigen, die sich liebenswert fühlen, die von Herzen lieben und Zugehörigkeit empfinden, glauben einfach daran, dass sie Liebe und Zugehörigkeit verdienen. Sie haben kein besseres oder einfacheres Leben, sie haben nicht weniger Probleme mit Sucht oder Depressionen, und sie haben nicht weniger Traumata er- und überlebt. Sie haben aber inmitten all dieser Kämpfe Praktiken entwickelt, die ihnen ermöglichen, tief an dem Glauben festzuhalten, dass sie Liebe, Zugehörigkeit und sogar Freude verdient haben. Brené Brown stellte fest: Eine tiefe Überzeugung, dass wir Liebe und Zugehörigkeit verdienen, entsteht nicht einfach über Nacht. Sie wird kultiviert, jeden Tag, bei den banalsten Entscheidungen. Die Eigenschaften von Männern und Frauen, die von ganzem Herzen leben, besteht darin, ein Leben zu führen, das von Mut, Mitgefühl und dem Gefühl von Zugehörigkeit geprägt ist.

Und für all das braucht es die Bereitschaft, verwundbar zu sein. Das heißt für mich in der Schlussfolgerung: Wir müssen aufhören zu glauben, dass wir nicht verletzt werden können. Ein Mangel an Selbstliebe resultiert nämlich oft aus der Tatsache, dass wir nicht verletzt werden möchten und daher eine Wand zwischen uns und dem, was wir wollen, was wir verdienen, aufziehen. Wir glauben, es ohnehin nicht erreichen zu können, und bevor wir es probieren, lassen wir es ganz sein. Zugrunde liegt auch die Angst, dass, wenn jemand uns ohne diesen Panzer, voll und ganz kennen würde, diese Person uns auf keinen Fall lieben könnte. Der Glaube, nicht liebenswert zu sein, wenn wir uns mit all unseren Fehlern und schlechten Charakterzügen, unserer Geschichte, offenbaren, ist desaströs. Viele Menschen leben selbst so in Beziehungen. Die Scham darüber, zu sein, wie wir wirklich sind, liegt tief begraben. Ich kenne viele Paare, die selbst nach Jahren der Beziehung ihre innersten Ängste vor ihren Partnern verheimlichen. Die Intimität, die eine lange Partnerschaft birgt, wird oft von der Vorstellung verdrängt, wir müssten uns immer so ansprechend und poliert präsentieren wie am ersten Tag. Dabei ist es doch das schönste Geschenk, wenn wir uns selbst, aber auch jemand anderen, an die dunklen Stellen unserer Existenz führen können und nicht mehr heimlich, isoliert unter dem, wofür wir uns vielleicht noch schämen, leiden müssen.

Die Herausforderung besteht auch darin, es anzunehmen, wenn wir unsere Liebenswürdigkeit vor Augen geführt bekommen. Am Ende meiner Yogalehrerinnenausbildung mussten jede Schülerin und jeder Schüler eine Yogastunde für die restlichen Schülerinnen und Schüler halten. Es war die große Aufgabe am Ende der Ausbildung, vor der wir alle enormen Respekt hatten. Yoga zu unterrichten mag einfach klingen, ich kann aber behaupten, dass jede angehende Lehrerin es kennt: Vor einer Gruppe Menschen zu stehen und zu unterrichten, wird einen mit allen Unsicherheiten, die man in sich trägt, konfrontieren. Viele der Unsicherheiten kannte ich bis zu dem Zeitpunkt der ersten Stunde gar nicht! Das Schöne an unserer Abschlussarbeit war aber, dass die restlichen Schülerinnen und Schüler kleine, anonyme Liebesbriefe schrieben, nachdem die Stunde vorbei war. Diese knapp vierzig Zettelchen bekam dann jede und jeder von uns überreicht. Ich wartete ein paar Tage, bis ich mein Kuvert öffnete. Als ich mir eine Woche, nachdem das Training zu Ende war, eine ruhige Minute nahm und die Briefchen las, weinte ich innerhalb weniger Augenblicke.

»Man spürt dein Mitgefühl, deine Stimme, die Weichheit, deine Stärke. Du strahlst.«
»Du bist so schön, warmherzig, weise, lustig, fürsorglich, ehrlich und aufmerksam.«
»Ich liebe dich einfach so sehr. Du bist so ein perfektes Gleichgewicht zwischen stark und sanft. Unter deiner Anleitung habe ich mich perfekt gehalten gefühlt. Danke für diese Klasse.«

Die negativen Reaktionen, die ich also später auch als Lehrerin erfahren sollte, waren marginal im Gegensatz zu diesem wunderbaren Feedback.

Die Briefchen, einer nach dem anderen, waren prall gefüllt mit Anerkennung, Wertschätzung und Liebe. Ich saß da und fühlte mich, als würde ich in Liebe duschen. Als stünde ich unter einem tropischen Regenguss, der mich Briefchen für Briefchen größer, stärker und strahlender werden ließ. Noch heute habe ich diese Briefchen an einem ganz besonderen Ort aufbewahrt und lese sie mir durch, wenn ich vor schwierigen Situationen stehe. Situationen, in denen ich dazu neige, mich kleiner zu machen, als ich bin, und es mir schwerfällt, meine Kompetenz und all das Liebenswerte an mir zu sehen. Wir alle haben solche Situationen, selbst Michelle Obama oder Beyoncé kennen diese Situationen mit Sicherheit. Auch wenn wir beruflich erfolgreich oder berühmt sind, wird es immer wieder eine Herausforderung sein, unseren eigenen Wert als solchen zu sehen.

Komplimente und Zuneigung annehmen zu können, ist schwieriger, als man denkt. Einen Menschen in die Mitte eines Raums zu stellen und ihn oder sie dazu zu bringen, einfach nur Komplimente und Wertschätzung anzunehmen, ohne sich ständig zu bedanken oder das Gesagte abzutun, gleicht einer Unmöglichkeit. Probiere es mal aus: Das nächste Mal, wenn jemand dich lobt, sag einfach ein kurzes »Wie schön, das zu hören« oder »Danke«. Es müssen keine untertänigen tausendfachen Danksagungen sein, denn auch dieses Verhalten zeigt, dass man versucht, etwas zu kompensieren. Man kann auch einfach annehmen, wenn man gesagt bekommt, dass man etwas gut und toll gemacht hat.

Nun hast du vermutlich kein Kuvert mit lauter kleinen Liebesbriefchen zu Hause. Falls doch: Lies sie so oft du kannst. Falls nicht: Schreib dir selbst einen Liebesbrief. Frag deine Freunde oder dich selbst: Was sind besonders liebenswürdige Eigenschaften an dir? Kannst du besonders gut zuhören, schnell Lösungen finden, bist du bekannt für deinen

Humor oder die Tatsache, dass du Menschen liebevoll einen Ruck geben kannst. Egal was es ist: Es stecken ziemlich viele Eigenschaften in dir, die dich zu dem besonderen Menschen machen, der du bist.

Bei meinem 29. Geburtstag lud ich eine Runde von Freundinnen und Freunden ein. Wir wollten wandern gehen, doch es regnete. Also kehrten wir in einem Lokal in der Nähe des Treffpunkts ein. Da es eine recht durchgemischte Gruppe von Leuten war, die sich nicht unbedingt kannten, stellte ich am Tisch jede Person vor. Und zu jeder Person führte ich in ein paar Sätzen an, wieso ich sie so schätze. Es erfüllte mich mit Liebe, jeder einzelnen Person vor versammelter Mannschaft zu sagen, wieso sie so besonders für mich ist. Und es war unfassbar schön zu sehen, wie die Augen der jeweiligen Person funkelten, wenn wenige Minuten alle außer mir schwiegen und es nur um sie ging. Anzufangen, uns selbst, aber auch Menschen um uns herum in Liebe zu baden, in Form von Worten oder Gesten, kann große Wellen schlagen. Jede Beziehung und Partnerschaft, egal ob romantisch oder platonisch, profitiert von Wertschätzung und Anerkennung. Im deutschsprachigen Raum tendieren wir oft dazu, eher Kritik als Lob auszusprechen, und es ist wichtig, sich daran zu erinnern, dass Lobbekundung nichts Naives, sondern etwas Wunderbares ist. Jemandem in einem Meeting vor dem versammeltem Team zu sagen, »Das hast du richtig gut gemacht, ich bin beeindruckt!«, gibt nicht nur der Person, sondern auch uns selbst ein gutes Gefühl.

Wir alle sind Autor*innen, wenn es um uns selbst geht. Wir formulieren gedanklich Geschichten darüber aus, wie wir sind und wahrgenommen werden. Lange war meine eigene Beschreibung von mir selbst zwar ganz okay, aber viel glanzloser, als sie sein sollte. Niemals hätte ich mich so beschrieben, wie meine Mitstudierenden bei der Yogaausbildung das taten. Doch wenn knapp 40 Menschen fast alle ähnliche Dinge schreiben, dann müssen sie doch wahr sein, oder? Wenn du immer wieder zu hören bekommst, dass du eine tolle Freundin, Mitarbeiterin oder Partnerin bist, dann kann daran nicht so viel faul sein, oder?

Oft leben wir selbsterfüllende Prophezeiungen von dem, was wir als Kinder gesagt bekommen haben. Ich habe eine Freundin, die immer betont, wie tollpatschig sie sei. Ich selbst nahm sie nur ab und zu als tollpatschig wahr, aber auch nicht viel mehr als mich selbst. Irgendwann bekam ich mit, dass sie, seit sie klein ist, zu hören bekommt, sie sei tollpatschig. Irgendwann fragte ich sie also: »Kann es sein, dass du nur tollpatschig bist oder denkst es zu sein, weil man dir das schon immer sagt?« Sie pflichtete mir bei. Auch bezüglich meiner eigenen Person hatte ich einen Aha-Moment: Meine Mutter warf mir mein ganzes Leben lang vor, unordentlich zu sein. Ich wäre chaotisch, würde Schubladen aufreißen und zerwühlt wieder halb zumachen. Ich war also davon überzeugt, unordentlich zu sein, und sah überall um mich Bestätigung dieser Behauptung. Als Erwachsene musste ich aber feststellen: Ich liebe Ordnung. Ich liebe eine saubere Wohnung, einen gut sortierten Kleiderschrank. Ich stellte fest, dass ich eine Minimalistin im Herzen bin und mich der Besitz von zu viel überfordert. Ich merkte, dass es nur unordentlich wurde, wenn ich schlichtweg keine Zeit hatte aufzuräumen oder zu viel besaß. Und siehe da: Auch alle meine Freundinnen und Freunde nehmen mich als sehr ordentlich wahr. Es war wie neugeboren zu sein, als ich feststellte, dass ich eigentlich gar nicht unordentlich bin!

Die Geschichte über uns selbst wird von anderen, aber auch von uns selbst geschrieben. Wir tendieren dazu, die negativen Dinge, die andere und wir selbst über uns denken, herauszufiltern. Dabei sollten wir viel eher das herausfiltern, was uns sagt: Das macht dich liebenswert. Symbolische Leichen im Keller haben wir alle, wenn es um unsere düsteren Charakterzüge geht. Einen seltsamen Fetisch, einen Fimmel, eine ekelhafte Anekdote oder eine echt ungute Eigenschaft haben wir fast alle, dafür müssen wir uns nicht schämen. Immer wenn eine Schlagzeile erscheint mit einer vermeintlich schockierenden Eigenschaft über einen Promi, denke ich mir: Na und, steht er halt auf Füße und ist manchmal unfreundlich zu seinem Personal. Wer kann behaupten, viel normaler zu sein? Natürlich gilt es hier nicht alles gutzuheißen, was passiert. Sexuelle Übergriffe oder respektloses Verhalten gehört thematisiert und aufgearbeitet – ohne jede Frage. Aber vielleicht können wir uns erlauben, uns etwas öfter damit abzufinden, dass wir vollkommen unvollkommen und gerade deshalb unfassbar liebenswert sind.

An erster Stelle kommst du

Online entrüstete sich ein User über den Self-Care-Hype und meinte, das Duschen würde jetzt als Selbstfürsorge bezeichnet werden. Spöttisch schob er nach, dass Zähneputzen nun auch zur Self-Care werden würde. Diese Person, die sich online etwas über den aktuellen Trend der Selbstfürsorge lustig macht, hat vielleicht schon recht: Völlig banale Dinge werden heutzutage als Selbstfürsorge betitelt, wo sie doch zuvor noch etwas ganz Normales waren. Wie bei vielen Trendwörtern ist es jedoch schwer zu begreifen, was der Terminus denn letztendlich beschreiben soll. Ist eine simple Dusche Selbstfürsorge? Und reicht es, ins Yogastudio zu gehen, um wieder entspannter und wohlgesonnener zu sein? Sich um sich selbst kümmern, das scheint alles zu umfassen, was es braucht, damit wir uns besser fühlen – körperlich und geistig.

Obwohl der Begriff Selbstfürsorge neumodisch klingt, geht die Idee geschichtlich weit zurück. Der französische Philosoph Michel Foucault argumentierte, dass die alten Griechen die Selbstfürsorge als integralen Bestandteil der Demokratie betrachteten: Sie war ein notwendiger Bestandteil zur Fürsorge anderer. Sie machte sie zu besseren, ehrlicheren Bürgerinnen und Bürgern. Die Fürsorge rund um die eigene Person war auch Thema von Audre Lordes Buch *A Burst of Light,* in dem sie schreibt, dass für sich selbst zu sorgen nicht Nachsicht, sondern Selbsterhaltung sei. Was sie damit meint? Als schwarze, lesbische, feministische Autorin drohte sie immer wieder in der Gesellschaft unsichtbar zu werden. In einer Welt, die ständig versucht, ihre marginalisierte Existenz zu vernichten und ihr Selbstwertgefühl zu verleugnen, ist die Entscheidung, sich auf sich selbst zu konzentrieren, eine radikale Handlung.

Und auch heute ist es nach wie vor ein Thema, wie auch Sängerin Solange Knowles in einem Interview erzählt: »Selbst in dieser letzten Woche, mit den zahlreichen Morden an jungen schwarzen Männern, entschied ich mich, diesmal nicht hinzusehen. Nur um an diesem Tag existieren zu können, ohne Wut zu existieren und ohne Herzschmerz zu existieren ... Ich muss manchmal entscheiden, nicht hinzusehen ... Manchmal wird [Selbstsorge] zu einer Mission an sich.« Und was Solange Knowles so treffend anspricht, wird auch in einem Artikel von Area Mahdawi in *The Guardian* treffend beschrieben: »Unglücklicherweise läuft die Selbstpflege Gefahr, bedeutungsloser zu werden als je zuvor.« Sie spricht von der

Kommerzialisierung des Begriffs, die zu spöttischen Aussagen wie »Ist Duschen jetzt auch schon Selbstfürorge?« führt. Denn die Instrumentalisierung von Selbstfürsorge für den Kapitalismus führt am Ziel vorbei. Marketing und PR sorgen dafür, dass suggeriert wird, ein heißes Bad würde uns die innere Ruhe und Frieden geben, die es braucht, um den Verstand in der heutigen Welt nicht zu verlieren.

Gedanken, die mir oft durch den Kopf gehen:

Die Welt geht zu Ende.

Ich kann nichts tun.

Alles ist ungerecht.

Schon wieder ein Amoklauf in einer Schule.

Menschen sind so ignorant.

Mit solchen Gefühlen und Gedanken leben viele von uns. Nicht nur die, die aktivistisch tätig sind. Doch gerade seit ich als Aktivistin unterwegs bin, ist es besonders schwer, nicht im Sumpf schlechter Nachrichten und Hiobsbotschaften unterzugehen. Es ist schwierig, diversen NGOs zu folgen und zu sehen, welche Rückschläge sie erleiden müssen. Es ist schmerzhaft, in Kriegsgebiete zu reisen und zu sehen, wie unfair das Leben, vor allem für so viele Kinder, sein kann.

Und für die Menschen, die sich nicht wie ich mit sozialen und ökologischen Themen auseinandersetzen, mögen es andere Themen sein. Existenzielle oder berufliche Ängste. Probleme in der Partnerschaft, Probleme mit sich selbst und den Menschen um einen herum. Resignation fühle ich sehr oft, und damit bin ich nicht allein. Und genau hier setzt Selbstfürsorge an.

Erst kürzlich legte ich meine längste Instagram-Pause ein.

Einen Monat lang war ich abstinent und verabschiedete mich von dariadaria. Meine Verabschiedung lautete so:

Instagram. Was für eine Hassliebe. Instagram hat mir Raum für meine Karriere, Kreativität, meinen Aktivismus und die Mobilisierung vieler Menschen gegeben. Aber Instagram fühlt sich manchmal auch wie der eifersüchtige Freund an, der meine ständige Aufmerksamkeit will. Mein vegetatives Nervensystem ist in ständiger Alarmbereitschaft, direkt am Morgen und direkt vorm Schlafengehen hänge ich am Bildschirm. Seit 2011 bin ich auf dieser Plattform unterwegs und habe mir nie mehr als eine Woche freigenommen. Aber es ist Zeit für mich, eine kleine Pause einzulegen, die länger ist als nur ein paar Tage. Eine Pause von Social Media, den Urteilen, dem ständigen Kampf, Projektionsfläche zu sein und gesagt zu bekommen, man sei nicht genug. Nicht genug als Veganerin, als Aktivistin, als Frau, als Mensch. Dabei weiß ich doch, dass ich gut genug bin! Und abgesehen von all den Ressentiments ist es auch eine Pause zur Inspiration, zum kreativen Fortschritt und zum Schaffen von Raum für wichtige Projekte, die abgeschlossen werden müssen. Ich möchte mich wieder mit all dem, was von Bedeutung ist, verbinden. Ich möchte tun, was sich intuitiv richtig anfühlt. Ich werde irgendwann wieder mit aufgeladenen Akkus zurückkehren.

Als ich diese Zeilen verfasste, war ich müde – richtig müde. Hätte ich einen Seufzer in den Text einbinden können, hätte ich es getan. Mir fehlte einfach jeglicher Atem, um dieses wunderbare Medium noch weiter zu befüllen. Ich brauchte eine Auszeit! Ich wollte Abstand nehmen und meine Batterien wieder laden. Die Analogie der Batterie für unseren eigenen seelischen und körperlichen Zustand finde ich großartig und sehr passend. Wir stehen in der Früh auf, haben 100 Prozent, und abends müssen wir wieder zu Bett, um die Akkus über Nacht zu laden. Doch manchmal reicht Schlaf allein nicht aus, um wieder aufgeladen und mit Elan in den Tag zu starten. Wir leben in einer Welt, die sich wirklich auslaugend anfühlen kann. Die wenigsten von uns leben in Idylle auf dem Land, haben täglich mehrere Stunden für ausgiebige Spaziergänge zur Verfügung und schaffen es, am Wochenende zwischen Job, Erledigungen und vielleicht Kindern noch Zeit zum Durchatmen zu finden. Sind wir nebenbei auch noch in diversen Bereichen aktiv, die uns vor Augen führen, wie viele Krisen und Probleme uns täglich umgeben, ist es schwer notwendig, Selbstfürsorge eine Chance zu geben.

Um im Wahnsinn dieser Welt den Verstand nicht zu verlieren, ist Selbstfürsorge wichtig.

»Wir haben alle ein bisschen Ich will die Welt retten *in uns. Aber es ist okay, wenn Du erst mal nur einen Menschen rettest. Und es ist okay, wenn dieser Mensch Du selbst bist.«*

So heißt ein Spruch, der auf einer Postkarte in der Küche meiner Freundin hängt. Als ich diesen Spruch zum ersten Mal las, war ich zwiegespalten: Klar, wir Menschen im globalen Norden haben es gut, wir können uns um uns selbst kümmern. Aber was ist mit all den Menschen, die nicht so privilegiert sind? Doch gleichzeitig fühlte ich mich ertappt. Es war nur wenige Monate, nachdem ich die Diagnose F43.0 bekommen hatte. Akute Belastungsreaktion, vorläufige Endstation

Burn-out. Ich hatte so lange anderen Menschen geholfen und dabei vergessen, mir selber zu helfen. 2015 war ich so aktiv in der Geflüchtetenhilfe, dass ich nachts aufwachte, von Albträumen mit Babyschreien und Bildern von herangespülten, leblosen Kinderkörpern im Mittelmeer. Dieses Jahr nahm mich sehr mit, emotional und körperlich. Ich versuchte alles in meiner Macht Stehende, um den Menschen, die zu uns kamen, zu helfen. Ich organisierte Spenden, fuhr mehrmals wöchentlich in die Geflüchtetenunterkünfte, half Betroffenen mit Behördenwegen und letztendlich auch mehreren Familien, ein besseres Leben in Österreich zu beginnen. Mir war klar, dass mein eigenes Privileg in diesem Moment dazu da sein sollte, es zu teilen – anderen zu helfen.

Was mir nicht klar war: Wie wichtig es gewesen wäre, ab und zu innezuhalten und zur Ruhe zu kommen. Ich verlor und vergaß mich so sehr in meiner Aufgabe, dass ich gar nicht mehr wusste, wo der Weg nach draußen für mich war. Ich war so müde, ich hätte Monate lang schlafen können. In dem Moment hätte mir keine Yogastunde oder ein simples, kurzes Selbstfürsorge-Ritual geholfen – ich steckte zu tief in der Erschöpfung. Ich musste im Jahr darauf, als das Burn-out sich manifestierte, meinen Job kurzzeitig niederlegen, eine Therapie anfangen. Babyschritte zurück in ein normales Leben. Und wenn heute Menschen über Selbstfürsorge lachen, dann erzähle ich ihnen meine Geschichte. Wie wichtig es ist, solange man noch nicht völlig untergegangen ist, sich um sich selbst zu kümmern. Mir wurde nämlich bewusst: Wenn ich mir selbst nicht helfe, kann ich anderen nicht helfen. Was haben die vielen Menschen davon, wenn ich plötzlich einfach nicht mehr kann? Dann kann ich ihnen erst recht nicht helfen.

Selbstfürsorge bedeutet, kleine Dinge in den Alltag zu integrieren, die einem helfen, bei Sinnen zu bleiben, bei sich zu bleiben. Eine gute Mitarbeiterin, ein guter Vater, eine gute

Vorgesetzte, ein guter Freund und eine gute Aktivistin kann man nur sein, wenn man das eigene Potenzial voll ausschöpft, klar und determiniert bei der Sache ist. Und genau für diesen Zweck sollte man sich kleine Werkzeuge zurechtlegen, die zwischendurch helfen, ein bisschen mehr bei sich selbst anzukommen. Es ist wichtig zu wissen: Welche Aktivitäten (oder auch Nicht-Aktivitäten) geben mir Kraft und helfen mir beim Runterfahren? Wir müssen aufhören, uns für den Luxus, den wir uns selber zugestehen, zu schämen. Wer das Geld für eine Massage hat, sollte es ausgeben – der Körper dankt es. Wenn dich lesen glücklich macht und entspannt, gib Geld dafür aus, dein Intellekt wird sich glücklich schätzen. Selbstfürsorge folgt keiner vorgegebenen Liste und muss nicht klischeehaft das Baden im Schaumbad bei Kerzenlicht mit einem Glas Wein sein! Es kann auch das Auspowern beim Kampfsportkurs oder das Brotbacken sein. Selbstfürsorge kann auch einfach das Nichtstun sein, das Abschalten aller technischen Geräte. Was auch immer dir guttut, ist gut. Gute Ernährung, ein gesunder Körper, das Gefühl, ausgeschlafen und fit zu sein, ist weitaus größerer Luxus als Luxusurlaube oder Designerhandtaschen. Es sind Dinge, die man schwer reversieren kann, wenn es mal zu spät ist. Lege eine Liste für dich an, die dir vor Augen führt, was diese Aktivitäten oder Nicht-Aktivitäten sind. Plane gezielt alle paar Wochen einen Tag oder ein paar Stunden ein, an denen du der Selbstfürsorge nachgehst. Natürlich sehen diese Planungen für jede und jeden anders aus: Manche Menschen sind Single, manche nicht. Manche haben Kinder, manche sind kinderlos. Manche arbeiten selbstständig, manche im Angestelltenverhältnis. Je nachdem sehen die Listen für Selbstfürsorge unterschiedlich aus. Wie deine Selbstfürsorge aussieht, kann ich dir nicht beantworten. Für mich persönlich sind es folgende Dinge, die mir helfen, meine Akkus zu laden:

- Bewegung, auch wenn es nur ein 20-Minuten-Workout auf YouTube ist
- Yoga/Stretchen
- Frisch geduscht, Haare gewaschen, Körper eingeölt
- Einmal im Quartal eine 60-Minuten-Massage buchen
- Saubere Nägel (klingt komisch, ist aber so)
- Aussortieren und aufräumen, Platz machen
- Die Wohnung umstellen/Möbel neu arrangieren
- Ein kleines Fünf-Minuten-Beauty-Ritual jeden Abend und Morgen
- Eine Einkaufsliste mit frischen, gesunden Zutaten schreiben und diese dann einkaufen
- Etwas Gutes, Gesundes kochen
- Vor dem Arbeiten in der Früh zehn Minuten hinsetzen, einen Chai Latte trinken und Tagebuch schreiben
- Mit meinem Hund Mala in den Wald gehen
- In den Buchladen gehen und meistens mit einem neuen Buch rausgehen
- Im Café sitzen und lesen
- Cycling-Klassen (Indoor im Dunkeln unter einer Diskokugel wie wild Rad fahren)
- Gemütliche Abende auf dem Sofa, mit einem alkoholfreien Bier und Essen vom Lieferservice
- Auf dem Bauernmarkt saisonal und regional einkaufen
- Stressfrei in den Urlaub fahren, ohne Plan und ohne Druck
- Die Nachrichten mal nicht lesen, sondern mich mit positiven Schlagzeilen beschäftigen

Vielleicht sind manche Punkte für dich ähnlich, manche weniger. Ich würde mir, ähnlich wie bei der Glücksliste, wünschen, dass du diese Dinge notierst, damit du das notwendige Werkzeug hast, wenn es heißt, dich selbst einmal in den Vordergrund zu stellen. Bei Selbstfürsorge geht es um die eigenen Bedürfnisse und die Anerkennung derer. Bedürfnisse wahrzunehmen scheint leicht, ist es aber nicht. Als Babys geben wir fast minütlich unsere Bedürfnisse kund: Gib mir Essen, wickel mich, mir ist heiß, mir ist kalt, setz mich auf, ich bin müde. Babys artikulieren ihre Bedürfnisse zwar nicht mit Worten, trotzdem weiß man sofort, wenn sie quengeln oder schreien: Ui, da gibt es ein Bedürfnis zu befriedigen. Als Erwachsene gehen wir durchs Leben und glauben unsere Bedürfnisse zu kennen. Wir übernehmen die Art und Weise, wie andere Urlaub machen, wie andere entspannen. Dass unser eigenes, individuelles Bedürfnis aber vielleicht ganz anders aussehen kann, scheinen wir zu missachten. Ich habe eine Freundin, die am liebsten in ihrer Heimatstadt Urlaub macht. »Woanders hinfahren ist doch nur Stress, und wenn ich freihabe, möchte ich keinen Stress.« Und wo sie recht hat, hat sie recht! Urlaub planen, viel Geld ausgeben, an einen fremden Ort reisen, ein- und auspacken, jeden Tag Dinge sehen und erleben müssen, Impfungen, Geld wechseln – ein Urlaub ist, je nach Größe, ein Projekt für sich. Wenn einen also das Planen einer Reise auslaugt, wieso sollte es dann ein Bedürfnis sein, es zu tun? Brautpaare fühlen sich oft nach ihrer Hochzeit unglaublich erschöpft, und viele meiner verheirateten Freundinnen und Freunde sagen, dass sie sich eine etwas stressbefreitere Hochzeit gewünscht hätten. Etwas Entspanntes, etwas Einfaches. Auf der anderen Seite gibt es Menschen, die lieben es zu planen, zu verreisen, große Unternehmungen zu machen. Diesen

Menschen fällt zu Hause die Decke auf den Kopf, sie müssen raus. Sie schöpfen Energie und Entspannung daraus, um sechs Uhr aufzustehen und 20 Kilometer durch eine neue Stadt zu laufen. Mein Bruder und seine Frau sind solche Menschen: Sie holen das meiste aus jedem Tag. Was für mich blanker Horror ist, bedeutet für sie pure Erfüllung. Und das Wunderbare ist: Wir können es uns aussuchen. Wir können uns aussuchen, wie und in was wir Erfüllung finden. Also geh, und hole es dir. Gerade weil du genug bist, musst du auf den Menschen, der du bist, aufpassen. Gönne dir Pausen, auch wenn sie nicht gerechtfertigt scheinen. Rechtfertigen musst du dich nämlich nicht für das, was dir guttut.

3. Was will ich eigentlich?

Ace of Base war als Kind und Teenager meine ABSOLUTE Lieblingsband. *All that she wants* war ein Song, den ich auf der Kassette auf- und abspielte. Wie oft musste ich mir mit einem Bleistift behelfen, um den Tonbandsalat der Kassette wieder aufzuspulen. Ich erinnere mich an Stunden im Kinderzimmer, in denen ich wartete, bis mein Lieblingslied im Radio kam, um auf »Record« zu drücken und es aufzunehmen. Den Text von *All that she wants* verstand ich nicht ganz, er gab mir aber ein Gefühl von Beschwingtsein, von Selbstbestimmung. Ich stellte mir vor, wie ich hüpfend über die Promenade sprang und Eis aß. Was ich wollte, war mir damals ganz klar: Eis, schulfrei, lang aufbleiben, Kassette hören. Was als Kind noch so einfach zu artikulieren war, wurde als Erwachsene zunehmend schwieriger. Zwar feiere ich regelmäßig die Tatsache, dass ich jetzt Eis vor der Hauptspeise essen und so lange aufbleiben kann, wie ich will, dennoch gibt es ein paar Bereiche im Leben, die etwas schwieriger werden, sobald man in die komplexe Welt des Erwachsenenseins eintritt. Freundschaftsbuchfragen wie »Was willst du werden?«, »Was ist dein Lieblingsessen?«, »Wie viele Kinder willst du mal haben?« verwandeln sich plötzlich in »Was *kannst* du überhaupt werden?«, »Ist Fleisch essen denn ethisch vertretbar?«, »Schaffst du es denn, Karriere und Kinder unter einen Hut zu bringen?«. Kopf in den Sand –

das möchte ich ziemlich oft tun und wieder Sauerschlangen essend den ganzen Tag *Die Sims* spielen. Was wir eigentlich wollen, ist nicht mehr so einfach zu beantworten wie zu einer Zeit, als sich die Komplexität unserer Existenz in Grenzen hielt. Und sogar wenn wir wissen, was wir wollen, ist es nicht so einfach, auch dafür einzustehen. Aber erst mal weiter zur nächsten Bestandsaufnahme: Was willst DU?

Von Berufung und Scheitern

»Egal, ob du dich nun für großartig oder für einen Loser hältst, mach einfach, was du machen möchtest, und hau es raus. Lass andere dich in Schubladen stecken, wenn sie es für nötig halten. Und in Schubladen stecken werden sie dich, denn das machen Leute gern. Genau genommen ist das Schubladendenken etwas, das die Leute sogar brauchen, da es ihnen das Gefühl verschafft, das Chaos des Lebens in eine irgendwie beruhigende Ordnung gebracht zu haben. [...] Es ist vollkommen egal. Lass die Leute ihre Meinungen haben. Mehr noch – lass die Leute ihre Meinungen lieben, so wie du und ich unsere lieben. Aber lass sie dir nie vorgaukeln, dass du das Sehen (oder sogar das Verständnis) von anderen brauchst, um deiner schöpferischen Arbeit nachzugehen. Vergiss überdies nie, dass dich die Urteile, die sich andere über dich bilden, nichts angehen. Zu guter Letzt, behalte im Hinterkopf, was W.C. Fields über diese Angelegenheit zu sagen hatte: ›Es geht nicht darum, wie sie dich nennen; es geht darum, worauf du hörst.‹ Also, hör am besten auf gar nichts. Mach einfach weiter dein Ding.«

BOOM. Der saß. Diesen Paragrafen aus Elizabeth Gilberts Buch *Big Magic* hätte ich gerne mit Anfang zwanzig gelesen. Ich hätte ihn gerne gelesen, als ich spürte, dass meine Berufung nicht ein Nine-to-five-Job im Büro und auch kein Wirtschaftsstudium war. Und dennoch dachte, es wäre nicht richtig. Ich dachte, Beruf und Berufung vereinen, das ist purer Luxus, das hätte ich nicht verdient. Sich selbst in den Mittelpunkt stellen und erwarten, dass die Arbeit Spaß macht? Pah! Heute bin ich in der unfassbar wunderbaren Lage, meine Berufung auch als meinen Beruf anzusehen. Was ich mache, macht mir irrsinnig viel Spaß, es erfüllt mich. Und mir ist klar, dass das nicht für alle Menschen gilt. Douglas Coupland schrieb einmal: »Mit zwanzig Jahren weißt du, dass du kein Rockstar sein wirst. Mit fünfundzwanzig, dass kein Zahnarzt oder sonstiger Fachmann aus dir wird. Um die dreißig beginnt sich die Dunkelheit zu bewegen, und du fragst dich, ob du jemals Erfüllung findest, geschweige denn reich und erfolgreich sein wirst. Mit fünfunddreißig weißt du im Grunde, was du für den Rest deines Lebens tun wirst, und resignierst gegenüber deinem Schicksal. (...) Ich meine, warum leben die Menschen dann so lange? Was könnte der Unterschied zwischen dem Tod mit fünfundfünfzig und dem Tod mit fünfundsechzig oder fünfundsiebzig oder fünfundachtzig sein? Diese zusätzlichen Jahre ... welchen Nutzen könnten sie haben? Warum leben wir weiter, obwohl nichts Neues passiert, nichts Neues gelernt und nichts Neues übertragen wird? Mit fünfundfünfzig ist deine Geschichte so gut wie vorbei.« Er beschreibt sarkastisch die Tatsache, dass wir sehr jung alle viere von uns wegstrecken könnten, um zu sagen: »Das war's, aus mir wird nix mehr.« Und das Traurige: Die Berufung geht verloren, in all den Vorstellungen, die wir über sie haben.

Wenn wir uns also fragen, was die eigene Berufung ist,

müssen wir erst einmal eins loslassen: die Vorstellung, dass eine Berufung ein Beruf sein muss. Nicht jede oder jeder von uns wird als leidenschaftliche Ärztin für Ärzte ohne Grenzen in ein exotisches Land fahren, und nicht alle, die sich intensiv für Technik interessieren, werden CEO von Apple. Manchmal sieht die Realität nämlich so aus, dass unsere Berufung nicht zum Beruf wird. Und das ist okay! Denn eine Berufung kann vielfältig aussehen. Nehmen wir als Beispiel meine Mutter: Sie hat Dolmetschen studiert, war immer schon in Sprache verliebt. Sie hatte große Träume und berufliche Vorstellungen. Als sie mit 25 Mutter wurde und noch mitten im Studium steckte, wurde sie aber vor eine Wahl gestellt: Träume verwirklichen oder genug Geld verdienen, um die Familie zu ernähren. Meine Mutter wählte den zweiten Weg, auch als sie mit 30 dann mich bekam und kurz danach alleinerziehend war. Sie arbeitete als Sekretärin und später dann als Lektorin. Ihre Träume von beruflicher Selbstverwirklichung vergrub sie irgendwo zwischen 1984 und 1989, als Phil Collins noch über Tage im Paradies sang. Vor Kurzem ging meine Mutter in Pension. Doch schon zuvor behauste sie seit vielen Jahren Austauschschüler*innen bei sich. Sie hatte bereits junge Mädchen und Jungs von überall als Gastkinder in Obhut: aus Italien, Russland, Chile und vielen anderen Ländern. Meine Mutter liebt das Reisen und fremde Kulturen, doch ein Vollzeitjob erlaubte ihr das alles nicht. Also holte sie sich die Kultur nach Hause, lud fremde Menschen, ohne dafür entlohnt zu werden, ein, bei ihr zu wohnen. Ihre Liebe zu Kunst und Poesie lebte sie, indem sie Kunstbände, ohne etwas dafür zu verlangen, für Künstlerinnen und Künstler redigierte. Und ihre politisch-soziale Ader erweckte sie erneut 2015, als sie anfing, in einer Geflüchtetenunterkunft Deutschunterricht zu geben. Dort lernte sie Sadegh, einen jungen Mann aus Afghanistan, kennen. Sadegh, den wir Sadie nennen, wuchs ihr schnell ans Herz. Auf seiner anstrengenden Flucht brach bei ihm die Autoimmunerkrankung Morbus Bechterew aus. Diese chronisch entzündliche, rheumatische Erkrankung geht mit enormen Schmerzen und Versteifung der Gelenke einher. Meine Mutter begann Sadie zu helfen, indem sie ihm das Medikament, das er sich alle paar Wochen spritzen muss, zu Hause einkühlte und ihm immer wieder einen ruhigen Rückzugsort, wenn es in der Unterkunft zu laut und wild wurde, gab. Irgendwann fasste meine Mutter all ihren Mut zusammen, legte jegliche Bedenken und Misstrauen beiseite und bot Sadie an, bei uns zu wohnen. Sie nahm die unglaublich aufwendigen bürokratischen Hürden, die die Aufnahme eines Pflegekindes mit sich bringt, auf sich und gab Sadie ein neues Zuhause.

Ende 2018 saßen meine Mutter und ich in der hinteren Reihe des Anhörungssaales. Sadie wurde vom Richter vernommen, neben ihm die Anwältin der Caritas, die uns bei seinem Fall half. Sadie erzählte von den Demütigungen, die er in seinem Heimatland ertragen musste. Die Schläge, die er als Nicht-Taliban in einem von Taliban besetzten Gebiet ertragen musste. Ich reichte Sadie ein Taschentuch und setzte mich wieder in die letzte Reihe zu meiner Mama, die nervös auf ihrem Stuhl herumrutschte. Zwei Monate warteten wir auf den Asylbescheid. In einer Zeit, wo Menschen aus Afghanistan kaum positive Asylbescheide bekamen, weil unsere Bundesregierung sie nicht als Kriegsbetroffene einstufte. Wir hofften, dass der Richter sah, was wir in Sadie sahen: einen einfühlsamen, tüchtigen, loyalen jungen Mann. Ein junger Mann, der zur Schule ging, Praktika machte, ehrenamtlich engagiert war.

Am 21. Februar 2019 erhielt Sadie einen positiven Asylbescheid. Er darf bleiben.

Der Einfluss, den meine Mutter auf das Leben dieses jungen Mannes hatte, ist unbeschreiblich. Und dabei ist sie keine Vollzeitaktivistin oder Ärztin aus Leidenschaft. Meine Mutter ist eine alleinstehende Frau aus der Mittelschicht, die noch nie eine Auszeichnung oder ein Ehrenverdienst bekommen hat. Man könnte glauben, sie hätte ihre Berufung mit dem Song *Red Red Wine* von UB40 in den 80er-Jahren gelassen, doch das stimmt nicht. Ihre Berufung hat sie, trotz eines Jobs, der sie vielleicht nicht immer zur Gänze erfüllt hat, gelebt. Und vielleicht sieht sie es selbst nicht, aber sie und viele andere Menschen leben ihre Berufung, wenn auch nicht im Beruf im Sinne von Broterwerb und Karriere oder glamourös auf den Titelbildern der Magazine oder in den Schlagzeilen der Nachrichten. Frage dich doch einfach selbst einmal:

Wofür brennst DU?
Was ist DIR wichtig?
Worin bist DU gut?
Was gibt DIR das Gefühl, Raum und Zeit zu vergessen?

Eine Berufung kann simpel oder komplex oder alles dazwischen sein. Sie kann in der Entwicklung von Backrezepten oder in der Krebsforschung stecken. Egal, ob du in deiner Freizeit das lokale Fußballteam trainierst oder Vollzeit im Hospiz arbeitest: Dein Schaffen macht, wenn du es mit Leidenschaft tust, einen Unterschied. Als Trainer*in der Fußballmannschaft ermutigst du vielleicht junge Menschen, ihre Träume zu verwirklichen. Mit tollen Backrezepten, die du dir in deiner Freizeit ausdenkst und ins Internet stellst, inspirierst du vielleicht viele, die sich nicht zugetraut haben, etwas Tolles zuzubereiten. Wenn du etwas leidenschaftlich tust, wird es vielleicht sogar irgendwann dein Beruf, deine Karriere – aber das muss es nicht. Auch ich startete meinen Blog 2010 als simples Hobby – ohne Kalkül. Ich hatte Spaß daran, Fotos und Texte zu veröffentlichen, war schon mit 13 bei einem Jugendmagazin tätig. Für mich war klar: Das Studium, meine Jobs waren das eine, der Blog und meine Kreativität das andere. Dass ich irgendwann einmal aufhören würde, meine Auszeichnungen und Awards zu zählen, dass es irgendwann einmal normal sein würde, auf der Straße von Wildfremden erkannt zu werden und mich selbst regelmäßig in TV, Zeitungen und Magazinen zu sehen – das hätte ich NIE gedacht. Hätte mir jemand gesagt, dass ich mit 29 bereits mein erstes Buch geschrieben und Jane Goodall getroffen hätte, wäre ich in schallendes Gelächter ausgebrochen. Niemals hätte ich bewusst geglaubt, dass meine Berufung mein Beruf wird. Nicht, dass ich es kategorisch ausgeschlossen hätte. Es war einfach nicht im Rahmen dessen, was greifbar und realistisch schien. Ich dachte einfach nicht über die Möglichkeit nach.

Dabei war mein Vater das Prachtexemplar eines Menschen, der seine Berufung zum Beruf machte: Nachdem er als junger Mann seine Krankheit überstanden hatte und sich mit nur einem Bein hochgearbeitet hatte, landete er schließlich bei den Vereinten Nationen. Er widmete sein ganzes Leben den Menschenrechten und führte diese Tätigkeit höchst exzellent aus. Die Schattenseite: Er war nie da. Meine Eltern waren geschieden, wir sahen unseren Vater zweimal im Jahr. Als ich noch Kontakt zu ihm hatte, vergaß er nicht nur einmal meinen Geburtstag, und wenn wir ihn sahen, war er oft überarbeitet, von den Strapazen, die sein Beruf mit sich brachte, gezeichnet. Ich habe in meinem ganzen Leben noch nie ein langes Gespräch mit meinem Vater geführt, geschweige denn, seit ich mich erinnern kann, ein inniges Verhältnis zu ihm gehabt. Es war immer meine Mutter, die die Konstante war. Und so kann ich heute verstehen, dass mein Vater beruflich brillierte, aber als Vater zurücksteckte. Umgekehrt stellte meine Mutter ihre berufliche Verwirklichung hinten an, um für uns Kinder da zu sein. Wer also so weit ist, die Berufung zum Beruf zu machen, muss realistisch beurteilen, ob er oder sie alle Schattenseiten, die das eventuell mit sich bringt, bereit ist zu akzeptieren.

Ich bin knapp 30, habe wenige Freundschaften gut gepflegt, weil ich ununterbrochen gearbeitet habe. Ich habe keine Kinder und erst seit Kurzem wieder eine Partnerschaft. Ich weiß, dass ich momentan keine Kompromisse eingehen möchte, wenn es um meine berufliche und persönliche Verwirklichung geht. Ich bin nicht wie meine Mutter, ich stelle meine Individualität nicht hinten an. Das geht mit viel Anerkennung, Ruhm, Prestige, aber eben auch mit vielen Abstrichen einher. Ich habe jahrelang mein Privat- hinter meinem Berufsleben angestellt und tue es nach wie vor sehr oft – zu Ungunsten der Menschen rund um mich. Eine meiner größten Herausforderungen ist es, hier längerfristig ein Gleichgewicht herzustellen. Darum bemühe ich mich sehr.

Im Gegensatz zu vielen Lifestyle-Gurus, die behaupten, das Leben käme locker flockig und Ruhm über Nacht daher, bin ich der Überzeugung, dass man im Leben eine sehr klare Entscheidung treffen muss: Wie viel Raum möchte ich meiner Leidenschaft geben? Ich stelle es mir so vor: Wir haben, wie bei der Reality Show *The Bachelor*, Rosen zu vergeben. Diese Rosen symbolisieren die Lebensbereiche, denen wir uns widmen wollen. Manche Menschen geben dem Partner, dem Briefmarkenklub und dem Rezeptebacken je eine Rose. Das heißt, diese Lebensbereiche sind ihnen wichtig. Für mich sah es bisher eher so aus, dass ich 50 Prozent der Rosen in meinem Strauß meinem Beruf übergab und den Rest spärlich auf Freizeit, Reisen, Freunde und Partnerschaft verteilte. Ich habe meiner Leidenschaft enorm viel Raum eingeräumt und musste dafür in anderen Lebensbereichen Abstriche machen. Und ich blicke nicht mit Reue zurück, denn für mich waren diese Abstriche lohnenswert. Elizabeth Gilbert spricht in einem Interview mit Marie Forleo auch von der Idee des Shit-Sandwich. Der Gedanke dahinter ist, dass mit jedem Job, vor allem im kreativen Bereich, Opfer einhergehen, die es zu bringen gilt. Man würde immer in ein Shit-Sandwich beißen, also in etwas, was nicht gut schmeckt. Es gibt Teile des (kreativen) Prozesses, die keinen Spaß machen und unbequem sind, aber einfach dazugehören. So kellnerte Gilbert jahrelang neben ihrem Autorinnendasein.

Als romantischer Mensch fällt mir dieser nüchterne Blick auf das Leben nicht immer leicht, dennoch ist es wichtig, realistisch zu bleiben. Eine Erwartungshaltung, die zu unbefriedigenden oder enttäuschenden Ergebnissen führt, kann so weit gehen, dass sie uns für immer von einem Hobby oder einer Leidenschaft trennen. Als ich mit meiner Fotografieausbildung fertig war, wollte ich unbedingt auch als Fotografin arbeiten. Fotografie ist seit meiner Kindheit meine größte Leidenschaft, und ich werde die analoge Minolta XG-M Kamera, die mein Onkel mir mit 13 schenkte, nie aus den Händen geben. Doch der Job als Fotografin bedeutete ein enorm großes Shit-Sandwich: extremes Preisdumping, schwierige Kund*innen, zu knappe Deadlines. Nach nur wenigen Jahren in dieser Branche war mir die Lust vergangen. Ich widmete mich anderen Themen und fotografierte lange gar nichts mehr. Die Freude über das, was ich einst so geliebt hatte, war verschwunden. Heute weiß ich: Fotografie ist meine Leidenschaft, aber nicht die Berufung, die ich zum Beruf machen möchte. Das Shit-Sandwich bei der Arbeit, die ich jetzt mache, wirkt für mich, ganz persönlich, erträglicher. Das Shit-Sandwich in meinem Job würden nämlich bestimmt viele viel abstoßender finden als das anderer Berufe. Denn genauso wenig, wie ich mir jemals erträumt hätte, ein Buch zu schreiben oder im Fernsehen aufzutreten, hätte ich mir gedacht, jemals Morddrohungen zu bekommen oder auf der Straße heimlich von Fremden fotografiert zu werden, wenn ich weine.

Unrealistische, glamouröse Vorstellungen beiseitezulegen und etwas nüchterner auf unsere Leidenschaft und vielleicht unsere Berufung zu blicken, ist ein wichtiges Werkzeug, das ich im inzwischen neunten Jahr meiner Karriere mitgenommen habe. Ich bin so romantisch, dass ich fest daran glaube, dass ein leidenschaftliches Verfolgen der Ziele fast immer ein Garant für Erfolg ist. Es ist aber keine Zauberformel, denn es gibt ebenso Menschen, die ihre Ziele leidenschaftlich verfolgen und scheitern. In diesem Zusammenhang müssen wir aber auch das Stigma, das mit dem Scheitern verbunden ist, hinterfragen. Im angelsächsischen Raum gehört es dazu zu verlieren. Und es ist nichts Schlimmes dabei!

Als ich mit 17 auf Schülerinnenaustausch in den USA war, lernte ich diese Kultur zum ersten Mal kennen. Ich war Teil des Lacrosse-Teams, denn fast alle Schüler*innen in Amerika sind in irgendeinen Teamsport involviert. Wir hatten während der Saison fast wöchentlich Turniere und verloren nicht selten. Wie meine Teamkolleginnen und unsere Coach mit dem Misserfolg umgingen, erstaunte mich zuerst. Jeder Misserfolg war nämlich kein solcher, sondern eine Chance zu lernen! »Ihr habt das super gemacht, Mädels«, klopfte uns unsere Trainerin auf die Schulter. »Ab Montag arbeiten wir noch härter an den Bereichen, die es zu verbessern gilt.« Diese Herangehensweise war prägend für mein weiteres Leben, denn sie gab mir zu verstehen: Verlieren ist okay. Fürs Verlieren muss man sich nicht schämen. Ähnlich ist auch die Unternehmenskultur in anderen Bereichen der Erde: Viele Unternehmer*innen haben vor ihrem aktuellen, erfolgreichen Unternehmen eins oder mehrere andere in den Sand gesetzt. Wenn man sich die Biografie von Elon Musk anschaut: Auch dieser Mann hatte vor seinem Erfolg Misserfolge zu verzeichnen. Ich glaube, dass unter anderem der Neid, für den wir im deutschsprachigen Raum so bekannt sind, für die Auffassung des Scheiterns als etwas Negatives verantwortlich ist. Wir sind die Menschen, die weltweit am besten versichert sind, obwohl unser soziales Auffangbecken sehr gut ist. Wir haben eine geringere Rate von Unternehmensneugründungen, obwohl wir erstens gut versichert und zweitens vom Staat gut abgesichert sind. Scheitern ist bei uns mit einem Stigma behaftet, das sagt: Du hast versagt, du bist fehlerhaft. Dabei scheinen wir zwei Dinge zu vermischen: das, was die Person getan hat, und das, was sie ist. Wir machen den Misserfolg zu einem Charakterzug, indem wir mitschwingen lassen, die Personen hätten nicht nur ihr Geschäft oder Unternehmen verloren, sondern auch jegliche Eigenschaft, die sie zu Gewinner*innen macht. Die deutschsprachige Kultur weiß nicht, wie man mit Verlieren umgeht. *Mensch ärgere dich nicht* ist ein Spiel, das die Schadenfreude, die in unseren Gefilden oft stattdessen kultiviert wird, anspricht. Trash-TV zeigt, wie gerne wir Menschen dabei zusehen, wie sie scheitern. Und statt unternehmerisch dem Motto »No risk no fun« zu folgen, scheinen wir die Idee »Vorsicht ist besser als Nachsicht« zu leben.

Zum Herausfinden und Verwirklichen deiner Berufung gehören also folgende Analysen:

- Was in meinem Leben kann ich als Leidenschaft identifizieren? Wobei verliere ich Gefühl für Raum und Zeit? Worin bin ich gut?
- Will ich aus dieser Leidenschaft einen Beruf machen? Habe ich einen nüchternen Blick auf den Markt geworfen und analysiert, ob mein Produkt oder meine Dienstleistung gefragt ist? Oder kann ich diese Leidenschaft neben meiner Arbeit zum Broterwerb, die vielleicht gar nicht so schlecht ist, ausleben und damit sogar einen größeren Erfolg haben?
- Bin ich bereit zu scheitern? Kann ich gut verlieren, und wie gehe ich damit um, wenn es so weit kommt?

Ich wünsche jedem Menschen von Herzen, dass er oder sie seine oder ihre Träume verwirklicht. Und dazu gehört es zu sagen, dass träumen allein nicht reicht. Es gehören eine Portion Pragmatismus und Nüchternheit dazu. Genau diese Mischung macht es aus, wie in einem guten Backrezept. Dann gibt es zwar immer noch das Shit-Sandwich, aber auch den leckeren Kuchen, den wir genießen dürfen.

Schluss mit Zuckerglasur

Bleiben wir beim Kuchen. Kuchen ist süß und lecker, ich liebe Kuchen über alles! Das schreibt hier eine Person, die drei- bis fünfmal die Woche Kuchen isst. Schon als Kind liebte ich Süßes, wobei diese Liebe etwas arge Ausmaße annahm. Da meine Mutter berufstätig war, hatten wir immer Leute aus der ganzen Welt zu Hause: Es waren junge Frauen und einmal ein Mann, die bei uns kostenlos wohnten und aßen und uns dafür im Gegenzug am Nachmittag von der Schule abholten.

So musste meine Mutter nicht noch Geld, das wir ohnehin nicht hatten, ausgeben und sie wusste, dass nach uns gesehen wurde. Einmal erzählte ich meinem aktuellen Kindermädchen, dass meine Tante mich von der Grundschule abholen würde. Ich behauptete, es wäre mit meiner Mutter abgesprochen – eine glatte Lüge. Das Kindermädchen hielt keine Rücksprache mit meiner Mutter, und so konnte ich meinen von langer Hand vorbereiteten Plan umsetzen. Die Schulglocke läutete, und mein Weg führte mich direkt ins Bonbongeschäft gegenüber meiner Schule. Es war der magischste Ort für mich: Sauerschlangen, Gummibären, Schokolade. Ich hatte mir mühsam ein paar Schilling zusammengespart (was schwierig war, da ich nie besonders sparsam war). Ich verbrachte also Stunden dort sitzend, kaufte mir alle zehn Minuten eine Sauerschlange oder etwas anderes, aß es genüsslich. Um 18 Uhr musste die Besitzerin den Laden schließen, und weil mein größter Traum es war, dort zu schlafen, stellte ich mich etwas dumm. Ich kann mich nicht mehr an den genauen Ablauf erinnern, aber er führte dazu, dass die Besitzerin die Nummer meiner Mutter im Telefonbuch heraussuchte und zu Hause anrief. Dort war bereits die Hölle auf Erden ausgebrochen. Während ich im siebten Himmel schwebend endlich meinen Masterplan durchgesetzt hatte, war meine Mutter von der Arbeit nach Hause gekommen und musste mit Erschrecken feststellen, dass ich nicht da war. Das Kindermädchen wurde befragt, und es stellte sich heraus, dass ich alle um den Finger gewickelt und nicht die Wahrheit gesagt hatte. Mein Bruder wurde losgeschickt, lief die Schule und alle Straßen rundherum ab. Meine Mutter hatte auch bereits die Polizei kontaktiert, als die Besitzerin des Ladens anrief und betreten sagte: »Ähm, ich habe hier ein kleines Mädchen sitzen. Ich muss jetzt zusperren.« Ich musste nach Hause gehen, wo mich ein Donnerwetter erwartete. Heute bin ich froh, erwachsen zu sein, und gebe beträchtliche Beträge für Kuchen aus, und zwar so, dass niemand ein Trauma davon erleiden muss.

Diese Anekdote, auf die wir inzwischen belustigt zurückblicken, zeigt: Wir mögen es süß. Süß ist angenehm, und so soll auch das Leben sein. Bitter mag (fast) niemand. Als Erwachsene glauben wir oft immer noch, alles wäre schön und gut, solange wir eine Zuckerglasur darüberlaufen lassen.

Im Englischen gibt es den Begriff »People Pleasing«. Auf Deutsch könnte man den Begriff als »Menschen gefallen wollen« übersetzen. Als Mensch der sozialen Medien tappte ich sehr lange in die Falle, allen gefallen und niemandem vor den Kopf stoßen zu wollen. Wieso sollte man eine Situation sauer werden lassen, wenn man sie einfach versüßen kann? Glasur drüber, und alles wird gut! Frauen werden immer noch nach der Voraussetzung erzogen, es allen recht machen zu wollen. Unser Job als Frauen und Mütter ist es, die Menschen rund um uns herum glücklich zu machen, niemanden vor den Kopf zu stoßen. Friede, Freude, Eierkuchen – jippie! Konflikt oder Reibung erzeugen mag dazu führen, dass wir als arrogant oder zu direkt wahrgenommen werden, und das mag niemand. Frauen sind dann zickig, haben ihre Tage oder sind frustriert. Komischerweise geht es dabei sehr oft um unsere Sexualität und unser Äußeres.

Nun bin ich nicht wirklich so erzogen worden, meine Bedürfnisse hintanzustellen. Dennoch wurde ich mit großem Bedacht auf Höflichkeit und Respekt erzogen. Meiner Mutter war der diplomatische Zugang irrsinnig wichtig, was oft im Konflikt mit meiner unfassbar impulsiven Art stand. Meine Gefühle brodelten schon immer aus mir heraus, und ich konnte mich schwer zurückhalten. Als ich ein junges Mädchen war, gab es ein Weihnachtsfest, bei dem meine Mutter allen Verwandten offensichtlich auf die Frage »Was können wir Madeleine schenken?« gesagt hatte, ich bräuchte Strumpfhosen. Ich packte das erste Geschenk aus: Strumpfhosen. Ich freute mich, wie man sich eben als Achtjährige über Strumpfhosen freut. Zweites Geschenk: Strumpfhosen. Meine Freude war etwas getrübter, ich tat dennoch so, als würde ich mich freuen. Umarmte meine Tante, bedankte mich. Beim dritten Paket, in dem sich Strumpfhosen verbargen, war Schluss mit lustig. »Ich HASSE Strumpfhosen«, brüllte ich. Ich konnte meinen Unmut nicht länger verbergen. Was für ein verdammt beschissenes Christkind bringt mir drei Paar Strumpfhosen? Und auch heute fällt es mir oft schwer, meine Gefühle zurückzuhalten. Ich weine, sobald mir etwas nahegeht, und man merkt mir sofort an, wenn ich lüge.

Natürlich wollen die wenigsten Eltern »Ja-Sager*innen« aus ihren Kindern machen, dennoch ist der feine Grat zwischen höflich sein und es allen recht machen wollen sehr fein. Als fremdernannte Mutter Teresa des Internets wird mir oft übel genommen, dass ich sehr direkt und bestimmt antworte. Ich bin ein Fan von klaren, fassbaren Aussagen. Ein großes Problem unserer Generation ist, dass wir nicht beigebracht bekommen haben, Fragen und Bedürfnisse klar zu artikulieren. Und wir fühlen uns im Gegenzug selbst vor den Kopf gestoßen, wenn das jemand tut.

Die Fremdzuschreibung, die ich oft bekomme, ist eine einer Person, die es allen recht macht, die zu allem »Ja« sagt und immer hilft. Diese Fremdzuschreibung als soziale, hilfsbereite dariadaria war auch immer eine gewisse Bestätigung. Wer will nicht als selbstlos, sozial und hilfsbereit eingestuft werden?

Um diesem Bild gerecht zu werden, tat ich eine Zeit lang alles. Ich füllte meinen Tag mit Gefallen, die ich anderen tat. Ich versuchte, auf die zahlreichen Nachrichten, die ich bekam, einzugehen. Ich bemühte mich, allen Menschen, mit noch so banalen Fragen, zu helfen. Mal war ich die Auskunft für den nächsten Urlaub, ein anderes Mal bat mich eine junge Frau um Tipps, was sie ihrem Vater zum Geburtstag schenken könnte. Neben meinem ohnehin schon fordernden Job versuchte ich also, es allen recht zu machen, um ja nicht an dem jungfräulichen Bild, das viele Menschen von mir hatten, zu rütteln. Ich externalisierte die Validierung meiner Person oft, indem ich anderen Menschen das gab, was sie von mir erwarteten. An vielen Tagen war mir aber nicht danach: Ich war wütend, ich war emotional. So wie es im Grunde meiner Natur entsprach. Manchmal rutschte es raus, ich antwortete passiv-aggressiv, und binnen weniger Minuten kam die Strafe. Menschen warfen mir vor, falsch, verbittert, heuchlerisch zu sein. Was begann, war ein Zyklus der Scham. Meine Emotionen zu unterdrücken resultierte in Scham, niemand würde mich mögen, wenn ich nicht Mutter Teresa wäre. Und meinen Emotionen ein Ventil zu geben, resultierte wiederum in Beschämung durch Reaktionen der Userinnen.

Dieser Kreislauf ist unfassbar gefährlich. Denn Konflikt aus dem Weg zu gehen und auf dieser Lüge den eigenen Selbstwert aufzubauen, endet fast immer in einer Katastrophe. Die Angst davor, dass unsere Wahrheit und unsere ehrliche Meinung uns bloßstellen, zurückweisen, unsympathisch machen oder jemanden verletzen, kann eigentlich nur in einem Kompromiss mit unserer Integrität enden. Wir machen nämlich Kompromisse mit unseren Bedürfnissen und Wünschen. Wir wundern uns, wieso unsere Bedürfnisse und Wünsche nie erfüllt werden. Es kann aber auch bedeuten, dass wir die Möglichkeit für Wachstum unterbinden. Angenommen, wir sprechen Bedenken, die wir bei einem beruflichen Projekt haben, nicht aus: Wie werden wir uns fühlen, wenn genau das, was wir ungesagt gelassen haben, plötzlich eintrifft? Wir werden uns als Betrüger*innen und Verräter*innen fühlen, der Kreislauf des Scham- und Schuldgefühls beginnt.

Es allen recht machen zu wollen, ist eigentlich eine ziemlich unehrliche Eigenschaft. Einem Menschen, den wir nicht mehr lieben, vorzugaukeln, dass wir eine Beziehung wollen, ist eine schiere Lüge. Wir verletzen Menschen oft mehr mit einer Wahrheit, von der wir denken, dass sie sie schützt, als mit der tatsächlichen Wahrheit. Eine Freundschaft aufrechtzuerhalten, obwohl wir daran kein Interesse haben, bedeutet Zeitverschwendung für beide Beteiligten. Und eine Freundin darin zu bestätigen, ihre Geschäftsidee für ein Unternehmen, das Mini-Blumensträuße für Haustierhamster anfertigt, sei massen- und markttauglich, mag sogar existenzschädigend für die Freundin sein. Dinge schöner darzustellen, als sie sind, ist eine Lüge, wenn auch mit guter Absicht. Es ist eine Lüge, die auf Angst, nett sein zu wollen, Konflikt aus dem Weg gehen zu wollen, basiert. Welche Freundin würdest du bevorzugen? Die, die immer »Ja« zu allem sagt und eine Zuckerschicht über alles gießt, oder die, die dir ehrliches Feedback gibt, dir direkt sagt, wenn du etwas besonders gut oder etwas vielleicht anders machen solltest? Welche Arbeitskollegen schätzt du? Die, die konstruktiven, hilfreichen Input geben, oder die, die alles absegnen und einfach lächeln, wenn rauskommt, dass die zahlreichen roten Flaggen am Weg ignoriert wurden? Ehrliches, direktes Feedback kann oft Geld und Zeit sparen – vor allem im beruflichen Umfeld. Oft hatte ich Probleme, Kooperationsanfragen abzulehnen, weil ich Angst davor hatte, die Person könnte verletzt sein. Doch nicht gleich abzusagen, wenn ich eigentlich absagen möchte, bedeutete im Grunde nur, dass ich die Zeit und schlussfolgernd auch das Geld des Gegenübers verschwendete.

Wenn du für dich entscheidest, etwas direkter zu werden, gilt es, respektvoll im Umgang zu bleiben. Viele Menschen rechtfertigen ihre Unfreundlichkeit oder vulgären Ausbrüche mit ihrer direkten Art. Rumzurennen und alle ein Arschloch zu nennen ist natürlich nicht das, was du nach dem Lesen dieses Kapitels tun solltest. Eine Ausrede für Aggression sollte niemals sein, dass es sich doch um Ehrlichkeit handele. Doch oft bedeutet authentisch sein auch, dass es vielen Menschen nicht gefallen wird. Es wird aber auch zu intimeren, intensiveren Beziehungen führen. Wer immer alles mit Zucker glasiert, schreckt oft davor zurück, eine tiefere Verbindung, die vielleicht auch mal nicht so rosig aussieht, zuzulassen. Indem man sich Menschen öffnet, sie wissen lässt, was man eigentlich fühlt und denkt, erlaubt man ihnen gleichzeitig eine intimere Verbindung. Das braucht Mut und den Willen, verwundbar zu sein. Die Bestätigung der eigenen Person kommt dann auch nicht mehr von externen Annahmen, die Menschen über einen konstruieren, sondern von wahrer Interaktion, basierend auf wahrem Austausch, der nicht rosa lackiert wurde.

Dinge nicht mehr krampfhaft schön darzustellen, sondern direkter zu kommunizieren, bedeutet einen riesigen Gewinn für die eigene Authentizität. Es ist viel aufrichtiger auszusprechen, wenn einem etwas nicht gefällt oder auch gefällt, als das zu sagen, was die andere Person vielleicht hören möchte. Natürlich ist der eigene Ratschlag oder die eigene Meinung nicht immer gefragt, deswegen gilt es vorher vorzufühlen, ob die Person denn überhaupt interessiert an Input ist. Denn es ist völlig legitim, wenn das Gegenüber das nicht möchte, und überall einmischen sollte man sich nicht. Ich kann genau spüren, ob die Person vor mir versucht, mir etwas vorzuspielen oder nicht. Ich sehe es an der Körpersprache, am Augenkontakt, an der Art und Weise, wie das Gespräch verläuft. Oft möchte ich die Person schütteln und betteln:»Bitte, sag mir doch, was du WIRKLICH empfindest.« Ich möchte der Person sagen, dass sie keine Angst vor Zurückweisung oder Kritik haben soll und dass ich es gut finde, wenn Menschen offen Bedenken aussprechen.

Menschen, die sehr direkt sind, haben mich früher extrem provoziert. Ich war einmal bei einer Fortbildung, wo ich mit einer der wichtigsten Figuren des neuzeitlichen Kampfsports trainieren durfte. Der Mann, der das Training leitete, ist direkt. Sehr, sehr direkt. So direkt, dass er Menschen regelmäßig sehr bestimmt zurechtweist, wenn sie im Unterricht nicht aufpassen. Er ist niemand, der Menschen mit Samthandschuhen anfasst. Er sieht die Menschen, die zu ihm kommen, nicht als Kund*innen, sondern als Schüler*innen. In den ersten Trainingstagen stellte er uns regelmäßig zur Rede. Einmal erklärte er etwas, und eine Teilnehmerin war nicht richtig bei der Sache. Er fragte sie:»Wieso machst du nicht mit?« Sie murmelte etwas Unverständliches. Der Trainer wurde wütend und hielt einen Frontalvortrag. Er hört sich gerne selber reden, deswegen dauerte dieser Teil etwas länger. Er fragte die Schülerin wiederholt, wieso sie nicht mitgemacht habe. Ihre Antworten waren immer wieder Entschuldigungen und vorgeschobene Gründe, bis sie, als das Gespräch schon sehr hitzig war, endlich ehrlich antwortete:»Ich war müde und wollte nicht mitmachen.« Da ließ er los. Er hatte sie so lange provoziert, bis sie aufhörte, sich selbst und ihn zu belügen, und die Wahrheit beim Namen nannte. Er hatte sie aus dem Verhaltensmodus herausgeholt, den so viele von uns täglich praktizieren: Wir erfinden Gründe, wieso wir etwas nicht tun wollen.

Erfundene Geschichten lassen uns besser dastehen oder dienen dazu, die andere Person nicht vor den Kopf zu stoßen. Das gesamte Phänomen des sogenannten Ghosting (man schreibt einer Person plötzlich nicht mehr zurück) ist darauf zurückzuführen. Wann haben wir verlernt, einfach zu sagen: »Ich finde dich nett, aber ich denke nicht, dass wir uns wiedersehen sollten«? Als Kindern fällt es uns leicht zu zeigen, dass wir manchmal einfach quengelig und zickig sind. Als Erwachsene schieben wir noble Gründe vor, statt einfach ehrlich zu sein und zu sagen: »Ich bin schlecht drauf«, »Mein Selbstwertgefühl ist heute im Keller.«, »Ich will heute einfach widersprechen.« Die Art des Trainers, diese direkte Antwort aus Menschen herauszukitzeln, löste in mir anfangs irrsinnigen Widerstand aus. Ich fand ihn unhöflich, narzisstisch, vulgär. Ich empörte mich regelrecht nach dem ersten Tag des Trainings. Doch irgendwann stellte ich mir die Frage: Ist die Eigenschaft, die mich an ihm stört, vielleicht etwas, von dem ich selbst gerne mehr hätte? Empöre ich mich so über seine direkte Art, weil ich selbst nicht damit umgehen kann? Die Antwort war ein klares »Ja«.

In den Tagen der Fortbildung lernte ich ebenso, klarer in meiner Kommunikation zu sein. Wenn jemand von uns eine Frage zu schwammig formulierte, forderte der Trainer die Person auf, die Frage noch präziser und genauer zu stellen. Was er damit kultivierte, war ein Raum, in dem sehr schnell und sehr effektiv gelernt werden konnte. »Cut the bullshit«, sprudelte es oft aus ihm heraus. Er wollte, dass wir lernen, klar zu artikulieren, was wir wissen wollten. Was nach einem sehr strengen Meister des Kampfsports klingen mag, ist eigentlich eine Personifikation der Liebe. Menschen zu bemächtigen, ihre Bedürfnisse und Unsicherheiten klar und deutlich zu formulieren, birgt Befugnis zur Selbstbestimmung. Würden wir nicht alle unsere Kinder gerne so erziehen wollen, dass sie lernen zu fragen, wenn etwas unklar ist, und zu artikulieren, wenn etwas nicht passt? Und das auf eine Art und Weise, dass klar ist: Schäme dich nicht für deine Frage. Hier darf alles gefragt werden. Würden wir nicht wollen, dass junge Frauen klar und deutlich »Nein« sagen, wenn sie Opfer sexueller Belästigungen werden, und junge Männer offen weinen können, wenn sie wollen?

Es ist sehr bereichernd und befreiend, in einem Arbeits- oder Privatklima zu sein, wo Dinge offen angesprochen werden. Tabus gibt es in der Familie, Partnerschaft und im Beruf. Sie führen zu mehr Isolation und Trennung voneinander. Vor allem Themen wie sexueller Missbrauch leben von der Tendenz, Sachverhalte mit einer künstlichen Zuckerglasur zu versehen. Eine vermeintliche Unantastbarkeit der Familie oder das Behüten des Stolzes scheinen hier oft wichtiger.

Oft trauen wir uns in einem Raum voller scheinbar kompetenter Menschen nicht, etwas anzusprechen. Wir haben Angst, dumm oder unwissend zu wirken. Dabei tun wir vielleicht allen anderen Menschen in dem Raum, die sich beschämt dieselbe Frage stellen, einen Gefallen, indem wir den Raum für Fragen öffnen. Der Entschluss, direkter und ehrlicher zu sein, ist einer, der sich für mich sehr bewährt hat. Es hat zwar dazu geführt, dass viele Menschen mich entrüstet verfolgen oder mir an den Kopf werfen, sie seien enttäuscht von mir, aber auch dazu, dass ich vielen Menschen ehrlich zeigen kann, wer ich bin und wie ich bin. Es hat mich gelehrt, mit Kritik besser umzugehen und mir einzugestehen, wann es meine Auf-

133

gabe ist, mich zu entschuldigen. Ich fühle mich seither mehr mit mir selbst und den Menschen um mich herum verbunden. Es ist schön, zu meinem Freund sagen zu können: »Ich würde dir jetzt gerne einen rationalen Grund nennen können, wieso ich heute so schlecht drauf bin, ich weiß aber nicht, warum. Ich bin heute einfach zickig, und ich hoffe, du kannst damit umgehen.« Das ist nicht verkehrt, sondern einfach menschlich. Ich kann dir, als Akt der Selbstliebe und Liebe zu anderen Menschen, von Herzen empfehlen, es auszuprobieren, wenn du es nicht schon tust.

Reinigung, innen und außen

Gleich vorweg: Ich bin keine Befürworterin von Modeerscheinungen, die suggerieren, wir seien innerlich schmutzig. Clean Eating impliziert, dass gewisse Lebensmittel »sauber« sind, und zahlreiche Detoxprogramme wollen uns einreden, unser Körper sei verunreinigt. Schmutzig will niemand sein, und deswegen geben wir Unmengen an Geld für Detoxprodukte aus, die einem endlich das Gefühl geben sollen, rein zu sein. Der Wunsch danach ist groß, vor allem für Frauen, von denen eine bestimmte Art von Jungfräulichkeit auf allen Ebenen erwartet wird. Nun ist es so, dass wir ein paar großartige Organe haben, die täglich Großartiges leisten. Leber, Niere, Darm, Haut und Lunge gehören zu unseren wichtigsten Entgiftungsorganen. Sie helfen dem Körper, mit belastenden Substanzen umzugehen, bauen ab, um und scheiden aus. Natürlich spricht nichts dagegen, diese Organe durch gewisse Kuren zu entlasten, entgiften tun die Organe aber selbst – tagtäglich! Sie sorgen dafür, dass wir keineswegs schmutzig sind.

Dennoch glaube ich stark an die heilende Kraft der Reinigung. Als ich noch sehr jung war, im Teenageralter, stolperte ich über das Wort Katharsis in einem der vielen Bücher, die ich verschlang. Ich bat meine Mutter daraufhin, mir zu erklären, was der Begriff bedeutete. Sie sprach von »Reinigung« und »auflösen« und erklärte mir, dass vor allem Sigmund Freud den Begriff geprägt hatte. Zeitsprung: Fünfzehn Jahre später lag ich auf meiner Sportmatte und heulte mir die Seele aus dem Leib. Sechzig Minuten lang hatte ich das intensivste Trainingsprogramm meines Lebens durchgemacht. Vor Beginn der Stunde warnte die englischsprachige Lehrerin: »This workout is about cathartic release.« Zu Deutsch: Bei diesem Fitnessprogramm geht es um kathartische Befreiung. Sechzig Minuten lang hatten wir Cardio- und Kraftübungen mit hoher Intensität gemacht und zwischendurch immer wieder Ruhepausen mit geschlossenen Augen eingelegt. Die Abwechslung zwischen An- und Entspannung, das Erreichen der eigenen körperlichen Grenzen, gepaart mit der richtigen Musik, war genau die Mischung, die mich dazu brachte, tief verstaute, emotionale Blockaden zu lösen. Ich war schweißgebadet, knallrot, erschöpft, und so viele Gefühle, die ich runtergeschluckt hatte, wollten nun raus. Dieser Tag war einer von vielen, an denen ich am eigenen Leib erfuhr, was Katharsis bedeutet. In der Psychologie bezeichnet der Begriff die Hypothese, dass das Ausleben von verdrängten Emotionen und Konflikten dazu führen kann, dass diese weniger werden. Das Schlagen auf einen Sandsack zum Beispiel kann somit, der Theorie nach, tief verborgene innere Konflikte auflösen.

Nun bin ich weder Wissenschaftlerin noch Psychologin, kann aber bezeugen, dass die Freisetzung von Gefühlen, an die ich rational nicht komme, für mich funktioniert. Inzwischen mache ich ein- bis zweimal die Woche eine Sportart, die mich an meine Grenzen bringt. Spinning und Boxen gehören zu meinen Lieblingen. Regelmäßig erlebe ich, dass ich durch richtiges Auspowern mein Inneres komplett durchschütteln kann. Meist gefolgt von Adrenalin und Glücksgefühl. Es gibt kaum etwas in meinem Leben, das mir mehr hilft, Stress abzubauen, tiefe Emotionen zu verarbeiten, ausgewogener und selbstbewusst zu werden, als Sport. Dass der Körper dadurch auch physisch gesund und fit wird, ist für mich ein netter Nebeneffekt. Denn Sport dient mir persönlich in erster Linie für meine mentale Gesundheit. Wenn ich körperlich an meine Grenzen gehe, völlig erschöpft noch das letzte Bisschen gebe, ähnlich wie auf den Endmetern eines Marathons, vergesse ich alles rund um mich herum. Es ist, als würde man alle Schichten, die im Alltag über einem kleben, abziehen. Angst, Unsicherheit, Bedenken – für all das gibt es in dem Moment keinen Platz. Der Kopf ist leer. In einem der nächsten Kapitel erzähle ich etwas mehr über Wut und wieso diese so wichtig ist. Für mich ist meine sportliche Aktivität der erste Ort, an dem ich meine Wut in etwas Sinnvolles, Konkretes umwandle. Oft gehe ich aggressionsgeladen, wütend und verzweifelt in eine dieser Sportklassen. Ich hatte eine lange Woche oder einen schlechten Tag. Wenn ich rauskomme, fühle ich mich energetisch, selbstbewusster, lösungsorientierter. Ich versuche regelmäßig, Freundinnen, die gerade emotional eine schwere Phase durchmachen, zum Sport zu schleppen. Und es gab noch keine Freundin, der es nicht gutgetan hätte. Ich weiß, dass es einschüchternd sein kann, zum ersten Mal in einem Boxstudio aufzutauchen. Auch das Aufraffen nach langer Inaktivität, das Etablieren einer Routine, ist schwierig. Wenn es aber etwas gibt, was ich dir mitgeben kann, ist es die Erkenntnis, dass diese Art von schweißtreibenden, auslaugenden Workouts eine total große Bereicherung für das Leben sein kann. Vor allem, wenn man wie ich ein »Busy Brain«, also ein dauerbeschäftigtes Gehirn hat. Zahlreiche Studien zeigen ebenso, dass Sport sogar Depression etwas lindern kann. Natürlich darf man bei einer echten Depression keine Wunder erwarten, und herkömmliche Therapieformen werden dadurch nicht ersetzt.

Für mich persönlich ist es aber auch die äußerliche Reinigung, die ich brauche, um mit einem beschäftigten Leben wie meinem bei Verstand zu bleiben. Als ich mich mit Anfang zwanzig selbstständig machte, tappte ich in die klassischen Selbstständigkeitsfallen. Ich arbeitete oft im Pyjama von zu Hause, schob das Haarewaschen tagelang auf. Nach einiger Zeit war ich unausgeglichen, fühlte mich matt und ohne Selbstwert. Und oft war der Grund tatsächlich kein tiefgründiger, sondern die schiere Tatsache, dass ich ungeduscht im Pyjama rumgammelte. Ich fing an, genau wahrzunehmen, was sich innerlich bei mir tat, wenn ich mit frisch gewaschenen Haaren, geschminkt, in einem Outfit, in dem ich mich wohlfühlte, meinen Arbeitsplatz (idealerweise nicht das Sofa) bezog. Nun will ich nicht sagen, dass alle sich schminken müssen! Ich persönlich schminke mich gerne, liebe meine Hautpflegerituale und sehe darin auch keinen Widerspruch zum Feminismus. Doch: Es muss sich gut anfühlen. Wenn Hautpflege und Make-up sich wie eine Verpflichtung anfühlen, sollte man sich unter keinen Umständen dazu zwingen. Ich persönlich habe Spaß und Freude an Make-up, andere gar nicht. Was essenziell ist, ist die Tatsache, dass etwas mehr Sauerstoff durch eine frische Dusche guttut. Für mich gehört die äußere Reinigung, ohne einem Beautydiktat nachzugehen, zu einem wohligen Gefühl, das mir mehr Elan und Motivation gibt.

Ich habe mich die letzten Jahre sehr genau beobachtet und weiß, dass innere und äußere Reinigung zwei Werkzeuge sind, die in meinem Werkzeugkasten immer griffbereit liegen. Für kleine und mittelschwere Probleme kann ein gutes Workout oder ein frisch gewaschener Kopf Wunder bewirken. Natürlich gibt es gravierendere Probleme oder mentale Herausforderungen, die mit einer Boxklasse oder einem Lidstrich nicht gegessen sind. Dafür braucht es eine Therapie oder professionelle Unterstützung. Für alles andere gibt es aber die Möglichkeit, es zu probieren und zu schauen, was es für dich tut.

Under pressure

Ich werde, seit ich mich in großen Schritten auf meinen 30. Geburtstag zubewege, bestimmt ein- oder zweimal pro Monat darauf angesprochen, ob ich Kinder haben möchte. Ob Hochzeit für mich ein Thema sei und dass sich meine Mutter bestimmt Enkel wünsche. Der Druck der Gesellschaft fängt für uns Frauen beim Thema Kinder an, doch hört dort nicht auf. In der Gesellschaft gilt es, gewisse Erwartungshaltungen zu erfüllen, für alle Geschlechter. Aus der Position des weiblichen Geschlechts jedoch kann ich versichern: Meine Liste ist lang. Schon von kleinen Mädchen wird erwartet, dass sie hübsch gekleidet und immer freundlich sind. Die Frisur muss sitzen und später dann das Make-up. Frauen haben, allem Anschein nach, viel mehr Zeit in der Früh, die sie in die Pflege ihres Äußeren investieren können. »Woke up like this« ist ein Spruch, der in den letzten Jahren seine Runden auf Social Media gemacht hat. Er impliziert, dass manche Menschen direkt nach dem Aufstehen fabelhaft aussehen.

Doch zurück zu uns Frauen: Für mich als Teenager gab es zahlreiche Dinge, auf die ich achten musste. Keine BH-Träger zeigen, den Tampon immer schön verstecken, wenn ich im Kaffeehaus schnell auf die Toilette flüchtete. Es wird erwartet, dass wir uns gepflegt, feminin und weiblich geben und dennoch unsere Weiblichkeit verstecken. Busen ja, Nippel nein. Frau sein ja, Periode nein. Es ist ein Paradox, das ad absurdum geführt wird, vor allem in den sozialen Medien. Dass Frauen, vor allem junge Frauen, also ständig in Identitätskrisen stecken, die bis ins hohe Alter anhalten, ist kaum verwunderlich. Jungs dürfen kompetitiv sein, Mädels nicht. Rülpst ein Mann, ist es lustig oder wird als schlechter Witz abgetan, rülpst eine Frau, füllt sich der Raum mit betretenem Schweigen. Die Etikette ist und war nie gleich für alle Geschlechter. Das beginnt bei den abfälligen Bezeichnungen wie »Schlampe«, die ausschließlich in weiblicher Form existieren. Männer, die mit vielen Frauen schlafen, sind nun mal Männer, Frauen sind Schlampen – so besagt es die gesellschaftliche Norm. Doch nicht nur hierfür hakt es in unserer Sprache gewaltig. »Pussy«, das Wort, das auch für Vulva verwendet wird, wird in der englischen Sprache als Schimpfwort für »schwach« oder »nicht männlich« eingesetzt. »Don't be a pussy« bedeutet so viel wie: Sei kein Mädchen. Im Gegenzug gibt es dann aber männlich besetzte Redewendungen wie »man up«, also »sei Mann«, die Stärke suggerieren. Es ist nicht üblich, den Mann mit einer abwertenden Bezeichnung seines Geschlechtsorgans zu degradieren, wie das bei Frauen der Fall ist. Es gibt »du Fotze«, aber kein »du Penis«. Es gibt allerdings abwertende Begriffe, die die Sexualleistung des Mannes herabwürdigen, wie »du Schlappschwanz«. Jedoch keinen, der eine zu rege sexuelle Betätigung beschreibt und degradiert. Frauen werden herabgewürdigt,

139

wenn sie zu viel Sex, Männer, wenn sie zu wenig Sex haben. Was für ein absurdes Bild, wenn man genau darüber nachdenkt.

Als Person des öffentlichen Lebens bin ich tagtäglich mit der Erwartungshaltung von anderen Menschen konfrontiert. Die einen gehen davon aus, dass ich eine heuchlerische Internetbetrügerin bin, die nur auf den Nachhaltigkeitszug aufgesprungen ist, weil das »en vogue« ist. Und die anderen stellen mich auf ein Podest, wo ich als Mutter Teresa allen Menschen zu Hilfe eile. Klar, meinen Heiligenschein richte ich mir täglich zurecht, während ich mir das Make-up ins Gesicht klatsche! Doch im Ernst: Druck von außen ist überall. Er steckt in den Erwartungshaltungen anderer Menschen, die wir dann verinnerlichen und zu unseren eigenen Glaubenssätzen umformulieren:

Ich muss Kinder kriegen.
Ich muss immer lächeln.
Ich muss alles unter einen Hut kriegen.
Ich muss höflich und diplomatisch reagieren.
Ich muss hübsch, aber auch klug sein.
Ich darf keine Fehler machen.

Glaubenssätze wie diese und viele andere schaffen eine Gegnerin im Kopf, die uns an allem hindert, was schön, erfüllend und selbstbestimmt ist. Hohe Erwartungen gehen somit mit hohem Druck einher. Einem Druck, der sich irgendwann wie ein tonnenschwerer Ballast auf den Schultern anfühlt. Jede Erwartungshaltung oder auch Kritik, die oft versteckt in einer vermeintlich neutralen Aussage kommuniziert wird, kommt mit einem ebenso versteckten Appell:

Bemerkung: »Du hast zu viele Armhaare.«
Aufforderung: Sei gepflegter. Rasiere dich.

Bemerkung: »Du fliegst mit dem Flugzeug.«
Aufforderung: Du darfst kein CO_2 ausstoßen.

Bemerkung: »Du zeigst dich ständig nackt.«
Aufforderung: Zeig weniger Haut.

Für mich ist es vor allem der Druck der Öffentlichkeit, der sich täglich wie eine schwere Decke über meine Identität als Mensch und Frau legt. Im Austausch mit über 200 000 Menschen auf Instagram zu stehen bedeutet auch, diesen Druck als solchen wahrzunehmen und zu verstehen, dass er immer gegeben sein wird. Für dich sind es vielleicht nicht derart viele Augenpaare, die dich täglich bewachen, sondern die Eltern, Familie, Freunde, Partner, Vorgesetzte. Was haben Bohnen und dein Geist gemeinsam? Druck! Bohnen verursachen nicht nur Druck in Form von Flatulenzen, sie werden auch in einem Schnellkochtopf, mit Druck, gegart. Genauso verhält es sich mit unserem Geist, der irgendwann droht wie ein Schnellkochtopf zu explodieren, wenn wir den Druck nicht rechtzeitig ablassen. Jetzt könnte man sagen: Klar, das ist Stress! Aber zwischen Stress und Druck herrscht eine feine, aber doch klare Linie. Stress ist, wenn die äußeren Anforderungen unsere Kapazitäten übersteigen. Wir fühlen uns unter Stress, wenn wir die Deadline nicht einhalten oder die Stromrechnung nicht bezahlen können. Druck hingegen bezieht sich weniger auf die äußeren statt auf die inneren Anforderungen. Während es bei Stress um externe, austauschbare Faktoren geht, steht bei Druck alles, was wir sind, auf dem Spiel. Unser Ruf, Erfolg, die eigene Leistung. Ähnliche Unterscheidungen gibt es auch bei Scham und Schuld – zwei Begriffe, die oft gleichbedeutend verwendet werden, es aber nicht sind. Schuld basiert auf tun, Scham basiert auf sein. Es verhält sich also ähnlich wie bei Druck und Stress. Schuld ist, einen Fehler gemacht zu haben, Scham ist es, ein Fehler zu sein. Die Schuld kann auf externe Faktoren bezogen werden, sie ist an eine Situation gekoppelt. Als Beispiel: Die Deadline nicht einzuhalten, erzeugt ein Schuldgefühl. Man fühlt sich schuldig, weil man einen wichtigen Termin verabsäumt hat. Die Scham jedoch bezieht sich auf einen selbst, denn ich schäme mich dafür, ein Mensch zu sein, der unzuverlässig und unpünktlich ist.

Es ist wichtig, diese Differenzierungen anzustellen, weil wir uns oft für etwas niedermachen, von dem wir glauben, dass es »nur« Stress oder »nur« Schuldgefühle sind. Um zurück zu Stress zu kommen: Stress kann durchaus positiv sein. Der als Eustress bezeichnete Stress ist sozusagen die Kraft im Leben, der Wind, der uns vorantreibt. Menschen mit Depressionen fühlen keinen Eustress, sondern nur Distress, das negative Gegenbeispiel. Eustress hilft mir dabei, dieses Buch pünktlich zur Manuskriptabgabe beim Verlag einzureichen, doch wird zu Distress, wenn dieses Datum bereits nächste Woche ist. Druck hingegen hat, meiner Meinung nach, kein positives Gesicht. Druck geht fast immer mit Angst, Versagen und Scham einher. Druck ist, wenn Menschen einen an die biologische Uhr erinnern oder an die Tatsache, dass man mit Ende dreißig immer noch Single ist – was soll hier Positives entstehen? Nichts! Druck bedeutet, vor der Klippe zu stehen und zu einer Entscheidung gedrängt zu werden: zurücktreten oder springen. Dabei wäre das Klügste vielleicht, einfach stehen zu bleiben, weil man sich so am wohlsten fühlt und gerne die Aussicht genießt.

Kürzlich wurde ich zum ersten Mal Tante eines wunderbaren Jungen. Und ich habe mir die Frage gestellt: Wie können wir Kindern positiven Stress, in Form von Zuspruch und Lebensbejahung, mitgeben, ohne dabei Druck zu erzeugen? Mir kam ein Bild aus meiner eigenen Kindheit in den Kopf. In die Schule zu gehen, war für mich immer ein zwiegespaltenes Erlebnis. Einerseits liebte ich es zu lernen, andererseits hasste ich es, stundenlang ruhig sitzen bleiben zu müssen, auch wenn mich das Thema da vorne gar nicht interessierte (Mathe!). Von mir wurde eigentlich nur erwartet, gut in der Schule zu sein. Was das konkret bedeutete, weiß ich heute nicht mehr. Ich weiß aber, dass ich immer nur 1er, 2er und 3er mit nach Hause brachte. War es mal ein 4er, war ich diejenige, die sich selbst niedermachte, nicht meine Mutter. Und hier ist der springende Punkt: Stress bedeutet, bei der Prüfung nicht mit dem Rechenbeispiel fertig zu werden. Druck hingegen bedeutet, eine konkrete Leistung zusätzlich zu diesem Stress zu erwarten. Als wäre der Stress also nicht schon genug, legen wir noch ein Schäufelchen Druck oben drauf – damit es nicht zu einfach wird! Was meinen Neffen angeht: Stress von außen ist meist ohnehin gegeben. Hausaufgaben, sportliche Aktivitäten, später dann weitere akademische und berufliche Herausforderungen. Stress ist da, auch für die Kinder dieser Welt. Ihn positiv zu gestalten, liegt an uns: Aktivitäten spielerisch gestalten, Spaß am Wettbewerb kultivieren (auch für Mädchen, obwohl uns niemand erlaubt, kompetitiv zu sein) und realistische Ziele setzen. Druck überträgt man jedoch bereits auf Kinder, indem man einen Rahmen vorgibt, wie diese Leistung auszusehen hat. Wenn es nicht darum geht, die Rechenbeispiele mit bestem Gewissen und guter Vorbereitung zu lösen, sondern darum, eine Eins nach Hause zu bringen, ist das längst nicht mehr bloß Stress, sondern ein klarer Fall von Leistungs-druck. Als Tante möchte ich meinen Neffen unterstützen, vor allem in Angelegenheiten, die positiven Stress und Wachstum bedeuten können. Genauso möchte ich für ihn da sein, wenn ihm etwas zu viel wird, und ihm helfen, ein ausgeglichenes Leben, so wie er sich das wünscht, zu führen.

Ich glaube, ein Grund, weswegen ich schon sehr früh wuss-te, was ich will, ist die Tatsache, dass meine Mutter keinen großartigen Druck auf mich ausgeübt hat. Es galt immer, mein Bestes zu tun, ohne dass dieses Beste bemessen oder beziffert wurde. Es war nicht schlimm, wenn mein Bestes manchmal eine Vier oder komplettes Versagen war – in Zahlen gemessen. Und ich glaube ganz stark, dass die Tatsache, dass so viele Menschen meiner Generation nicht wissen, was sie wollen, an diesem hohen Anspruch liegt, den sie von klein auf indok-triniert bekommen. Eine Erwartung hängt nämlich mit exter-ner Anerkennung zusammen. Und den Fokus auf externe An-erkennung zu legen, bedeutet eigentlich immer, das, was man selbst will, aus den Augen zu verlieren. Wenn einem immer vorgebetet wird, was die Sache, die einen glücklich macht, sein soll – wie soll man dann selbst wissen, was einen glücklich macht? Es ist in meinen Augen eins der mächtigsten Werk-zeuge zu einem selbstbestimmten und erfüllten Leben, das wir jungen Menschen mitgeben können, wenn wir aufhören, die-sen immensen Druck und damit einhergehende Erwartungs-haltungen auf den Rücken junger Menschen aufzubinden. Die Gesellschaft bürdet uns ohnehin schon genug vermeintliche Glücklichmacher auf. Hochzeit, Haus, Vater, Mutter, Kind – das Konzept, das alle glücklich machen soll. Dabei gibt es kein »one size fit all«, wenn es um die eigene Erfüllung und das ei-gene Wohlbefinden geht. Man kann nicht mit einer Keks-Ausstechform durchs Leben gehen und alles in die Form stanzen, die vorgegeben ist. Wünsche, Bedürfnisse, Interessen und vor allem Ansichten sind so bunt wie der Regenbogen. Wer jeden Tag erst um zehn Uhr aufsteht, ist kein Lebenskünstler, sondern jemand, der guten Schlaf schätzt und so vielleicht einfach bessere Leistungen erbringen kann. Eine Frau, die sich gegen Kind und Partner entscheidet, ist nicht frustriert und inkompatibel, sondern vielleicht dabei, sich alle ihre Träume zu erfüllen – ohne jegliche Ablenkung. Und eine Frau, die sich dafür entscheidet, gar keinem Beruf nachzugehen, sondern sich um ihre Kinder zu kümmern, muss nicht zwangsläufig perspektivenlos und unambitioniert sein, sondern versteht für sich einfach, dass Muttersein bereits ein Vollzeitjob ist.

Ich habe weder Wirtschaft studiert noch länger als vier Monate in einem Bürojob gearbeitet. Ich habe mich in einem Beruf selbstständig gemacht, der nach wie vor für Augenrollen sorgt und mir oft den Satz »Kannst du davon leben?« einbringt. Ich lebe vegan, bin tätowiert, trinke kaum Alkohol und glaube an die Kraft des Mondes. Ich muss mich, nach wie vor fast täglich, für mein außergewöhnliches Leben und meine manchmal außergewöhnlichen Ansätze rechtfertigen. Keine Keksform der Welt würde zu meinem Leben passen, und das ist gut so. Mein Leben macht mich glücklich, weil ich den Druck der vielen Augenpaare schlichtweg als Publikum in einer Arena, in der ich mich traue aufzutreten, wahrnehme. Sie alle kommen, um zu starren, zu bewerten, vielleicht zu urteilen. Wenn es einen Appell gibt, den ich aus dieser Arena, in der ich sowohl mit Blumen als auch mit Tomaten beworfen werde, rausschreien möchte, ist es folgender:

»Lass dich nicht beirren. Es ist dein Weg, dein Leben, deine Entscheidung. Druck hilft nicht, er macht krank. Die

Angst vor einem negativen Ergebnis schafft nichts Positives, sondern noch mehr Angst und Einschüchterung. Es ist verdammt schwierig, inmitten einer Norm zu stehen, der man so gar nicht entspricht. Doch oft gibt es eine Belohnung, die am anderen Ende der Angst steht: ein erfülltes, glückliches Leben. Ein Leben, das so ausschaut, wie du es willst. Sei es mit bunt bemalten Fenstern, einem Plüschlenkrad und fünf adoptierten Straßenhunden im Fahrgastraum des Autos oder im Anzug in einem blank polierten Hochhaus an der Wall Street: Du hast die Wahl. Wenn du wie Phoebe von *Friends* sein möchtest – sei wie sie. Wenn du wie Rachel Zane von *Suits* sein willst – be my guest. Du kannst dir jeden Tag aussuchen, ob du ein schwarzes, ein weißes, ein gelbes oder ein buntes T-Shirt anziehen willst. Und genauso kannst du dir aussuchen, welches Lebenskonzept dich glücklich macht. Sei es monogam mit einem Golden Retriever am Stadtrand zu leben oder polyamourös durch die Welt zu reisen – oder eine Mischform aus beidem! You're the boss, you're in charge. Du bist der Boss, du hast das Sagen.«

Get up, stand up

Wenn man wie ich an Chakren glaubt und sich keinen Hehl aus gesellschaftlichen Konventionen wie Dresscodes macht, sticht man gern mal raus. Und das nicht unbedingt positiv. In einem Gespräch sagte Oprah Winfrey einmal, dass sie meistens dann unauthentisch wird, wenn sie von Menschen umgeben ist, die Authentizität nicht leben. Sie fängt dann an, nicht sie selbst zu sein und über Witze zu lachen, die sie eigentlich gar nicht witzig findet. Wie sehr ich mich in dieser Beschreibung wiederfand! Meine berufliche Vielseitigkeit bietet sehr viele verschiedene Situationen und den Austausch mit sehr verschiedenen Menschen. So war ich als einzige österreichische Bloggerin zu einer Chanel-Show eingeladen und fand mich am Tisch mit Karl Lagerfeld wieder. Ich durfte Jane Goodall interviewen und sprach einmal vor dem Bundespräsidenten. Ich habe schon zahlreiche aufregende und unerwartete Situationen erlebt – man könnte Bücher damit füllen. Und nicht nur einmal fühlte ich mich fehl am Platz. Zum Beispiel, als ich die einzige tätowierte Person bei einem edlen Galaevent oder der einzige Mensch im Raum war, der nicht über den chauvinistischen Witz lachte. In vielen dieser Situationen fühlte ich mich, wie Oprah beschreibt: nicht ich selbst. Inmitten einer Menge von Andersgesinnten passiert es schnell, in die Schamfalle zu tappen, die dafür sorgt, dass man das eigene Wesen verleugnet und einen Kompromiss mit dem Druck, den die jeweilige Situation auslöst, eingeht. Für die eigenen Entscheidungen wie vegan zu leben, sich für Umwelt und Mitmensch zu engagieren, Tiere aus Heimen zu retten, geradezustehen in einem Raum voller Menschen, die liebend gerne Steak essen, einen SUV fahren und Pelzmäntel tragen, ist das beste Training, die eigene Authentizität zu bewahren. Dabei müssen es nicht einmal so drastische Situationen sein: Wie bringe ich meiner Großmutter bei, dass ich kein Schnitzel mehr esse? Wie verhalte ich mich, wenn ich als Einzige im Büro meine Essensbehälter mitnehme, um Plastik zu vermeiden? Und was sage ich bei einem Date, wenn mein Gegenüber etwas Alkoholisches trinken will, ich es aber besser finde, keinen Alkohol zu trinken? Gesellschaftliche Konventionen machen es für alle von uns, auch im kleinen Rahmen, schwer, für unsere Ideale einzustehen. Der einfache Weg wäre es natürlich, nur mit Gleichgesinnten in Kontakt zu stehen oder jeglichem potenziellem Austausch mit Andersdenkenden aus dem Weg zu gehen. Die passive Route ist immer eine der möglichen Optionen, und glaube mir, ich biege oft auf diesen Weg ab. Doch in den meisten Fällen sehe ich diese Gelegenheiten als Chance, Selbstbestimmtheit zu üben und zu kultivieren. Sich nur mit Gleichgesinnten abzugeben, mag oft in einer Meinungsblase oder einem Meinungsecho enden, mögliche Verbindung oder Austausch mit Menschen am anderen Ende des Tellerrands unmöglich machen.

Nur wenn man für sich selbst einsteht, kann man auch für andere einstehen. Jedes Mal, wenn ich in die zigste Diskussion über mein Vegansein gerate, denke ich einfach bloß an die vielen Tiere auf dieser Welt, die mir so viel Freude durch ihre Existenz schenken. Ich denke an meinen Straßenhund Mala, den ich wie ein Familienmitglied ins Herz geschlossen habe. Ich weiß, nur wenn ich für mich einstehe, stehe ich für alle die, für die ich kämpfe, ein. Die Momente, in denen ich mich am einsamsten gefühlt habe, waren Momente, in denen ich als einzige Person im Raum für die vielen Tausend Menschen, Tiere oder Flüsse und Berge eingestanden bin, ohne jeglichen Rückhalt. Oft fühlt es sich an, als würde man im Schützengraben liegen, ohne jeglichen Rückhalt. Doch viel besser als in dem Fall die Passivität zu wählen, ist es, jeden Abend einschlafen zu können mit dem Gewissen, Gebrauch von der eigenen Mündigkeit gemacht zu haben. Immer, wenn es unbequem wird, sollte man sich vor Augen führen: Ich habe die Möglichkeit zu sprechen. Ich habe die Möglichkeit zu wählen. Ich bin privilegiert, meine Meinung kundzutun.

»It is better to be hated for what you are than to be loved for what you are not.« – André Gide

Als authentisch lebender Mensch wird man zwangsläufig polarisieren – diese Garantie kann ich dir geben. Drei Jahre lang, als ich brav mit dem Strom mitschwamm, über schnelle Mode und Make-up bloggte, gab es kaum Menschen, die mir den Tod wünschten. Als ich anfing, für das, was ich liebe und richtig finde, einzustehen, fingen Menschen auch an, mich zu hassen. Mir wurden bereits Tod, Vergewaltigung, Verschleppung gewünscht – all diese Nachrichten habe ich sofort in die mentale Nimmerwiedersehen-Schublade gesteckt. Denn viel wichtiger als die Tastaturkrieger, die im Internet trollen, sind die Menschen, die man bewegt, wenn man anfängt authentisch und selbstbestimmt zu leben. Wahrhaftig zu leben bedeutet für mich, eine Stimmung von Verbindung und Verständnis zu kreieren. In einem Raum voller Menschen zu sitzen und als einzige Person die Hand zu heben und zu sagen: »Leider verstehe ich nicht, worum es geht. Wäre es in Ordnung, wenn Sie den Sachverhalt noch mal simplifiziert erklären?«, ist nicht nur gelebte Verletzlichkeit, sondern auch eine Möglichkeit, dass sich die Menschen, die sich nicht getraut haben, die Frage zu stellen, aufgehoben fühlen. Die Person, die vorgibt zu wissen, worum es geht, prahlt und mit Fachbegriffen um sich wirft, ist wohl nicht die Person, die ein Klima schafft, in dem sich die Anwesenden wohlfühlen. Es sind die Menschen, die ehrlich, roh und unverfälscht sind, die uns bewegen.

Bei der Klimaschutzkonferenz in Kattowitz im Dezember 2018 durfte ich Greta Thunberg über den Weg laufen. Wir knipsten kurz ein Foto gemeinsam, dann musste Greta weiter. Greta ist eine Jugendliche und hat das Asperger-Syndrom, eine Form von Autismus. Seit einiger Zeit setzt sie sich für die ökologische Zukunft unserer Erde ein und rief zu internationalen Schulstreiks auf und ist damit zum prominenten Vorbild vieler Jugendlicher auf der ganzen Welt geworden. Unter dem Motto »Fridays For Future« streiken in unzähligen Städten Schüler*innen im Namen ihres Heimatplaneten. Inzwischen sprechen wir auch nicht mehr von Klimaerwärmung, sondern von Klimaerhitzung, und nicht von Klimawandel, sondern von Klimakatastrophe. Die Dringlichkeit der Lage ist unübersehbar, und Greta ist eine Galionsfigur für alle jungen Menschen, die das Handeln vergangener Generationen ausbaden müssen. Ich kann mir gar nicht vorstellen, wie voll Gretas Terminkalender ist und wie sehr sie unter Druck steht. Und das im Alter von 16 Jahren. Was viele junge Menschen wie Greta mir berichten, ist die Tatsache, dass sie schwer Gehör finden. Nun bin ich inzwischen dreißig Jahre alt, kann aber bezeugen, was ich von Jüngeren höre. Aufgrund meines jugendlichen Auftretens wurde ich sehr oft infantilisiert und fast schon wie ein Teenager behandelt. Auf einem Panel vor wenigen Jahren passierte etwas, das mir die Augen öffnete. Zuvor war mir nie sonderlich aufgefallen, wie mich andere im beruflichen Kontext oft behandelten. Ich kannte es nicht anders und spürte zwar sehr oft inneren Unmut, konnte aber nicht genau benennen, woher er kam. Für das Panel waren vier Personen eingeladen: Martina Mara, eine Medienpsychologin und Professorin für Roboterpsychologie, zwei CEOs großer Konzerne und ich. Auf unseren Namensschildern waren überall Klarnamen, inklusive Titel, angeführt. Nur auf meinem Schild stand bloß »dariadaria«. Als der Moderator dann die Diskussion einleitete, stellte er Fragen an die Beteiligten. Dabei duzte er mich und siezte die anderen TeilnehmerInnen. Als meine Nachbarin, Martina Mara, zu Wort kam, sagte sie: »Ich möchte, bevor ich inhaltlich zu der Frage Stellung beziehe, noch kurz einwerfen, dass ich es nicht in Ordnung finde, wie Madeleine Alizadeh geduzt und sonst alle gesiezt werden. Diese junge Frau hat mehr Reichweite als wir alle zusammen, dennoch behandeln Sie sie fast schon wie einen naiven Teenager.« Der Moderator war sichtlich perplex, stammelte eine Erklärung. Er behauptete, wir würden uns schon kennen und er würde mich deswegen duzen – was nicht der Fall war. Als ich zu Wort kam, berichtigte ich, dass ich ihn bloß fünf Minuten zuvor kennengelernt hatte, ihm nicht böse sei, dass er mich duzt, aber die Aussage meiner Kollegin voll und ganz unterschreiben wolle. Eine andere Frau war für mich aufgestanden. Es war ein Moment, in dem ich mich selbst nicht getraut hätte, etwas zu sagen. Heute ist das anders, und es fällt mir wesentlich leichter, meinen Standpunkt determiniert klarzumachen, mich nicht infantilisieren oder einschüchtern zu lassen. Es ist aber leider als junger Mensch extrem schwierig, Gehör zu finden. In ihrem TED Talk *I'm 17* beginnt Kate Simonds, indem sie sich vorstellt und ihr Alter, 17 Jahre, nennt. Sie fährt fort und sagt, dass das Publikum nun bestimmt denken würde, sie hätte Außergewöhnliches geleistet. Denn auf einer TEDx-Bühne zu stehen, muss man sich verdient haben. Hat sie ein erfolgreiches Start-up gegründet oder während eines Praktikums in einem Labor versehentlich eine Krankheit geheilt? Simonds verneint, sie hätte nichts davon getan. Sie gibt preis, keine anerkannte Schöpferin oder ein Kindergenie, sondern einfach ein gewöhnlicher, 17-jähriger Mensch zu sein. Und um genau das geht es in ihrem TED Talk: die Tatsache, dass ihr nicht zugehört wird, weil sie erst 17 ist. Wir verlangen von jungen Menschen Ungewöhnliches, damit wir erst zuhören und ihnen eine Bühne geben. Simonds berichtet davon, wie unzählig oft sie bereits ignoriert wurde, wir oft ihr gesagt wurde, sie sollte gar nicht wählen dürfen. Dabei ist sie über Politik informiert und glaubt an ihre Überzeugungen. So oft wurde ihr gesagt, ihre Stimme würde nichts verändern.

Ich sehe mir Kate Simonds' TED Talk mindestens einmal im Jahr an. Weil er mich an meine eigene Jugend erinnert. Ich las bereits mit 13 Bücher über den Kommunismus und andere politische Strömungen, beteiligte mich ehrenamtlich bei einer Jugendzeitung. Meine Überzeugungen waren damals schon da, sehr wahrhaftig. Dennoch hat es noch einmal ein halbes Leben gebraucht, bis mir Menschen zuhörten, bis ich als Expertin in TV-Sendungen und ins Radio eingeladen wurde. Es hat sehr lange gedauert, keine Schlagzeilen wie »Modepüppchen wird zur Flüchtlingsheldin« mehr über mich zu lesen und ernst genommen zu werden. Inzwischen weiß ich, dass ich bei großen, wichtigen Konferenzen ein gewisses Auftreten und auch Bekleidung an den Tag legen muss, damit man mir überhaupt zuhört. Und dass ich immer wieder betonen muss, dass die Weisheit der Welt nicht nur bei alten, weißen Männern mit Machtanspruch liegt, sondern bei den vielen jungen, engagierten Menschen.

Ein bisschen absurd finde ich auch, dass den streikenden Schüler*innen gesagt wird, sie sollen wieder ins Klassenzimmer gehen. YouTubern wird gesagt, sie sollen sich bedeckter halten, was Politik angeht. Jahrelang wurde der Jugend vorgeworfen, sie würde politisch nicht partizipieren, sie sei politikverdrossen. Jetzt, wo so viele ganz und gar nicht politikverdrossen sind, heißt es plötzlich: Rede nicht mit, du bist zu jung.

Es wird immer wieder vorkommen, dass jemand probiert, dich kleiner zu machen, als du bist. Diskriminierung kann aufgrund von Alter, Herkunft, Hautfarbe, Geschlecht, Religion oder sexueller Orientierung stattfinden. Doch deine Stimme, egal wie alt du bist, hat es verdient, gehört zu werden. Würden wir weniger elitär mit dem Mikrofon, das in öffentlicher Hand ist, umgehen, hätten wir sicher viel mehr wertvollen Input von Menschen aller Generationen, aller Herkünfte. Es ist dabei egal, ob du dich inhaltlich perfekt mit der Thematik auskennst. Natürlich wirst du im Zweifel mit 14 nicht das Wissen einer 60-Jährigen haben. Die vielen Schüler*innen, die jeden Freitag demonstrieren, tun es aus Überzeugung. Dazu müssen sie keine genauen chemischen Formeln zur Klimaerhitzung kennen, sondern eigentlich nur wissen: Ich möchte auf keinem Planeten leben, der kein funktionierendes Ökosystem mehr hat. Ungerechtigkeit kann und muss verbalisiert werden, unabhängig von Alter, Hautfarbe und Bildungsgrad.

Du brauchst keine Berechtigung, um mitzureden, und falls du dir denkst, »Habe ich es überhaupt verdient mitzureden?«, solltest du damit aufhören. Denn die Berechtigung gebe ich dir hiermit offiziell. Geh raus, tu etwas, und denk nicht an die alten Menschen, die versuchen, dich im Schatten zu halten.

Such dir die warmen Menschen, nicht die Coolen

Als ich 18 Jahre alt war, verbrachte ich die meisten Wochenenden mit meinen Freundinnen in Klubs. Wir brezelten uns stundenlang auf, glühten vor und begaben uns dann halb torkelnd in einen Klub unserer Wahl. Die Jahre zuvor hatte ich ausschließlich in Punk-Buden oder abgeranzten Bars abgehangen, doch mit 18, als ich von meinem Schüleraustausch in den USA zurückkam, mich angefangen hatte zu schminken und das Glätteisen zu meinem heiligen Gral wurde, waren es plötzlich die schicken Klubs, die mich ansprachen. Ich versuchte um jeden Preis Teil einer coolen Clique zu werden, die alle mit 18 mehr Geld auf dem Bankkonto hatten, als meine Familie es jemals haben würde.

Diese Abende verliefen eigentlich immer gleich: Wir fuhren zu später Stunde, wie gesagt halb torkelnd, in Club XY (irgendwer von den coolen Jungs und Mädels stand immer auf irgendeiner Liste), dort versuchte ich mir nicht anmerken zu lassen, dass mein Taschengeld solche Ausflüge eigentlich nicht erlaubte. Es wurde eine Flasche Wodka mit Beigetränken bestellt, und ich trank entweder bei anderen mit oder hangelte mich von einem Weißen Spritzer, so nennt man in Österreich Weißweinschorle, zum anderen. Mit einem Auge schielte ich immer zu den coolen, schönen, reichen Mädchen, die vermeintlich alles hatten. Ihre Haare schienen aus Seide, ihre Outfits wirkten, als wären sie »gerade eben mal in was reingeschlüpft«, und bei jeder ihrer Bewegungen schienen ein Windgerät und ein Scheinwerfer zu Vervollkommnung dabei zu sein. Ihre Freizeit verbrachten sie bei ihren Pferden (nicht nur ein Pferd, natürlich gleich mehrere!) oder auf Segeltörns auf der Familienjacht in Porto Cervo. Ich versuchte in ihrer Gegenwart, die Erzählungen meiner Weihnachtsferien, die ich bei meiner Oma in Tirol verbrachte – alles andere als glamourös –, so schön auszuschmücken wie möglich; ich ließ »Kitzbühel« möglichst oft fallen, obwohl meine Oma in einem Ort einige Kilometer von dort entfernt lebt. Ich fühlte mich nie cool. Ich war schon in der Grundschule nicht cool, und ich war während meiner restlichen Schulzeit nicht cool. Für mich schien es jedoch ein großer Erfolg zu sein, nicht mehr ständig gehänselt zu werden wie in der Grundschule, sondern mit ihnen, der coolen Gruppe, im Klub gesehen zu werden. Ich erinnere mich genau, trotz des hohen Alkoholspiegels, an diese Momente in den Nachtklubs, in denen der Wohlfühlfaktor bei null lag, ich aber permanent mit zusammengepresstem Kiefer dastand und unsichere Blicke in die Gegend streute. Ich versuchte um jeden Preis die Aufmerksamkeit von männlichen Altersgenossen zu erhaschen, wünschte mir nichts sehnlicher als einen lieben Freund. Es sollte noch bis zu meinem 23. Lebensjahr dauern, bis ich jemanden traf, der an einer ernsthaften Beziehung mit mir interessiert war. Bis dahin hatte ich es, milde gesagt, nur mit Hohlköpfen zu tun. Ich wurde selten angesprochen, doch wenn es mal passierte, war ich außer mir. Ich ging nach Hause, mit warmen Händen und großen Augen – jemand hatte MICH gesehen! Meistens gingen die Storys dann so aus, dass man sich ein-, zweimal traf, der Junge versuchte, mich ins Bett zu kriegen, und wenn er es schaffte, war sein Interesse plötzlich verflogen. Schaffte er es nicht, war das Interesse, oder eher der Kampfgeist, auch irgendwann verflogen. An Abenden, an denen ich nach Hause kam und keinen Erfolg beim männlichen Geschlecht hatte, war ich beschwingt, weil ich doch irgendwie einen schönen Abend verbracht und der Türsteher mich reingelassen hatte, und etwas betrübt, weil ich wieder mal ungesehen im Schatten der Seidenhaar-Pferde-Mädchen stand.

Ich weiß nicht, wie viele unzählige Male ich an einem Sonntag aufwachte und mich schlichtweg einsam fühlte. Ich fühlte mich klein, ungesehen. Ich spürte, dass die Clique oberflächlich war und ich einfach nie dazugehören würde.

Es sollte noch viele Jahre dauern, bis ich für mich schlussfolgerte: Versuch nicht, mit den coolen Menschen abzuhängen, such dir die Warmherzigen. Irgendwann wurde mir bewusst, dass Klubs und Alkohol nicht mein Wohlfühlambiente darstellen, sondern ein Spieleabend mit kreativen, warmen Menschen und einem Glas Kombucha und Chips viel mehr das ist, was mein Herz und meine Seele glücklich und zufrieden macht. Viele würden nun damit argumentieren, dass es das Alter sei, dass mich schlichtweg träger und fauler gemacht hat – so ist es aber nicht. Ich war erst 22, als ich einmal wieder einige Monate voller Partys hinter mir hatte und beschloss, ganz alleine zu meinem Geburtstag in eine Bergtherme zu fahren. Ich war keine 40-jährige Bestsellerautorin auf Selbstfindungstrip, sondern eine sehr junge Frau, die ihr ganzes hart verdientes Geld zusammenkratzte, um mit ihrem VW des 1992er-Baujahres in die Berge zu fahren, um dort alleine (!) ihren 23. Geburtstag zu verbringen (und den Altersdurchschnitt der anderen Hotelgäste drastisch zu senken). Ich hatte schon immer ein Bedürfnis nach Wärme, nach bedeutender Verbindung, nach Erleben, nach Natur – das Alter hat mir nur den Mut gegeben, diese Bedürfnisse wahrzunehmen und zu respektieren. Manche 18-Jährige haben bereits den Mut, andere, und ich gehörte dazu, nicht. Mir die warmherzigen Menschen statt die coolen Menschen zu suchen, war eine der wichtigsten Lektionen, die ich mitnahm in den letzten drei Jahrzehnten.

Ich kenne viele Gleichaltrige, die nach wie vor viel Wert darauf legen, in welche Klubs sie mit wem gehen, und das ist völlig legitim. Wenn Coolness dein Bedürfnis ist, es dich erfüllt und glücklich macht, dann spricht absolut nichts dagegen. Leben und leben lassen – meine Lebenslektion mag völlig verkehrt für jemanden sein, der Brettspiele von Herzen hasst und von Kombucha schreckliche Blähungen bekommt. Für mich jedoch ist es wunderschön, dass ich nach all den Jahren keinen Abend mehr in einem unbequemen Kleid im Klub verbringen muss. Für mich ist es heute aber nicht mehr cool, mich in einem Klub mit einem überteuerten Getränk sehen zu lassen, mich verstellen zu müssen. Empathische und einfühlsame Menschen stehen für mich an erster Stelle. Es ist witzig, denn fast alle Menschen in meiner näheren Umgebung waren immer »Außenseiter«; zu sensibel, zu dick, zu dünn, einfach anders. In ihrer Brust schlägt jedoch das größte Herz von allen. Von meiner Freundin Sophie, die eine super erfolgreiche Frau in der Werbebranche ist und die ich schon mein halbes Leben lang kenne, bis hin zu meiner Freundin Jacqueline, die als Sozialarbeiterin eine Lebenskrise nach der anderen bewältigt – ich bin umgeben von starken, warmherzigen Menschen, vorrangig Frauen, mit denen ich gerne Zeit verbringe. Um mit den Worten von Matt Haig, einem meiner Lieblingsautoren, abzuschließen: »Never be cool. Never try and be cool. Never worry what the cool people think. Head for the warm people. Life is warmth. You'll be cool when you're dead.«

4. Was würde ich tun, wenn ich keine Angst hätte?

»Was wäre, wenn das Wörtchen wenn nicht wär?« Ein Großteil unserer Leben dreht sich um den Konjunktiv. Das Leben unter Umständen, das Leben in einem rein hypothetischen Kontext. Was würdest du tun, wenn du mutiger wärst? Was wäre deine Priorität, wenn du mehr Macht hättest? Vor einigen Jahren las ich ein Buch mit dem Titel *Who Moved My Cheese*; in der deutschen Übersetzung *Die Mäusestrategie für Manager*. In dem Buch geht es um zwei Mäuse und zwei Minimenschen, die in einem Labyrinth leben. Die Mäuse suchen den Käse mit Instinkt, die Minimenschen gehen strategischer vor. Immer wieder werden die Bewohner*innen des Labyrinths vor neue Herausforderungen und Veränderungen gestellt. Manchmal finden sie Käse, manchmal nicht. Die Mäuse sorgen meistens gut vor, suchen auch Käse nach einem großen Käsefund – um sicherzugehen, dass langfristig genug da ist. Die Menschen hingegen tappen oft in die Falle, sich auf ihrem Erfolg auszuruhen. Dann streiten sie, weil sie sich uneinig sind. In dem Buch geht es vor allem darum, wie Menschen mit Veränderung und ungewissen Situationen umgehen. Die Komfortzone und Verbissenheit sind große Themen der Mäusestrategie. Ein Satz in dem Buch prägte mich besonders: »Was würdest du tun, wenn du keine Angst hättest?«. Eine sehr banale, fast schon kitschige Frage! Doch mal ganz ehrlich: Was würdest du denn wirklich tun, wenn du keine Angst hättest? Einige Antworten, die ich in diversen Foren zu der Frage fand, waren:

Ich würde ein Buch schreiben.
Ich würde Hüttenwirtin werden.
Ich würde meinen Job hinschmeißen und eine Ausbildung zur Hebamme machen.
Ich würde gerne mit Yoga anfangen.
Ich würde alleine verreisen.
Ich würde mich selbstständig machen.
Ich würde eine Band gründen.

Es ist erstaunlich, denn viele der Dinge, die da stehen, sind keine Fragen, bei denen es um Leben und Tod geht. Klar, die Angst ist oft sinnvoll, zum Beispiel, wenn wir vor einer Klippe stehen und uns Lebensbedrohliches bevorsteht. Doch eine Band zu gründen oder mit Yoga anzufangen – was gibt es hier Großes zu verlieren? Manche Vorhaben sind mit finanziellem Risiko verbunden und müssen von langer Hand, gut durchdacht und professionell umgesetzt werden. Doch auch das ist machbar, selbst wenn ein potenzielles Risiko dabei ist.

Es gibt Situationen, in denen es sehr sinnvoll ist, sich zu fragen: Was würde ich tun, wenn ich keine Angst hätte? Bei mir waren es Bereiche wie das Gründen eines eigenen Modelabels, das Schreiben eines Buches, das Reisen in Kriegsgebiete oder meine sehr frühe Selbstständigkeit. Hätte die Angst gesiegt, würdet ihr nicht von mir lesen. Wovor du Angst hast, ist meist gar nicht so schlimm wie das, was du dir vorstellst. Unsere Angst spielt sich nur in unserem Kopf ab. Es wird Zeit, der Angst gegenüberzutreten und sie auf ein wichtiges Gespräch einzuladen.

Was wir brauchen, ist Mut

Vor einiger Zeit war ich zu einer Veranstaltung zu dem Thema Courage eingeladen. Die Veranstalterinnen fanden, ich sei der perfekte Gast für den Abend, und luden mich als Rednerin ein. Im Zuge meiner Recherche stieß ich auf folgende Definition von Courage: »Courage ist nicht die Abwesenheit von Angst, sondern das Handeln, obwohl Angst präsent ist.« An dem Abend saßen viele Personen aus Führungspositionen, angefangen vom Fast-Food- bis Mobilfunk-Konzern, vor mir. Der Punkt, der mir wichtig war zu vermitteln, lautete: Mutig zu sein bedeutet nicht, furchtlos durch die Welt zu gehen. Es bedeutet, trotzdem aufzustehen und zu sehen, was passiert. Ob ich mich fürchtete, als ich unserem Bundesministerium einen öffentlichen Brief schrieb, um einer irakischen Familie zu helfen? Natürlich! Ob es mich einschüchterte, als ich in München einen Polizisten und seine Kollegin darauf hinwies, dass es fremdenfeindlich sei, zum Mann vor ihnen »dein Polnisch geht mir am Sack« zu sagen, und plötzlich einen 1,80 Meter großen Polizisten direkt vor mir aufgebaut zu sehen, der mir mit Konsequenzen drohte? Ja, klar! Ich rief trotzdem anschließend beim Polizeipräsidium an, um die Handlung zu melden. Ob es mir Angst machte, als ich bereits mehrmals für meine Reisen an Orte wie den Gaza-Streifen, die Ukraine oder den Irak eine Kriegsrisikoversicherung abschließen oder Dokumente unterzeichnen musste, mit denen ich bestätigte, dass ich im Falle meines Ablebens keinen Anspruch hätte, dass meine Leiche nach Hause transportiert würde? Und wie! Und ob es mir Angst machte, als ich zum ersten Mal eine schusssichere Weste und einen schusssicheren Helm anzog? Definitiv. Ich habe viel Respekt vor irrsinnig vielen Dingen, die ich tue. Doch ich versuche, Mut zu kultivieren, denn

Mut kann unsere Tür zu so vielem sein. Perspektivenwechsel, Wachstum, Veränderung, Verletzlichkeit, Hilfsbereitschaft, Zivilcourage, Einsatz, Aktivismus, Solidarität und Loyalität: Sie alle setzen Mut voraus.

»Es ist nicht der Kritiker, der zählt, nicht derjenige, der aufzeigt, wie der Starke gestolpert ist oder wo der, der Taten gesetzt hat, sie hätte besser machen können. Die Anerkennung gehört dem, der wirklich in der Arena ist; dessen Gesicht verschmiert ist von Staub und Schweiß und Blut; der sich tapfer bemüht; der irrt und wieder und wieder scheitert; der die große Begeisterung kennt, die große Hingabe, und sich an einer würdigen Sache verausgabt; der, im besten Fall, am Ende den Triumph der großen Leistung erfährt; und der, im schlechtesten Fall des Scheiterns, zumindest dabei scheitert, dass er etwas Großes gewagt hat ...«

Dieses Zitat von Theodore Roosevelt kommt nicht nur in Brené Browns Buch *Verletzlichkeit macht stark*, sondern auch in ihrem zweiten TED Talk vor. Ich könne ganze Bücher füllen mit den Hassbotschaften und Verurteilungen, die Menschen mir schicken. Täglich könnte ich, wenn ich wollte, mich für meine Taten rechtfertigen oder Menschen erklären, dass ihre willkürlichen Annahmen über meine Person reine Projektion sind. Doch ich möchte meine Kraft und Zeit den Menschen widmen, die sich in die Mitte der Arena stellen. Die aufstehen, etwas sagen, Mut zeigen. Serena Williams sagt in einer Werbung, dass sie, wenn sie auf eine Einladung gewartet hätte, nie aufgefallen wäre. Und wenn sie auf die Veränderung gewartet hätte, hätte sie nie einen Unterschied gemacht. Serena Williams gehört zu den mutigen Frauen, die nicht höflich in der

Ecke gewartet haben, sondern aufgestanden sind. Sich sichtbar gemacht haben. Es gehört kein Mut dazu, einen anonymen Hasskommentar zu verfassen, und es ist definitiv nicht mutig, einfach mit dem Finger zu zeigen. Mutig sind die Menschen, die ihre Angst nicht auf andere projizieren, um sich so von ihr zu entledigen, sondern trotz Angst aufstehen, um die Welt zu verändern. Und mit Welt verändern meine ich, dass man die Welt auch im Kleinen verändern kann.

Als ich 13 Jahre alt war, wurde ich von einem Auto angefahren, und damit mein offener Knöchelbruch wieder heilen konnte, musste ich sechs Wochen lang einen Gips tragen. Als ich mit meiner Mutter zum ersten Gipswechsel ins Krankenhaus kam, hatte ich höllische Schmerzen beim Aufschneiden des alten Gipses. Die Wunde darunter war noch nicht verheilt, und ich schrie auf, so wehtat es. Der behandelnde Arzt bagatellisierte meinen Schmerz und gab einen herablassenden Kommentar von sich, ich solle mich nicht so anstellen. Meine Mutter hätte eingeschüchtert sein können. Der Arzt war in der Machtposition, laut Papier wusste er, was er tat. Dennoch: Ohne zu zögern wies meine Mutter ihn zurecht. Sie erinnerte ihn daran, dass Schmerzempfinden subjektiv und ich ein Kind sei. Für mich persönlich hat dieser Akt von Mut, den meine Mutter an dem Tag gelegt hat, meine Welt verändert. Diese Situation von wenigen Sekunden, die so klein und banal scheinen mag, hat mir in einer Situation, die traumatisierend war, Kraft und Stärke für mein ganzes weiteres Leben mitgegeben. Hätte meine Mutter in dieser Situation nichts gesagt, hätte ich vermutlich klammheimlich gelitten, mich klein und zimperlich, wertlos und ungehört gefühlt. Ich hätte diese Gefühle vielleicht mein Leben lang mitgenommen, sie auf Mitmenschen projiziert, mich defensiv oder neurotisch verhalten.

Denk einmal darüber nach: Wann warst du zuletzt richtig mutig, und wie hast du dich danach gefühlt? Und wie fühlst du dich, wenn du der Angst zu viel Platz einräumst und nicht für das einstehst, was dir wichtig ist? Natürlich meine ich mit meinem Appell zu mehr Mut nicht, dass wir alle gedankenlos von Klippen springen sollten. Ein gesundes Maß an Einschätzung für die Situation und das Bewahren der eigenen Unversehrtheit haben immer oberste Priorität. Doch oft haben Gefahren, die wir als solche wahrnehmen, gar nicht so ein großes Potenzial, wirklich gefährlich zu sein. Es ist nicht lebensbedrohlich, einen patzigen Arzt an Empathie zu erinnern, und unserem Schwarm zu gestehen, wie wir wirklich fühlen, wird uns kein Gliedmaß kosten. Gefahr neutral und realistisch einzuschätzen bedeutet, den Weg für Mut und Courage frei zu machen. Ängste sind berechtigt! Mutig zu sein bedeutet, »Ich liebe dich« zu sagen, auf die Gefahr hin, dass man es nicht zurückgesagt bekommt. Es bedeutet, »Ja« zu sagen, wenn die ängstliche innere Stimme sagt: »Dafür bist du nicht gut genug, du wirst schon sehen!« Mutig zu sein bedeutet, dem eigenen Herzen zu folgen, auch wenn die Angst probiert, den Weg zu versperren. Die Menschen, die sich trotz Furcht in die Mitte der Arena stellen und ihr Bestes geben, sind die Menschen, die Großes bewegen können. Selbst wenn sie scheitern.

Was wir brauchen, ist Wut

In ihrem TED Talk *The power of women's anger* erklärt Soraya Chemaly, dass sie immer davon ausging, ihre Wut würde sie unsympathisch und unhöflich wirken lassen. In diesem Talk erzählt sie, was Millionen von Frauen täglich spüren: Wut ist eine Emotion, die das weibliche Geschlecht unausgesprochen lassen soll. Männern scheint Wut eher erlaubt zu sein, es macht uns entweder Angst oder gibt den Anschein, hier stehe ein Mann, der weiß, was er will. Ein Mann, der für Gerechtigkeit kämpft. Oder ein Mann, der kriminell ist, vor allem, wenn der Wütende ein Mann mit dunkler Hautfarbe ist. Das Traurige daran ist, dass es von Männern erwartet wird, wütend zu sein. Strenge Vorstellungen und Normen von Männlichkeit sind genauso erstickend wie die Absenz von Emotionen. Aggression und Wut sind Anzeichen für echte Männlichkeit, Einfühlungsvermögen und Angst hingegen sind weiblich attribuierte Eigenschaften. Doch viel schlimmer als die Tatsache, dass Wut einen so stummen Teil unserer weiblichen Emotionspalette ausmacht: Wut von der Weiblichkeit zu trennen bedeutet, dass wir Mädchen und Frauen von der Emotion trennen, die uns vor Ungerechtigkeit schützt. Ich wage zu behaupten, dass die Trennung von Weiblichkeit und Wut sogar dazu dient, Frauen systematisch ruhig und unter dem Radar zu halten. Eine Frau, die keine Wut empfindet, wird auch nicht zur Gefahr, sie kann nichts an der eigenen, ungerechten Realität ändern. Doch Wut ist ein wichtiger Katalysator! Die Wut ewig zu unterdrücken, wird uns erschöpft und krank machen. Denn lange an Ärger festzuhalten, statt ihm Luft zu geben, bedeutet, dass wir mit dem Umstand oder der Person, mit der wir verärgert sind, verbunden bleiben, und zwar auf eine ungesunde Weise. Wenn wir die Wut auf einen Ex-Partner ewig in uns behalten, geht es oft mit dem Irrglauben einher, dass genug aufgestaute Wut die andere Person irgendwann erkennen lässt, dass sie uns verletzt hat. Diese Fantasie, dass die Wut an sich, ohne dass wir sie in etwas Konstruktiveres umwandeln, für Gerechtigkeit sorgt, sollten wir aufgeben. Die

Wut als Auslöser und Weg für Veränderung zu sehen, ist eine wichtige Erkenntnis. Wir können und müssen Wut, nachdem wir sie rauslassen, in etwas verwandeln, was Leben spendet: Gerechtigkeit, Mitgefühl, Veränderung. Wir müssen schauen, was unter der Wut liegt. Trauer, Scham, Reue – um nur ein paar Möglichkeiten zu nennen. Was fühlen wir, wenn Wut aufkommt, und wieso fühlen wir es? Stattdessen lernen vor allem Frauen, sich auf die Zunge zu beißen, die Trauer, Scham, Reue, das Gefühl von Ungerechtigkeit runterzuschlucken. Ein anständiges Mädchen schreit nicht, es brüllt nicht, es ist brav. Was wir bei kleinen Jungs als wild und temperamentvoll abtun, ist bei Mädchen eine Eigenschaft, die wir nicht sehen wollen. Niemand mag zickige, laute, wütende Frauen – oder? Lieber wählen viele Frauen den Weg der Demütigung, statt als die unsympathische Furie angesehen zu werden, die ihrem Unmut Luft macht. Wir lernen uns unterzuordnen, manchmal subtiler als wir denken. Wenn wir bei einer Baustelle vorbeigehen und uns nachgepfiffen wird, entscheiden wir uns oft, es zu ignorieren. Was als Akt des Stolzes scheint, ist jedoch nur ein Runterschlucken des Stolzes, den wir nicht verteidigt haben.

#metoo hat gezeigt, wie viel Wut in Frauen steckt und wie lange Frauen diese Wut hinuntergeschluckt haben. Es hat gezeigt, dass wenn wir unsere Wut verstecken, es zu einem Nachteil führt. Es führt dazu, dass Ungerechtigkeit sich still verbreiten kann, wie eine Schweigefolie, die über unsere Wut gelegt wird. Die Angst, die so viele Frauen haben, wenn es um das Aussprechen ihrer Wut geht, liegt meist in einem etwaigen Spott begründet, der ihnen eventuell bevorsteht: »Beruhige dich!«; »Hast du deine Tage?«; »Wieso so zickig?« – das sind nur einige Dinge, die ich regelmäßig von Online-User*innen zu hören bekomme, wenn ich wütend bin. Meine Wut wird automatisch auf meine Person und meine Identität zurückgeführt statt auf den Sachverhalt. Und so ist es oft bei uns Frauen: Eine inhaltliche Aussage oder Leistung wird auf unser Aussehen oder unsere Sexualität übertragen. Frauen im Sport werden viel seltener auf ihre Leistung angesprochen als ihre männlichen Kollegen. Viele Untersuchungen ergaben, dass Athletinnen in Interviews sehr häufig auf ihre romantische Beziehung, den neuen Haarschnitt oder andere Dinge, die nichts mit ihrer athletischen Leistung zu tun haben, angesprochen werden. Erst kürzlich wurde Ada Hegerberg bei der Fußball-Preisverleihung mit dem Ballon d'Or ausgezeichnet. Als sie den Preis entgegennahm, fragte der Moderator, ob sie denn wisse, wie man twerkt. Hegerberg verneinte kühl und blickte kurz betreten zu Boden, drehte sich dann weg. Ihre Körpersprache sagte in meinen Augen mehr, als sie aussprach. Denn ihr Mund sagte bloß höflich: »Nein.«

Als Frauen lernen wir, dass die weibliche Qualität eine ist, die Frieden bewahrt. Wir Frauen sind mütterlich, sanft, beruhigend und einsichtig. Wir schauen drauf, dass es allen gut geht, dass ja keine schlafenden Hunde geweckt oder große Aufmerksamkeiten erregt werden. Wir sind die, die mit Vernunft und Einsicht gesegnet sind, deswegen liegt es auch an uns, nicht wütend zu werden. Wir schaffen uns Unwohlsein, indem wir denken, dass unsere Rolle darin besteht, andere vor Unbehagen zu schützen. Wütend werden feurige Latinas oder verbitterte Mütterchen – auch über die lächeln wir etwas spöttisch. Laut gebrüllt habe ich lange nur unter Tränen in meine Kopfkissen. So, dass es niemand hört. Laut und inbrünstig brüllen – das tun höchstens Männer, wenn sie richtig wütend werden. Oder Gorillamännchen auf Balz. Als Frauen lernen wir, auch in kleinen, banalen, alltäglichen Situationen, unsere

Bedürfnisse anzupassen, um die Wogen glatt zu halten. Und oft untermauern wir damit aber einfach nur männliche Privilegien. Es mag so klingen, als würde diese Tatsache nur Frauen schaden. Doch sie kommt den Männern, die unsere Emanzipation genauso wollen wie wir, ebenso schlecht. Eine Frau, die nicht lernt zu artikulieren, wenn sie wütend ist, kann einem Mann auch nicht erklären, wo die Ungerechtigkeit liegt. Eine Frau, die ihre Emotionen wiederkäut, tut nichts anderes, als ein tief verankertes, brodelndes, grundlegend menschliches Gefühl zu ignorieren. Wut ist nicht gleich Aggression, denn die Wut ist das Gefühl, Aggression das Verhalten. Das Verhalten gilt es zu gestalten, nicht das Gefühl. Wir müssen aufhören, das Gefühl mit dem Verhalten zu vermischen und zu versuchen, Gefühle zu ändern. Gefühle kann man nicht ändern – sie sind uns mitgegeben, menschlich. Als Mensch fühlen wir die gesamte Palette: Trauer, Wut, Scham, Fröhlichkeit, Ekstase, Ekel, Langeweile, Freude. Es führt kein Weg daran vorbei, nur die positiv besetzten Gefühle zu fühlen und einen großen Bogen um die anderen zu machen. Ich sehe große Gefahr in diversen sogenannten Positivity Movements, die Menschen mittels Vier-Wochen-Programmen versprechen, nur glücklich und positiv zu sein. Das Gefährliche ist nämlich, dass diese Programme hauptsächlich Frauen ansprechen. Frauen mit dem inneren, tief verankerten Wunsch, niemals wütend und immer lieb sein zu wollen. Das Verlangen nach Anerkennung und die Angst vor Spott. Wir schämen uns für unsere Wut, unsere Trauer. So lange, bis sie uns krank machen.

Als Yogalehrerin, die sich pflanzlich ernährt und sich mit Achtsamkeit beschäftigt, habe ich es oft mit Menschen zu tun, die sehr erstaunt und verwundert sind über die Wut, die ich in mir trage. Ich stoße oft auf erschütterte Menschen, die mir folgen, weil sie glauben, bei mir würde sich alles um Positivität drehen. Optimismus und Liebe schließen Wut nicht aus – niemals. Denn die Wut ist mein Katalysator für so vieles! Aus meiner Wut und Verzweiflung entstand ein offener Brief an unser Bundesministerium, der 2015 so viral ging, dass viele Medien, auch außerhalb der Landesgrenzen, darüber berichteten. Meine Wut brachte mich schon oft dazu, auf sexistische oder rassistische Inhalte in der Werbung aufmerksam zu machen. Meine Wut führte dazu, dass ich beschloss, Ausbeutung von Arbeiter*innen, unter ihnen auch Kinder, im Textilbereich nicht mehr hinzunehmen. Meine Wut brachte mich dazu, mich für gequälte Tiere einzusetzen. Wut ist meine Emotion, Liebe meine Reaktion. Damit meine ich nicht, dass ich liebevoll, nett und gelassen reagiere – zumindest nicht immer. Damit meine ich, dass die Wut mir zeigt: Das ist ungerecht. Hier musst du etwas tun. Hier ist etwas, was du liebst, was dir wichtig ist, und dies gilt es zu beschützen. Ich liebe die Wälder, ihre Zerstörung macht mich wütend. Ich liebe Tiere, Massentierhaltung macht mich wütend. Ich liebe Kinder, und die Tatsache, dass wir ihnen einen kaputten Planeten hinterlassen, macht mich wütend.

Wütend zu sein bedeutet oft für das, was man liebt, einzustehen. Für die eigene und Gerechtigkeit anderer. Es ist okay, stark und laut »Nein« zu sagen, wenn es um Gewalt an Kindern geht. Es ist okay, sich aufzubäumen, wenn Bulldozer ein geschütztes Gebiet niederreißen wollen. Wenn wir anfangen, uns mit dem Unbehagen, das Wut in uns auslöst, anzufreunden, können wir endlich anfangen, mit dieser Wut zu arbeiten. Meine aktivistische Arbeit beruht auf Wut – aber ich mache etwas daraus. Ich sitze täglich am Tisch mit all meinen Emotionen, von Wut bis Gelassenheit, und setze sie als sinnvolle Arbeitskolleginnen ein. Niemand muss vor der Tür warten, niemand wird ausgeschlossen. Teamwork in uns selber besteht darin, tatsächlich das ganze Team am Prozess teilhaben zu lassen. Wer glaubt, dass mich dieser Ansatz pessimistischer gestimmt hat, der irrt. Meine Wut zu akzeptieren und emotionale Intelligenz darüber zu entwickeln, hat mich irrsinnig befreit. Es hat mir Optimismus gegeben, dass ich aus all meinen Gefühlen, auch denen, die ich als ungewollt eingeordnet hatte, etwas machen kann. Es hat mich kreativer und offener gemacht. Es hat mir selbst und anderen Menschen mehr Freiheit eingeräumt. Mir mehr Intimität und Zugang zu Lösungen gegeben. All das, was man früher als Kind an mir ersticken wollte (»Madeleine ist zu temperamentvoll« oder »Madeleine macht, was sie will«), ist heute ein Katalysator für mein Schaffen. Wenn ich zornig bin, dann will mir dieser Zorn was sagen. Wenn ich aufmerksam bin, dann will mir diese Aufmerksamkeit was sagen. All die Gefühle, die auftauchen, haben etwas zu sagen. Sie wollen gehört werden.

Während einer Anhörung des Ausschusses hielt die amerikanische Demokratin Alexandria Ocasio-Cortez im März 2019 eine Rede, die unter die Haut ging: »Sie möchten den Menschen sagen, dass ihr Wunsch nach sauberer Luft und sauberem Wasser elitär ist? Erzählen Sie das den Kindern in der South Bronx, die an Asthma im Kindesalter am meisten leiden. Die Leute sterben!« Ocasio-Cortez redete frei von Herzen. Sie verhaspelte sich nicht, ihre Lippen bebten, sie hielt Augenkontakt mit den Menschen um sich herum. Ich habe selten eine so wütende, determinierte Frau gesehen. Als ich das Video zum ersten Mal sah, hatte ich sofort Gänsehaut. Ich wollte aufstehen, jubeln, klatschen, ihr beipflichten. Ich konnte kaum glauben, wie mich diese Frau mit einer Rede, die weniger als drei Minuten dauerte, in ihren Bann zog. Hier war eine wütende Frau, die die Ungerechtigkeit nicht länger hinnahm. Alexandria Ocasio-Cortez ist für mich eine Frau mit starkem weichem Herzen. Sie brüllt, ohne Gewalt anzuwenden. Sie ist wütend, und sie macht etwas daraus. Sie steht auf, sie steht für das, was sie liebt, ein. Ähnlich ging es mir bei den Erdgesprächen in Wien im Jahr 2018. Dort stand Eryn Wise, eine Aktivistin, die gegen die Dakota Access Pipeline protestierte. Das Land, auf dem die Pipeline verlegt werden sollte, war das Land ihrer Vorfahren, der Jicarilla Apache Nation und der Laguna Pueblo People. Die Protestbewegung etablierte sich innerhalb weniger Wochen zu einem der größten Umweltproteste in der Geschichte der Vereinigten Staaten. Eryn Wise war dabei, als auf ihre friedlichen Proteste mit Wasserwerfern, Tränengas und Gummigeschossen geantwortet wurde. Ihr Talk, der weniger als 30 Minuten dauerte, rührte mich zu Tränen. Eryn ist eine der beeindruckendsten wütenden Frauen, die ich je getroffen habe. Und sie ist gleichzeitig herzlich, liebevoll und warm. Stark und weich, entschieden und sanft, robust und liebevoll – all das sind keine Gegensätze, sondern Eigenschaften von Menschen, die Großes bewegt haben.

Ich habe aufgehört, mich für meine Wut zu schämen – sowohl online als auch offline. Und genau das solltest du auch tun. Wer lächelt, darf auch brüllen. Liebe steckt in Wut. Auch, wenn wir es auf den ersten Blick nicht sehen.

Manchmal muss man loslassen

Oft geben wir Dingen mehr Gewicht oder Bedeutung, als sie verdienen. Was wiederum dazu führt, dass wir sie nicht loslassen können. Das fängt schon bei kleinen Dingen an.

Nämlich all den materiellen Besitztümern und Objekten, denen wir unsagbaren emotionalen Wert zuschreiben. Menschen, die besonders an materiellen Dingen hängen, leben dann oft in Wohnungen und Häusern, die bis oben hin vollgeräumt sind. Dann lesen sie vielleicht irgendwann mal ein Selbsthilfebuch, misten aus und lassen alles los, dem sie zuvor noch so viel Bedeutung beigemessen haben. Auf komplexerer Ebene kann es aber vor allem um Beziehungen, Vorstellungen zu Moral und Tradition und Jobs gehen. Eine spezifische Vorstellung davon, wie eine romantische Partnerschaft oder der Kuchen, den man gerade gebacken hat, aussehen soll, loszulassen, ist durchaus herausfordernd. Als Extrembeispiel zum Loslassen könnte man das überzogene Szenario der Klippe wählen. Wenn du an einer Klippe hängst, fällt dir Loslassen oder Festhalten schwerer?

Ich habe eine Freundin, die eine sehr genaue Vorstellung davon hatte, wie ihr zukünftiger Ehemann aussehen sollte. Groß, braun gebrannt, Surfermähne, am besten ein kreativer Dokumentarfilmer oder investigativer Journalist. Bis sie eines Tages einen Mann kennenlernte, der das Gegenteil davon war: klein, eher blass, dunkles Haar. Er hatte damals einen relativ unaufregenden Bürojob in einem 0815-Konzern. Doch die beiden verstanden sich auf Anhieb blendend: Sie klickten intellektuell und teilten denselben Humor; ein zwischenmenschlicher Jackpot. Doch schnell zweifelte meine Freundin an diesem Mann, der auf Papier nicht das war, was sie sich in ihrer Vorstellung zurechtgezimmert hatte. »Er ist eigentlich perfekt, aber …«, begannen die Sätze, meistens gefolgt von oberflächlichen Bekundungen, wieso es eigentlich nicht klappen könnte zwischen den beiden. Nun stand diese Freundin vor einer Entscheidung: festhalten oder loslassen. Festhalten an der

171

Vorstellung, dass ihr Traummann 1,80 Meter groß sein sollte, oder erkennen, dass ein paar Zentimeter keinen liebevollen Charakter ersetzen. Festhalten an der Vorstellung, dass ihr Zukünftiger ein kreativer Freiberufler sein wird, oder einsehen, dass der Beruf eines Menschen oft wenig über dessen Wesen aussagt. Heute ist meine Freundin glücklich mit diesem Mann, denn sie hat sich getraut und all die tollkühnen Bilder, die sie im Kopf hatte, gegen etwas Unerwartetes eingetauscht.

Ähnlich ging es mir sehr oft im Urlaub. Ich buchte eine Reise, und angekommen, war alles anders als erwartet. Das Zimmer kleiner als auf den Fotos, das Wetter miserabel. Je konkreter meine Vorstellung war, desto größer war oft die Enttäuschung. Seither habe ich mir angewöhnt, relativ erwartungslos in den Urlaub zu fahren – offen für alles, was kommen möge. Hier steckt es auch schon, das Wort, das so oft im Zusammenhang mit Loslassen fällt: Erwartungen. Wir tragen mentale Bilder mit uns herum, die uns aufzeichnen, wie die Dinge laufen sollen. Und Erwartungen haben somit einen enormen Einfluss darauf, wie wir auf das reagieren, was mit uns geschieht. Wenn Probleme auftauchen, das Hotelzimmer eigentlich eine schäbige Bude ist und der Partner es nicht schafft, uns täglich überglücklich zu machen, zeigt sich sehr schnell, wie unsere Erwartungshaltung unser Leben beeinflusst. Reaktion (oder auch Nichtreaktion) zeigt uns, wie schwer oder leicht es uns dann fällt, diese Erwartungshaltung zu verabschieden oder vielleicht eine Spur runterzuschrauben. Wir starten Beziehungen mit dem Entdecken von Gemeinsamkeiten, den schönen Seiten der anderen Person, und sind oft enttäuscht, wenn nach einigen Monaten der Beziehung Charakterzüge oder Eigenschaften auftauchen, die wir nicht so gut finden. Wir ziehen daraus den Schluss, dass wir besonders viel Pech haben.

Nun bin ich kein sonderlich rationaler Mensch, aber wenn es einen Lebensbereich gibt, in dem ich probiere, rationaler und nüchterner auf die Dinge zu blicken, dann sind es meine Erwartungen und meine Tendenz, an Dingen festzuhalten, die ich eigentlich loslassen könnte und sollte. Oft spulen sich beim Nichteintreffen einer Erwartung Sätze wie »Immer sitze ich in vollgepackten Zügen auf dem Weg in den Urlaub« oder »Mein Partner ist echt der Einzige, der so unsensibel reagiert« ab. Hört sich pessimistisch an und ist es oft auch!

Besonders häufig erlebe ich es bei meinem Modelabel. Wir bekommen häufig E-Mails von Kund*innen, deren Erwartung an das Kleidungsstück nicht erfüllt wurde. Mal lässt es sie unvorteilhaft aussehen, mal ist es die Farbe, die nicht gefällt. Wir nehmen Qualitätsmängel oder Beschwerden sehr ernst, dennoch finden sich zwischendurch immer wieder persönliche Befindlichkeiten, die wenig mit dem Kleidungsstück zu tun haben. So ist es absolut inakzeptabel, wenn wir der Kundin irrtümlich das falsche Kleidungsstück schicken. In meiner Macht steht allerdings nicht, ob der Kundin die Farbe des Pullis steht. Oft merke ich dann: An das Kleidungsstück wird eine Erwartung geknüpft, die ein Kleidungsstück nicht erfüllen kann. Ein Pulli kann niemals Probleme lösen, die man mit dem eigenen Aussehen hat. Dann versuche ich, mich immer daran zu erinnern, dass wir Menschen, inklusive mir, mit diesen Bildern durchs Leben laufen. Wir stellen ernüchtert fest, dass das bestellte Kleid an uns nicht aussieht wie am Model im Webshop und dass wir uns in einem oversized T-Shirt nicht so wohlfühlen wie das Mädchen auf dem Bild auf Instagram. Dabei wollten wir doch genau das! Den Sonnenschein, die braun gebrannte Haut, die Strandszenerie, die auf dem Instagram-Bild mit dabei war ... Es ist verdammt trügerisch und verdammt ernüchternd.

Nun haben wir immer die Wahl: festhalten oder loslassen. Und einfach ist diese Entscheidung nie. Das T-Shirt-Beispiel mag einfach zu beantworten sein, doch es gibt weitaus existenziellere Entscheidungen. Bleibe ich in einer Ehe von zwanzig Jahren, oder gehe ich, obwohl wir ein gemeinsames Leben mit Kindern aufgebaut haben? Kündige ich diesen Scheißjob, obwohl er gut bezahlt ist und meine Existenz sichert? Gehen ist immer leichter, wenn eine Alternative aufscheint, und seien wir doch einmal ehrlich: Den Partner zu verlassen ist auch dann leichter, wenn wir uns bereits in jemand Neuen verliebt haben und vollgepumpt mit Hormonen sind.

Es gibt keine einfachen Antworten, wenn es um das Loslassen geht. Denn jeder Lebensbereich ist individuell und stellt unterschiedliche Herausforderungen an uns. Mir fiel es zum Beispiel verhältnismäßig leicht, aus romantischen Beziehungen zu gehen, schwerer aber aus beruflichen Angelegenheiten. Nur weil du gut im Ausmisten bist und emotional aufgeladene Gegenstände loslassen kannst, heißt das nicht, dass du in anderen Lebensbereichen nicht unfassbare Angst vor dem Sprung ins Ungewisse hast. Oft bedeutet es aber, sich die Frage zu stellen: Kann mich nur diese Sache oder Person glücklich machen? Oder gibt es Alternativen? Ist es wirklich realistisch, dass ich NIE wieder glücklich sein werde, wenn ich meine Beziehung beende oder meinen Job kündige? Differenziert auf die Dinge zu blicken, ist hier essenziell. Verabschieden solltest du dich auch von der Vorstellung, dass Loslassen einfach ist. Nur weil man eine Sache oder einen Menschen gehen lässt, heißt es nicht, dass dieser einem egal ist. Oft wünscht man sich etwas oder jemanden aus seinem Leben weg, ohne dass diese Sache oder dieser Mensch unwichtig für einen ist. Wir sind ja keine emotionslosen Monster! Dinge oder Menschen loszulassen, bedeutet nicht unbedingt, dass man sie loswerden will, sondern dass man sie einfach mal sein lässt. Ohne weiter dran zu rütteln, zu schütteln.

Unser Leben verläuft eigentlich nie so, wie wir uns das vorstellen. Manchmal auf trivialerer Ebene, indem wir nur in das Shirt in Größe L statt S passen oder das Hotelzimmer nicht so aussieht wie auf den Fotos. Auf weniger trivialer Ebene sterben Menschen, die unser Ein und Alles sind, oder Partner*innen verlassen uns plötzlich. Wir identifizieren uns mehr als uns lieb ist über unseren Beruf, die Partnerschaft, die Dreizimmerwohnung, den Erfolg. Und die Angst, etwas davon freiwillig oder unfreiwillig loszulassen, bringt auch die Angst, unsere gesamte Identität zu verlieren. Ich denke dabei immer an buddhistische Mönche, die alle Besitztümer aufgeben, asketisch ohne jeglichen Luxus leben. Einen Identitäts-Striptease hinlegen, indem sie sich von allem trennen, das ihr Selbstbild formt: Job, Beziehungen, Besitztümer, Glauben, Vorstellungen. Oder Menschen, die umgekehrt aus Religionsgemeinschaften aussteigen, trotz des Drucks. Die sich von allem trennen, was sie als Menschen definiert hat, allem voran ihr Glaube und die Zugehörigkeit zu einer Religion. Am Ende meiner Yogastunden las ich oft und gerne folgende Geschichte vor:

»Ein junger und ein alter Mönch laufen einen Pfad entlang. Sie kommen zu einem Fluss mit starker Strömung. Als sie sich bereit machen, ihn zu überqueren, sehen sie eine hübsche junge Frau, die nicht ans andere Ufer gelangt. Sie bemerkt die Mönche und bittet sie um Hilfe. Der alte Mönch nimmt sie auf die Schulter und trägt sie über den Fluss. Sie bedankt sich und geht ihrer Wege. Der junge Mönch ist sauer. So richtig sauer. Stunden später ist er noch immer sauer. Der alte Mönch fragt

ihn, was los ist. ›Als Mönchen ist es uns nicht erlaubt, junge Frauen anzufassen! Wie konntest du sie über den Fluss tragen?‹ Der alte Mönch antwortet: ›Ich hab die Frau vor Stunden am Ufer gelassen, aber wie's aussieht, trägst du sie noch immer mit dir herum.‹«

Ich las die Geschichte vor, um meine Schüler*innen daran zu erinnern, dass Loslassen ein Prozess ist, dem wir uns stellen müssen. Früher oder später werden wir vor die Herausforderung gestellt loszulassen, woran wir glauben, woran wir stur festhalten und was uns in Leid verstrickt. Oft halten wir ja auch so lange an unserer Wut einem Menschen gegenüber fest in der Hoffnung, dass das Festhalten irgendwann eine Entschuldigung oder Gerechtigkeit zollen wird. Doch oft ist es genau umgekehrt: Erst wenn wir loslassen, kann die Wunde richtig heilen. Eine spezielle Erwartungshaltung impliziert immer, dass andere Menschen sich so zu verhalten haben, wie wir uns das wünschen. Doch manche Menschen werden sich nie bei uns entschuldigen, manche Beziehungen gehen einfach im Streit auseinander.

Vielleicht kannst du dir, wenn dieses Thema dich anspricht, eine eigene Taktik überlegen. Sei es im Anlegen eines Fragenkatalogs (»Was würde ich tun, wenn ich keine Angst hätte?«; »Habe ich mehr zu gewinnen oder zu verlieren, wenn ich gehe?«) oder durch das Ausleben eines persönlichen Loslassrituals (du darfst so wütend sein, wie du willst, stecke nur deine Wohnung nicht in Brand). Mir persönlich hilft genau die Mischung aus diesen beiden Taktiken. Einen Schritt zurück zu machen und es differenziert anzugehen. Dann aber auch meinen Gefühlen und Emotionen Raum zu geben. Vor ein paar Jahren stand ich vor einem großen Verlust: Mein Vater brach zu uns Kindern den Kontakt ab und enterbte mich. Es waren Monate des Streits, die in einem endgültigen Rückzug seinerseits endeten. Ich habe seit genau drei Jahren keinen Kontakt mehr zu ihm, und es war notwendig loszulassen. Ich wollte so sehr, dass wir uns wieder versöhnen, und ich will es immer noch. Dennoch musste ich loslassen und seine Entscheidung akzeptieren: Er will einfach nichts mehr mit uns zu tun haben. Es brachte in der verfahrenen Situation nichts, weiter an eine Lösung zu glauben, denn die gab es zu dem Zeitpunkt nicht. Er erwartete Dinge von mir und meinem Bruder, die wir nicht erfüllen konnten. Im Gegenzug konnte er unsere Erwartung ihm gegenüber nicht erfüllen. Wir mussten beide loslassen, unser Leben weiterleben. Dein und mein Lebensbaum verliert Blätter, das ist der Lauf der Natur. Und das Schöne an der Natur und an unseren Leben ist aber dann, dass jeden Frühling neues Leben erwacht und etwas Neues wächst.

Während ich das vorangegangene Kapitel schrieb, saß ich in einem meiner Lieblingscafés. Ich kam ins Gespräch mit einer Frau, die 1924 geboren wurde. Die lustige alte Dame sagte: »Die 100 mach ich auch noch voll, dann bye bye!« Sie erzählte mir, dass sie 17 Urenkel habe und glücklich sei. »Was war, das war. Alles, was man kann, ist vorwärtsgehen, denn zurückgehen geht nicht! Als der Krieg vorbei war, habe ich das erste Stück Obst, das wir hatten, in sechs Teile geschnitten. Mehr Essen hatte ich nicht für mich und meine Familie.« Die Dame lächelte mich lieb an und fügte hinzu: »Ich wünsche Ihnen alles Gute. Und achten Sie darauf, dass Ihre Haarspitzen nicht zu trocken werden. Die sehen schon sehr trocken aus!« Diese fast 100-jährige Frau hat also doppelt recht: sowohl mit ihren Beautytipps als auch mit der Erkenntnis, dass man manchmal einfach loslassen und weitergehen muss.

5. Was kommt nach der Angst?

Hast du deine Angst erst einmal überwunden oder zumindest analysiert, geht es darum, einen Schlachtplan anzulegen: Wie möchte ich vorgehen? Wie kann ich wachsen? Die meisten Dinge in meinem Leben habe ich selbst sehr intuitiv entschieden – ohne großartiges Kalkül. Es gibt Hürden, die immer wieder auftauchen. Manche legen wir uns selber, manche kommen von anderen Menschen. Das nächste Tool für deine Werkzeugkiste: all das, was kommt, wenn du die Angst hinter dir gelassen hast.

Warte nicht

Während meiner Zeit in Portugal nahm ich ein Phänomen wahr, das mich sehr beeindruckte. Menschen warteten nicht darauf, entdeckt zu werden. Ich erlebte es regelmäßig, als Gast in Cafés oder Restaurants zu sein, ins Gespräch mit der Kellnerin oder dem Kellner zu kommen und zu erfahren, dass die Person kunstschaffend war. Ich traf einen Maler, eine Fotografin, eine Filmemacherin. Sie alle kellnerten, so wie viele aufstrebende Künstler*innen es tun. Ich verließ regelmäßig mit Visitenkarten oder den Namen der Künstler*innen in meinen Notizen die Lokale. Diese Menschen warteten nicht in ihrem dunklen Atelier darauf, entdeckt zu werden – sie nahmen ihr Schicksal proaktiv in die Hand, indem sie nebenbei kellnerten und so den Menschen von ihrer Kunst erzählten. Es erinnerte mich an das Buch *Big Magic* von Elizabeth Gilbert, das ich einige Wochen vor meinem Portugal-Aufenthalt gelesen hatte. Gilbert schreibt, dass sich die Kreativität nicht darum schert, ob man versichert ist oder einen Job hat. Die Kreativität sei einfach ein Tanz, auf den wir uns einlassen sollten. Weiter ruft Gilbert dazu auf, die Kreativität niemals darum zu bitten, einen zu finanzieren. Wir sollten die Kreativität finanzieren, damit sie sich austoben kann – denn so kommt sie in Bestform. Elizabeth Gilbert schildert ihre Erfahrungen mit kreativen Seelen, die ihren kreativen Prozess umgebracht haben, weil sie erbarmungslos darauf insistiert haben, dass sie nur wahre Künstler*innen sind, wenn die Kunst ihnen die Rechnungen bezahlt. Die Menschen seien dann oft enttäuscht, wenn dieser Plan nicht aufgeht. Viel eher empfiehlt sie, erwartungslos und ohne Wunsch nach Anerkennung an die Arbeit zu gehen.

Weiter schildert sie, dass sie, während sie an ihrem ersten Buch schrieb, als Kellnerin arbeitete. Beim zweiten Buch als Kellnerin und Barfrau, beim dritten arbeitete sie als Barfrau, als Buchhändlerin und Journalistin. Als ihr viertes Buch *Eat, Pray, Love* erschien, das zu einem internationalen Bestseller wurde, arbeitete sie nach wie vor an den Wochenenden auf dem Flohmarkt. Gilbert betont, dass sie stets selbst ihre Rechnungen bezahlte, keine Eltern, kein Mäzen oder Mann hätten das für sie getan. Das habe ihr die Freiheit gegeben, mit der Kreativität zu tanzen – ohne Abhängigkeiten. Sie war ihre eigene Schirmherrin.

Gilberts Erfahrungen und die Erfahrungen, die ich mit den Künstler*innen in Portugal machte, decken sich. Diese

Menschen haben gemeinsam, dass sie nicht darauf gewartet haben, ein erfülltes, kreatives Leben zu führen. Sie haben einfach gemacht, wenn auch mit Abstrichen. Ich finde diese Herangehensweise sehr wichtig und bestärkend.

Nein ist ein vollständiger Satz

Als ich im Winter 2018 meine Yogalehrerausbildung absolvierte, ging es sehr viel darum, endlich »Ja« zu sagen. »Say yes« wurde im Chor gesungen, und es stellten sich mir alle Nackenhaare auf. Ich wurde sogar ein bisschen wütend. »Das stimmt doch gar nicht, wir müssen ›Nein‹ sagen lernen!«, sang der Protestchor in mir. Bisher und vor allem in der Zeit nach meinem Burn-out war es meine größte Lernerfahrung gewesen, »Nein« zu sagen. Nun muss ich vorausschicken: Es ist bis heute die größte Herausforderung für mich, diese vier Buchstaben auszusprechen. Scham und Schuld waren die treibenden Faktoren, die mich dazu brachten, nie Nein zu sagen. Scham zuzugeben, dass ich einfach nicht mehr Termine im Kalender unterbrachte. Das Eingestehen, dass ich weder Superwoman noch Michelle Obama bin. Und Schuld, allem voran das Schuldgefühl, ich könnte jemanden enttäuschen. Noch heute kommt das Gefühl in der Sekunde auf, wenn ich eine E-Mail lese und sofort weiß, dass ich Vorhaben XY nicht unterstützen kann. Eines Morgens, als mein Burn-out sich bereits abzeichnete, wachte ich auf, ausgelaugt, wie auch an jedem anderen Morgen in den Monaten zuvor, traurig und verstimmt. Ich blickte in den Spiegel und nahm es wahr, als wäre es in großen Lettern auf den Spiegel geschrieben: Wenn du versuchst, alle anderen glücklich zu machen, kannst du dich selbst nicht glücklich machen. Das Burn-out manifestierte sich mehr und mehr in den kommenden Wochen. Als die einst so lodernde Flamme voller Energie in mir zu kaum sichtbarer Glut wurde und Symptome wie Migränen, Lustlosigkeit, Angst, Erschöpfung zum Alltag wurden. Als selbst die kleinsten Aufgaben wie zum Supermarkt gehen sich wie das Besteigen eines unbezwingbaren Bergs anfühlten – da wusste ich: Jetzt hast du zu viel »Ja« gesagt. Um meinem Fremdbild der Mutter Teresa, der selbstlosen jungen Frau, der Geflüchtetenhelferin, der Umweltaktivistin, der besten Freundin auf Instagram, der, die so lieb, witzig, nett, aber gleichzeitig schlau und intellektuell ist, gerecht zu werden, braucht es nur ein »Ja« zu allem und jedem. Natürlich würde ich jedes soziale Projekt unterstützen, das mir unterbreitet wurde. Und natürlich würde ich nicht »Nein« sagen zu einem Besuch im Waisenheim. Klar sagte ich zu, wenn es darum ging, 200 Leser*innen pro Tag einen guten Rat zu geben, und selbstverständlich lehnte ich nicht ab, wenn wieder einmal jemand mit mir eine Grundsatzdiskussion über nachhaltige Mode führen wollte. Ja, ja, ja, ja. Aus einem echten, innigen, ehrlichen »Ja« wurde »Jaja«. Das »Jaja« ist ein nur halbes »Ja«, fast schon eine bedeutungslose, nichtssagende Floskel. Sollte ein »Ja« nicht etwas Kraftvolles, Imposantes und merklich Fühlbares sein? So wie das »Ja«, wenn der oder die Partner*in fragt, ob man sie heiraten möchte. Jahrelang hatte ich diese zwei Buchstaben inflationär eingesetzt, und die Konsequenz, der Preis, war schwerwiegend. Als ich im Oktober 2016 die volle Wucht des Burn-out zu spüren bekam, deaktivierte ich die Kommentarfunktion auf allen Plattformen, zog mich zurück. Ich führte keine Grundsatzdiskussionen mehr, löste mich vom Gedanken, die beste Freundin für 100 000 Menschen im Internet zu sein, und freundete mich mit dem

Neinsagen an. Es brauchte Monate der Therapie, viel Kraft, Arbeit mit mir selbst und Liebe, bis ich aus dem kompletten Erschöpfungszustand, in dem ich mich befand, herausfand.

Plötzlich saß ich aber da, inmitten 40 anderer Yogaschüler*innen, die inbrünstig »say yes« sangen. In mir brodelte es vor Wut. Das Nein war mir inzwischen fast schon heilig geworden, als es aus mir herausplatzte und ich der Gruppe erklärte, dass es oft nicht um »Ja«, sondern »Nein« ginge. Ich, mit meiner Lebenserfahrung, würde den spirituellen Menschen jetzt mal erklären, wie der Hase lief. Unsere Lehrerin reagierte geduldig und erklärte mir, dass es viele Menschen gäbe, denen »Ja« sagen irrsinnig schwerfiele. Nicht jeder Mensch liebe neue Herausforderungen, setze sich neuen Situationen ungehemmt aus. Nicht jeder Mensch habe den Mut und das Selbstbewusstsein. Was für mich leicht machbar wirke, weil ich das Vertrauen in mich hätte, sei für andere Menschen schier unmöglich. Das leuchtete mir ein. Erste Lektion: Gehe nie davon aus, dass andere die gleichen Probleme haben wie du. Die zweite Lektion ereilte mich aber erst später, als ich im Bett lag und kurz davor war einzuschlafen. Was wäre, wenn ich das Ganze positiv und nicht defizitär formuliere? Wenn es kein Nein zu dem, was ich nicht möchte, sondern ein Ja zu dem, was ich möchte, würde? Meine Aufmerksamkeit galt so sehr der Macht des Neinsagens, dass ich die Macht des Jasagens völlig außer Acht ließ. Was wäre, wenn man »Ja« inbrünstig zu all den Dingen sagen könnte, die man leidenschaftlich, ehrlich, respektvoll und voller Hingebung tun möchte? Ging es statt um ein Nein zu Hass, Stress, Wut nicht eher um ein Ja zu Liebe, Hingabe, Leidenschaft? Vielleicht sollte das Nein zur Selbstverständlichkeit werden, etwas, was ich im Alltag ohnehin verwende, und das Ja zum besonderen Ereignis, dem ich Gewicht gebe.

Egal, ob im Großen oder Kleinen – die Herausforderungen sind immer die gleichen: Wenn einen andere immer wieder um Gefallen bitten, die man gar nicht tun will; wenn man von Arbeitskolleg*innen darum gebeten wird, deren Arbeit zu übernehmen; wenn man von einem Verkäufer in die Ecke gedrängt wird, etwas zu kaufen, was man gar nicht kaufen möchte; wenn einem die Familie Druck macht, weil es eben Familie ist; wenn sich ein guter Freund wieder einmal Geld ausborgen möchte und man weiß, dass man es nie zurückbekommt. »Nein« ist ein kompletter Satz, er braucht weder Erklärung noch Rechtfertigung. Dennoch lernen wir nach wie vor als Kinder, dass ein artiges Kind nicht trotzt, nie »Nein!« schreit. Ich habe als Kind oft vorgeworfen bekommen, ich sei zu trotzig. Zu dickköpfig. Zu schwierig. Worin das resultiert? Man möchte Everybody's Darling sein. Man wird gelobt, wenn man brav und gehorsam ist, wenn man immer schön »Ja« sagt. »Nein« sagen ist schwer, sehr schwer sogar. Wer oft »Nein« sagt, wird im Erwachsenenalter als Egoist, als asozial abgestempelt.

Ich habe immer »Ja« gesagt, weil es sich leicht, locker-flockig und positiv anhört. Man denkt, dass man in der Zukunft locker Zeit für alles hat, irgendwie wird es schon klappen. Doch das Ich muss dann den Preis dafür zahlen, dass das Vergangenheits-Ich wieder mal viel zu optimistisch war. Wir beladen uns mit einer Flut an Gefallen und Verpflichtungen, und am Ende des Tages sind wir einfach nur gestresst. Wir fühlen uns überfordert und haben das Gefühl, dass wir selbst immer an letzter Stelle stehen. Wir sagen viel zu selten »Nein«, weil wir andere nicht vor den Kopf stoßen wollen, weil wir uns Anerkennung und Wertschätzung erhoffen, weil wir Angst haben, andere zu verletzen, und vor allem, weil wir es immer allen recht machen und gefallen wollen. Es ist auch bequem, immer »Ja« zu sagen, denn wir werden von allen gemocht, werden als selbstlose Held*innen angesehen, wir können uns jeden Tag einreden, dass wir ein guter Mensch sind, weil wir es jedem und allen recht machen. Wir gehen Diskussionen aus dem Weg und drücken uns vor dem Schuldgefühl, das an uns nagt, wenn wir uns mal trauen, »Nein« zu sagen. Und unsere Selbstachtung? Die bleibt auf der Strecke. Denn anscheinend sind wir nicht davon überzeugt, dass wir auch, wenn wir mal »Nein« sagen, immer noch liebenswert und in Ordnung sind. Die Angst vor Zurückweisung und Ablehnung kann so groß sein, dass wir feige Jasager*innen werden, die im Grunde nur vor einem davonlaufen: dem eigenen Wohlbefinden. Denn wenn wir uns ständig für andere opfern, wo bleiben wir? Wir haben das Recht, »Nein« zu sagen, wenn es uns in den Kram passt. Wir dürfen egoistisch sein, und wir müssen unsere Ablehnung nicht erklären und uns erst recht nicht dafür entschuldigen. Natürlich können wir den Menschen, die uns nahestehen, sanft und höflich erklären, wieso uns ein »Nein« jetzt wichtig ist. Ein »Nein« beginnt bei der Arbeitskollegin, die uns zum x-ten Mal um einen Gefallen bittet, und endet aber auch bei Themen wie sexueller Belästigung. Was passiert, wenn wir anfangen, »Nein« zu sagen? Wir sagen in Wirklichkeit »Ja«! Wir sagen »Nein« zu Dingen, die wir nicht tun möchten, auf die wir keine Lust haben, die wir hassen, die uns nicht glücklich machen, für die wir keine Zeit haben, um »Ja« zu sagen, zu den Dingen, die uns wirklich etwas bedeuten. Wir schaffen Raum zum Atmen, wir schaffen Raum, um unser Leben mit den Dingen zu füllen, die wirklich wichtig sind. Wir müssen jeden Tag üben, dass ein »Nein« nicht mit Schuldgefühlen verbunden sein muss, sondern dass es bedeutet, dass wir endlich anfangen, unser Glück selbst in die Hand zu nehmen. Beobachte dich doch mal im Laufe einer

Woche, führe vielleicht sogar ein Tagebuch darüber: Wie oft sagst du »Ja«, wenn jede Zelle in dir eigentlich »Nein« schreit? Du musst nicht erst, wie ich, in einem Burn-out landen, um zu verinnerlichen: Wenn du »Ja« zu jemand anderem sagst, sei dir sicher, dass du dabei nicht »Nein« zu dir selbst sagst.

Ehrlichkeit ist anstrengend

In ihrem TED Talk *How to stop screwing yourself over* spricht Mel Robins über das Wort gut und wie dieses Wort dazu führt, dass wir uns selbst sabotieren. Indem wir auf die Frage »Wie geht es dir?« mit »Och, ganz gut« antworten, verwehren wir uns einer ehrlichen Antwort. Der Talk beginnt also mit dieser wichtigen Feststellung: Wir müssen ehrlich sein, wenn es heißt festzuhalten, wie es uns gerade geht. Wir tendieren dazu, andere nicht mit unserem echten Gemütszustand belasten zu wollen, und suhlen uns daher in der Komfortzone namens gut. Wir überzeugen uns, dass wir ohne die Erfüllung unseres Herzenswunsches ohnehin gut zurechtkommen und dass es in Ordnung ist, ein unerfülltes Leben zu führen. Mel Robbins nennt ihn den »inner Snoozebutton«, also den inneren Schlummerknopf, den wir immer drücken, wenn sich etwas in uns weckt, das wir realisieren, umsetzen oder ändern können. Außerdem sind wir Meister*innen der Selbsttäuschung. Wir belügen uns und unsere Mitmenschen, auch wenn es nur Kleinigkeiten sind. Bei Anamnesebögen macht man sich gern mal ein bis zwei Zentimeter größer oder ein bis zwei Kilogramm leichter. Wir täuschen uns selbst, wenn wir eigentlich wissen, dass eine Beziehung schon längst ihr Ende erreicht hat oder man den Menschen an seiner Seite einfach nicht mehr so liebt wie früher. Ehrlichkeit ist brutal – das steht außer Frage. Denn Ehrlichkeit bedeutet, sich mit den Konsequenzen dessen, was nach dem Tsunami, den diese auslösen kann, zu befassen. Nur mit den Konsequenzen, die Ehrlichkeit mit sich bringt, kann Veränderung stattfinden. Doch oft sind wir genau aus dem Grund nicht ehrlich: Die Veränderung macht Angst.

Als Umweltaktivistin habe ich nach wie vor ein Problem: das Fliegen. Ich habe Familie überall auf der Welt, vor allem in Nordamerika, und ich reise unglaublich gerne – privat und beruflich. Reisen ist vermutlich meine größte Leidenschaft, und ich war bereits in 50 Ländern. Immer wenn ich aufs Fliegen angesprochen wurde, versuchte ich der Kugel auszuweichen. Ich wurde oft passiv-aggressiv, fühlte mich sofort angegriffen, wollte mir nicht eingestehen, dass mein ökologischer Fußabdruck enorm unter den vielen Flugreisen litt. Vor jeder privat gebuchten Reise wog ich stunden- und tagelang ab: Kann ich das machen? Darf ich das machen? Was werden die Menschen denken? Bis jemand eines Tages zu mir sagte: »Maddie, es ist okay. Auch du darfst Lust auf Reisen haben. Auch du hast weltliche Gelüste.« Weltliche Gelüste – das war es, was es beschrieb. Was für mich Sehnsucht und Verlangen implizierte. Neben den vielen Schritten, die ich für ein umweltfreundlicheres Leben gegangen bin, drückte ich immer wieder die Schlummerfunktion, wenn diese Gelüste aufkamen. Ich esse seit vielen Jahren fast ausschließlich pflanzlich, fahre einen Elektroroller und Rad, kompensiere jeden Flug, den ich mache, reise Kurzstrecken nur mit dem Zug, kaufe faire und biologische Mode, versuche Verpackungen und Plastik weitgehend zu vermeiden, bin politisch aktiv. Ich setze mich aktiv ein, wenn es um das Thema der Klimaerhitzung geht. All das sind die Dinge, die ich im Privaten, aber auch im Öffentlichen tue.

Ich inspiriere täglich Hunderttausende zu einem wertschätzenderen Umgang mit unserem Planeten. Doch früher konnte ich nie ehrlich in den Spiegel schauen und sagen: Manchmal hab ich keinen Bock drauf. Manchmal möchte ich zu meiner Familie fliegen, und manchmal möchte ich ein Möbelstück aus Massenproduktion kaufen. Mir einzugestehen, dass auch ich diese Sehnsucht habe und zwischendurch nicht Mutter Teresa, die nur von Luft lebt, sein möchte, war sowohl befreiend als auch wegweisend für einen ehrlicheren Umgang mit mir selbst und den Menschen um mich.

Wir täuschen uns ständig selbst, und das kann vielfältige Gründe haben. Freud nennt es »Rationalisierung« und beschreibt damit das Verhalten, bei dem die wahren Motive für ein Verhalten durch annehmbarere und akzeptiertere Beweggründe ersetzt werden. Wir fangen damit als Kinder an: Zerstört ein Kind ein Spielzeug, vielleicht aus reiner Wut, weiß es schon von klein an, dass Wut eine gesellschaftlich nicht akzeptierte Emotion ist, und täuscht deswegen vielleicht einen Grund vor, den die Eltern eher hören wollen. Wir schieben oft vermeintlich noble Beweggründe für unser Handeln vor, wenn ein bisschen Ehrlichkeit, wieso wir das tun, was wir tun, nicht schaden würde. Ich kann nicht von mir behaupten, immer selbstlos zu handeln. Seit Jahren bin ich sozial sehr engagiert, und ich bin mir sicher, dass viele Motive dieses Engagement antreiben. Einerseits ist es die Liebe zu Mitmenschen, Umwelt und Tieren und mein tiefer Gerechtigkeitssinn. Doch bestimmt gefällt es mir, auch die Wertschätzung dafür zu bekommen. Und daran ist nichts falsch – wir sind Menschen und haben Bedürfnisse. Wenn Wertschätzung eines davon ist, ist ein Job im Finanzwesen vielleicht nicht der richtige. Andere Menschen sind sozial engagiert, weil sie im Mittelpunkt stehen oder ein Schuldgefühl kompensieren wollen. Was auch immer es ist: Solange sie helfen und etwas Gutes tun, kann es mir egal sein, was sie motiviert. Wir müssen aufhören, Helfer*innen auf ein Podest zu stellen, das impliziert, dass sie zu keinem Zeitpunkt eine Persönlichkeit mit menschlichen Stärken und auch Schwächen haben. In der Psychoanalyse gilt es, sich den Rationalisierungen, die die verbreitetste Form der Selbsttäuschung sind, zu stellen. Den wahren Motiven für das eigene Handeln unmittelbar ins Auge zu sehen.

Wer das nicht tut, wird sich fortgehend in Situationen der Selbstsabotage wiederfinden. Indem wir uns selbst gegenüber keine Ehrlichkeit aufbringen können, sägen wir den Ast, auf dem wir sitzen, ab. Mangelnde Ehrlichkeit ist selbstschädigend, führt dazu, dass wir prokrastinieren, nicht »Nein« sagen, Bedürfnisse ignorieren, unser Glück boykottieren und misstrauen. Wir schaffen ein Bild von uns selber, dem wir nicht gerecht werden können, und rechtfertigen ständig Eigenschaften, die wir nicht besitzen möchten. Niemand stellt sich gerne hin und sagt, »Ich bin ein eifersüchtiger Mensch, deswegen lese ich heimlich die SMS meines Partners«, oder »Mir ist der Planet egal, ich esse gerne zehnmal die Woche Fleisch«.

Ich glaube dennoch, dass es genau das ist, was wir brauchen: Ehrlichkeit. Laut diversen Prognosen steht die globale Erwärmung eher bevor als gedacht – man spricht aktuell in Expert*innenkreisen von elf Jahren. Elf Jahre, in denen wir das Ruder noch rumreißen können. Doch was fehlt, sind klare Standpunkte. Wir sind vage. Zu behaupten, das Überleben der menschlichen Spezies sei uns gleichgültig, und wie bisher weiterzumachen, wäre ein weitaus reflektierterer Umgang mit der Klimakrise, als klammheimlich gar keine Stellung zu beziehen. Allerdings beängstigt uns diese Krise und lässt die meisten von uns nicht kalt. Dennoch schaffen es sehr viele Menschen nicht, klar zu sagen: »Ja, es tangiert mich, ich will etwas tun.« Sie gehen weiter mit »Mir geht's gut« durchs Leben, obwohl es innerlich brodelt. Wir brauchen klare Stellungnahmen, von der Zivilbevölkerung, aber auch von der Politik. Vage, diplomatische Bekundungen, die nur dafür da sind, diverse Gruppierungen und Lobbys zu beglücken, werden unseren Planeten nicht retten. Es sind die Menschen, die sich selber und der Mitwelt gegenüber ehrlich auftreten, die sagen: »Wir haben ein Problem, es bedrückt mich, und ich bin bereit, etwas zu tun.« Hier geht es also gar nicht darum, die perfekte Aktivistin zu sein oder nie zu fliegen, sondern darum, ein ehrliches Resümee zu ziehen. Was kann ich tun, was ist im Rahmen meiner Möglichkeiten? Wie realistisch kann ich mich langfristig und nachhaltig an einer Bewegung oder einem Projekt beteiligen, die die Welt zu einem lebenswerteren Ort machen?

Selbsttäuschung führt fast immer zu Schmerz und großem Bedauern. Um Ehrlichkeit zu umgehen, wenden wir uns oft den Abhängigkeiten zu, sei es Alkohol, Essen, Social Media, exzessiver Sport oder gar kein Sport – sie alle helfen uns, einen Nebel über all die Dinge, die wir eigentlich klar sehen sollten, zu legen. Wir beenden Beziehungen oder vererben unseren emotionalen Ballast den kommenden Generationen – unsern Kindern. Ehrlichkeit ist ein Akt der Liebe, sich selber und den Menschen, die man liebt, gegenüber. Im Rahmen einer meiner Yogaausbildungen stand ich vor der Hausaufgabe, eine sogenannte Shit List zu erstellen. Es sollte eine Liste sein, auf die ich all meine negativen Eigenschaften notiere – ohne diese schönzureden. Die Liste wurde sehr lang! Sie beinhaltete all die Eigenschaften, die wir beim Vorstellungsgespräch lieber außen vor lassen. Meine Scheißliste sah ungefähr so aus:

Ich ...

- bin ungeduldig, nachtragend, besserwisserisch
- nehme Dinge schnell persönlich
- belüge mich oft selbst
- lasse mein Ego manchmal überhandnehmen
- vernachlässige oft meine Freunde und Partner
- erlaube mir keine Fehler
- bin pedantisch und kleinlich im Haushalt

Doch genauso wie eine Glücksliste notwendig ist, ist die Scheißliste notwendig. Sie gibt uns einen ehrlichen Blick auf alle Baustellen am Projekt Ich. Ja, ich kann verdammt besserwisserisch sein. Ja, ich arbeite daran. Nein, es macht mich zu keinem Monster.

Nun ist es so: Ich hab panische Angst vor Zahnärzt*innen. Als Kind hatte ich ständig Karies, weil ich heimlich zu viel Süßes aß und mir auch nur ungern die Zähne putzte. Bei einem Zahnarztbesuch musste mein damaliger Zahnarzt wieder einmal bohren, und wir vereinbarten ein Signal, eine gehobene Hand, die ich einsetzen konnte, wenn es mir zu wehtat. Der Zahnarzt begann zu bohren, ich war damals vielleicht acht Jahre alt. Der Schmerz durchglitt meinen ganzen Körper, ich wollte sterben. Hastig hob ich die Hand, ich brauchte eine Pause. Der Zahnarzt hörte nicht auf zu bohren. Meine Schultern wurden von der Assistentin festgehalten, ich konnte mich nicht bewegen. Verzweifelt hob ich meine Hand immer wieder, vielleicht hatte er sie bisher übersehen? Doch er hörte nicht auf, bohrte weiter, ich durchlitt höllische Schmerzen, konnte nicht aus, Tränen kullerten über meine runden Wangen. Dieses Erlebnis hat sich so traumatisch in mein Hirn eingebrannt, dass mein erwachsenes Ich eine sehr logische Abzweigung genommen hat. In meinem Hirn sieht sie so aus: Zahnarzt = Aua. Ich geh nicht zum Zahnarzt. Schmerz ist scheiße, und wenn Schmerz sich vermeiden lässt, indem ich die jährlichen Kontrollen einfach »vergesse«, geht's mir gut. Wir Menschen sind ja nicht dumm, wir sind Expert*innen darin, Schmerz zu vermeiden. Deswegen belügen wir uns auch so gut! Keine schlafenden Hunde wecken, die störenden Gedanken schieben wir ins Unterbewusste.

Ehrlichkeit ist extrem anstrengend. Zum Beispiel in folgenden Situationen:

Du musst etwas am eigenen Leben ändern. Ein Umstand stört dich, und du weißt, dass er verändert werden muss. Zum Beispiel lebst du seit Jahren in einer Beziehung, die dich nicht erfüllt, und weißt, dass eine Trennung sinnvoll wäre. Doch deinem Partner, deiner Partnerin ehrlich zu sagen, dass du gehen willst, ist sehr anstrengend. Möchtest du dich der unbequemen Wahrheit stellen oder nicht?

Es gibt eine Eigenschaft an dir, die dein Selbstbild stört. Zum Beispiel siehst du dich als extrem soziale Person, die anderen immer hilft. Nun möchte dein Bruder aber, dass du ihm am Sonntag beim Umziehen hilfst. Du weißt, dass es der erste Sonntag im Monat sein wird, an dem du entspannen könntest. Es ist unfassbar anstrengend, ehrlich in den Spiegel zu sehen und dich von der Vorstellung zu verabschieden, dass du immer wunderbar sozial und hilfsbereit bist. Möchtest du dir ehrlich eingestehen, dass du manchmal egoistisch bist, auch wenn es dein Selbstbild ankratzt?

Da gibt es etwas, das möchtest du von ganzen Herzen, aber du weißt, dass du es nicht haben kannst. Zum Beispiel beneidest du deine Arbeitskollegin um ihre Beziehung. Du belügst dich lieber selbst und sagst dir, dass das Singledasein das Beste ist. Was wäre schlimm daran, ehrlich zu sagen: »Ich wäre eigentlich lieber in einer Beziehung.«

Du bist wütend auf jemanden und kannst dir nicht ehrlich eingestehen, dass du Wut empfindest. Vielleicht hat dir dein*e Partner*in keinen Blumenstrauß zum Geburtstag geschenkt, sondern nur eine saloppe Karte geschrieben. Du würdest gerne ehrlich sagen, dass du wütend bist, willst aber die Geburtstagsfeierlichkeiten nicht versauen und hast das Gefühl, kleinlich zu sein. Schaffst du es, deine Bedürfnisse ehrlich zu artikulieren?

Es gibt unzählige Beispiele, die ich anführen könnte. Wir unterbinden ständig unsere eigene Ehrlichkeit. Weil wir ein gewisses Selbstbild aufrechterhalten oder eine Beziehung nicht beschädigen wollen. Wir tanzen mit Samthandschuhen um rohe Eier, die bei Ehrlichkeit Gefahr laufen würden zu zerbersten. Die Taktiken, die wir uns ab Kindesalter aneignen, um diverse Lügenkonstrukte aufrechtzuerhalten, sind mannigfaltig. Sucht und Abhängigkeit allen voran. Wer 30 Prozent der Wachzeit am Handy verbringt, hat genug Ablenkung, um sich nicht mit den unbequemen Fragen des Lebens zu beschäftigen. Und wer im Internet eine Fülle an Pornografie findet, kann auch mal wegstecken, dass das Sexleben in der Beziehung eingeschlafen ist. Oft reagieren wir dann auch noch gereizt, weil die Ehrlichkeit rauswill, die Worte, die gesagt werden wollen, innerlich brodeln. Innerlich wollen wir unsere Partner*innen anbrüllen und ihnen sagen, wie schmerzhaft ihre herablassende Art sich manchmal anfühlt. Dann entscheiden wir uns doch lieber dafür, wegen einer offen gelassenen Zahnpastatube auszurasten. Es gibt genug Gründe und Ventile, die uns helfen, das, was eigentlich gesagt werden will, ungesagt zu lassen. Oder wir sind völlig teilnahmslos, geben vor, dass uns Dinge nicht tangieren. Innerlich haben wir panische Angst vor der Klimaerhitzung, aber weil wir gelernt haben, dass Emotionen wehtun können, geben wir vor, dass es uns egal sei. Wie oft habe ich unfassbar rationale Menschen getroffen, die mit dem ganzen Emotionskram nichts zu tun haben wollen und denen man ansieht, dass sie sich täglich selbst belügen. Keine schlafenden Hunde wecken. Oft werden aber auch solche unbequemen Gefühle auf andere projiziert. Vor allem in Beziehungen ist es leicht, den ausdrucksstärkeren Partner als emotionsgeladen und irrational abzustempeln, wenn der teilnahmslose und passive Partner oft eigentlich viel unaufrichtiger ist, indem er nicht sagt, was er oder sie denkt. Oft werden Menschen, die ein Problem mit Ehrlichkeit haben, vor allem sich selbst gegenüber, zu zynischen Mitmenschen, mit denen ein offener, herzlicher Umgang schwierig wird.

Es mag die Angst vor Schmerz oder aber auch Stolz, das Ego oder ein anderer Grund sein, der Menschen davon abhält, etwas ehrlicher zu sein. Oft ist es auch eine Führungsposition, die das Eingestehen von Fehlern schwer macht, oder die Tatsache, dass unser Selbstwert ganz eng an unsere berufliche Kompetenz gekoppelt ist. Wir lügen unsere Partner*innen an, um im Recht zu bleiben, weil es bloßstellend wäre, einen Fehler einzugestehen. Lieber nehmen wir den Vorwurf, pedantisch zu sein, in Kauf, als unsere Kompetenzen infrage zu stellen. Es gibt dennoch Berufsfelder, die mehr Ehrlichkeit von einem abverlangen als andere: Chirurg*innen beispielsweise dürfen niemals ihr Selbstbild über eine ehrliche Einschätzung der Situation stellen. Ob ein schwerwiegender Eingriff gemacht werden muss, muss ehrlich bewertet werden. Und die unbequeme Nachricht, einem Angehörigen zu sagen, dass die Liebe seines Lebens nur noch wenige Stunden zu leben hat, wird nicht einfacher, wenn sie aufgeschoben wird. Genauso müssen Athlet*innen gewisser Sportarten immer ein ehrliches Resümee ziehen: Kann ich diese Leistung vollbringen? Und kann ich mir ehrlich eingestehen, nicht vorbereitet genug zu sein? Und wie ehrlich bin ich, wenn es um Doping geht?

Ziemlich viele Probleme unserer Zeit haben mit dem Mangel an Ehrlichkeit zu tun. Ich denke an Korruption, hohe Scheidungsraten, Misstrauen in der Politik. Lügen bieten Nährboden, um die Ängste der Menschen zu schüren und daraus Gewinn zu schlagen. Wie konnte es zu dem Aufstieg von Populismus und dem Anstieg von Fake News kommen? Wir leben in einer Zeit, die einen offenen, ehrlichen Austausch – auf privater sowie auf öffentlicher Ebene – schwierig macht. Wir verstecken, verheimlichen, betrügen, belügen uns selbst und andere. Meister*innen der Verhüllung sind oft Menschen, die sich in Wahrheit nichts sehnlicher wünschen als eine klare Aussprache. Wir lügen vor allem dann, wenn wir das Gefühl haben, dass wir unzulänglich sind, und denken, es gäbe kein Zurück von all den Dingen, die wir falsch gemacht haben. Klammheimlich leben wir mit so vielen Fantasien, Geheimnissen und Unausgesprochenem, weil es sich wie ein Geständnis anfühlen würde, wenn wir endlich damit rausrückten. Und weil um uns herum fast jeder Mensch mit dieser Beklommenheit durchs Leben geht; alle lügen, weil sie das eigene Selbstbild nicht ankreiden oder zugeben wollen, dass es etwas gibt, was sie sich sehnlichst wünschen. Kaum jemand spricht offen über Suizidgedanken oder Verlustängste. Kaum jemand spricht in Partnerschaften über sexuelle Fantasien oder Fremdgehen. So vieles bleibt im Heimlichen, weil wir Angst vor dem Urteil oder der Zurückweisung haben, wenn Menschen wirklich unser Innerstes kennenlernen. Sadomaso Fetisch? Ich doch nicht! Menschen mit pädophilen Neigungen wird oft nicht geholfen, um zu vermeiden, dass diese Neigungen ausgelebt werden. Stattdessen stigmatisiert man diese Menschen, die oft ihr Leben damit verbringen, ihre Impulse zu unterdrücken. Es gibt kaum Beratungsstellen oder Notfallnummern für potenzielle Täter*innen, und alle wundern sich, wenn zahlreiche Kinder jährlich missbraucht werden. Wenn sich Menschen für ihre düstersten Schattenseiten schämen müssen und das Gefühl haben, ein Outing würde einer öffentlichen Exekution gleichen, ergibt es Sinn, dass Lügen die bequemere Option ist.

Nicht nur am Arbeitsplatz, sondern auch im Privaten sind viele Themen, allem voran psychische Krankheiten, tabu. Matt Haigs *Ziemlich gute Gründe, am Leben zu bleiben* ist eines meiner absoluten Lieblingsbücher. Der Autor beschreibt, wie sich Depression anfühlt. Plastisch und ergreifend sogar für Menschen wie mich, die noch nie von dieser Krankheit betroffen waren. Er sagt, dass man sich alleine fühlt, wenn man depressiv ist. Der Betroffene denkt, dass kein anderer Mensch so viel leidet wie er selbst. Und er entwickelt eine immer größere Angst, von seinem Umfeld für verrückt gehalten und schließlich ganz gemieden zu werden. Deshalb erwähnt der Depressive seinen Gemütszustand gar nicht mehr, obwohl gerade darüber zu sprechen hilfreich wäre.

Im Gegensatz zu den meisten Werkzeugen, die ich in diesem Buch niedergeschrieben habe, ist Ehrlichkeit eins, das nicht nur von uns selbst abhängt. Die Erlaubnis, ehrlich sein zu dürfen, geben wir uns nicht nur selbst. Gesellschaftlich muss sich noch so vieles ändern, bis es Menschen erlaubt sein wird, offen über alles zu sprechen. In Beziehungen einfach ehrlich zu sein, bedeutet nicht nur die eigene emotionale Intelligenz zu entwickeln, sondern auch ein Gegenüber zu haben, bei dem das Gesprochene auch ankommt. Wir können nicht immer anfangen, von heute auf morgen unserem Chef zu sagen, dass wir unfassbares Lampenfieber bei Präsentationen haben. Es bedarf einer gemeinschaftlichen Arbeit, mehr Ehrlichkeit untereinander zu kultivieren. Denn wer sich ehrlich outet und auf Widerstand oder gar Gewalt trifft, wird sofort wieder zurück in die Schale des Schweigens, der Lügen zurückkehren.

Wichtig in diesem Zusammenhang ist es, sogenannte Safe Spaces, sichere Räume, zu kreieren. Sei es in Form von Zwiegesprächen, Gruppen oder anonymer Beratung. Räume, wenn auch virtuell, wo Menschen sich öffnen können, ohne Angst vor öffentlicher Steinigung. Kürzlich habe ich einen spöttischen Kommentar in einer Zeitung gelesen, in dem es darum ging, dass Millennials Safe Spaces bräuchten. Ich wünschte, irgendwann könnte der öffentliche Raum sicher für unsere intimsten Geständnisse sein. Noch sind wir lange davon entfernt! Das Einzige, was man tun kann, ist, als betroffene Person oder auch als Empfänger*in urteilsfrei mit allem umzugehen. Was auch immer nach dem Gesprochenen aufkommt – wir müssen es erlauben. Das Urteil oder der Hass eines Menschen ist eine natürliche Reaktion und darf uns nicht davon abhalten, weiterhin an unserer eigenen Ehrlichkeit zu arbeiten. Ebenso offen müssen wir mit unseren eigenen Reaktionen umgehen. Wir Menschen sind irrsinnig komplexe Wesen, und eigene Wutgefühle dürfen auch gesehen werden.

Ich habe das unfassbare Glück, in einem Zuhause aufgewachsen zu sein, wo es kaum Tabus gab. Meine Mutter lief oft nackt rum und sprach am Küchentisch heiter über Scheidenpilz. Heute versuche ich anderen Frauen in meinem Umfeld eine Freundin zu sein, zu der sie mit allem kommen können. Es fällt mir verhältnismäßig leicht, über meine Unsicherheiten zu sprechen, doch auch ich stehe immer wieder vor der Herausforderung, den Scham- und Schuldgefühlen nicht zu viel Raum zu geben. Als Person des öffentlichen Lebens ist es oft schwer, ein authentischer, nahbarer Mensch zu sein, aber gleichzeitig auch das zu wahren, was es zu wahren gilt. Mir wird immer öfter klar, dass ein Safe Space keine öffentliche Konversation, die mit 200 000 Menschen geteilt wird, ist. Dass es Dinge gibt, die unter vier Augen, vielleicht auch mit therapeutischer Hilfe, besprochen werden müssen. Egal was es ist, es gibt diese sicheren Räume, und ich wünsche mir, dass jeder Mensch Zugang zu ihnen haben kann. Sei es in professioneller Form oder, oft aufgrund mangelnder finanzieller Mittel, in Form einer Vertrauensperson.

Liebe und Mut gehen Hand in Hand mit Ehrlichkeit. Wir lügen auf so vielen Ebenen, und gleichzeitig werden wir dazu erzogen, fast schon gezwungen, diese Lügen zu konstruieren. Ein Schritt zu mehr Ehrlichkeit bedarf enorm viel Mutes und eines liebevollen, verständnisvollen Umgangs – mit dir selbst und den Menschen rund um dich. Aktives Zuhören kann ein Werkzeug sein, um das zu praktizieren. Beim aktiven Zuhören gilt es vor allem nicht zu unterbrechen, den Blickkontakt zu halten, konzentriert zu bleiben und eine angemessene Sprache, also keine Beschimpfungen oder abwertenden Bemerkungen, anzuwenden. Im Alltag geübt, kann uns das zu Menschen machen, die wandelnde Safe Spaces sind.

Die Liste unbequemer Gespräche ist unendlich. Angefangen vom Beenden einer Partnerschaft oder Freundschaft, hin zum Gestehen einer sexuellen Fantasie bis hin zum Outing, dass das angeborene Geschlecht nicht der eigenen Geschlechtsidentität entspricht. Es gibt so viele Menschen, die ihr Leben lang im Verborgenen leben und Lügenkonstrukte erschaffen müssen, damit niemand ihre wahre Identität aufdeckt. Was nach einem dramatischen Hollywood-Thriller klingt, ist traurige Realität für viele Menschen, die weit davon entfernt sind, sowohl ehrlich mit sich selbst als auch mit anderen Menschen sein zu können. Ehrlichkeit ist inzwischen zu einer Art Privileg geworden, denn nur wer wirklich offene, liebevolle Beziehungen mit Menschen hat, kann es sich leisten, ehrlich zu sein. Umso mehr gilt es dankbar zu sein für diese Beziehungen, sofern du sie hast. Wenn es Menschen in deinem Leben gibt, die hundertprozentige Ehrlichkeit zulassen und geben, kannst du dich privilegiert schätzen.

Zu guter Letzt: Eine Tendenz oder Angewohnheit, persönliche Gespräche nicht für sich zu behalten, intime Details weiterzuerzählen, steht im großen Widerspruch zu einem ehrlichen, liebevollen Umgang. Wir alle sollten uns daran erinnern, dass wir uns Menschen anvertrauen in der Hoffnung, dass das Ausgesprochene bei ihnen bleibt. Genau diesen Anspruch sollten wir also auch als Zuhörende an den Tag legen. Nur so können wir vertrauen, aber auch vertrauenswürdig werden. Nur so können wir ein Klima schaffen, in dem sich Menschen wohlfühlen, sich öffnen, sprechen. Nur so können wir eine Zukunft gestalten, die für alle von Vorteil ist.

Produktiv und fokussiert – geht das?

29. *Neunundzwanzig.* Die Zahl auf dem Bildschirm – ich konnte es nicht fassen. Sie beschrieb die Zeit, die ich täglich prozentual am Handy verbringe. Es war während meiner Reise nach Portugal, und wie immer, wenn ich allein reise, verbrachte ich noch mehr Zeit am Handy als sonst schon. Wenn man die Abende und den Großteil des Tages allein verbringt, ist das Mobiltelefon der soziale Ersatz und ebenso die größte Falle. 29 Prozent der Zeit, die ich wach war, verharrte ich im Smartphonenacken (das sagt man wirklich so!). Meine chronischen Rückenschmerzen waren in letzter Zeit intensiver geworden, und gut vorangekommen war ich mit dem Buch auch noch nicht – das war ja schließlich der Grund, warum ich hier war. Meine persönliche Ausredenliste war lang: »Ich muss erst einmal ankommen.«; »Die 300 E-Mails müssen beantwortet werden, bevor ich mich aufs Schreiben konzentrieren kann.«; »Ach, und ich sollte erst einmal die Stadt etwas erkunden, damit ich mich wohlfühle.« – Bullshit. Pardon, my French. Es war Zeit, mir einen liebevollen, aber kräftigen Tritt in den Allerwertesten zu geben, die Lupe in die Hand zu nehmen und mir die mikroskopischste Wahrheit zu präsentieren: Ich verbrachte einfach den Großteil meiner Zeit am Handy. Es war Zeit, ein ernstes Wörtchen mit mir selbst zu sprechen. Meine Statistik verriet mir nämlich auch: An schlechten Tagen nahm ich das Handy bis zu 85 Mal in die Hand, um es zu entsperren. 430 Mal pro Woche! Was mich viel mehr schockierte: Als ich das Nutzungsverhalten im Durchschnitt recherchierte, erfuhr ich, dass dieses bei 1500 Mal pro Woche liegt. Ich, mit meinem absolut exzessiven Konsum, meinen Nackenschmerzen und den klassischen Symptomen von zu viel Elektrosmog (innere

Unruhe, Migräne, Schwindel), lag mit meiner absurden Zahl von 430 Mal im unteren Drittel des Durchschnitts. Nun ist Social Media schließlich mein Beruf, und das war bisher auch immer meine Rechtfertigung, wenn es um meinen astronomischen Handykonsum ging. Bei 85 Mal Entsperren kann aber kaum die Rede von gezielter und effizienter Arbeit sein. Es sind keine hochkonzentrierten Tätigkeiten, wenn ich mein Handy in die Hand nehme, Instagram kurz checke, dann wieder zur Seite lege und das Ganze 85 Mal wiederhole. Es heißt ja, effiziente Arbeit beginne dort, wo man priorisiert. Also wichtige Arbeit vom Rest trennt und sich bewusst ist, dass der Rest nur Ablenkung ist. Und das ist der springende Punkt: Lege den Fokus auf das Wesentliche. Wesentliches ist das, was für die Erfüllung unserer Ziele und Träume unabdingbar ist, was langfristig von Bedeutung und Gewicht ist. Am Tag vor einer wichtigen Prüfung ist das Backen eines Kuchens nicht maßgeblich für das langfristige Erzielen unserer Träume. Zwei Wochen vor einer bedeutenden Rede ist das Erlernen einer neuen Sprache nicht essenziell für den eigenen Erfolg im Leben. Wenn ich nur noch drei Monate habe, um mein Manuskript abzugeben, ist das mehrmalige Checken meines Instagram-Accounts definitiv keine wesentliche Handlung. Ja, Instagram zu betreuen ist eine wesentliche Komponente meines Berufes, doch ich kann diese Aufgabe genauso zweimal pro Tag, dann aber konzentriert, durchführen. Und wenn ich gerade eine andere wichtige Frist habe, muss ich priorisieren. Genauso wie essen, das Backen eines Kuchens und das Erlernen einer neuen Sprache wichtige Dinge sind – wir müssen sie im Kontext richtig gewichten. Denn der Kontext verrät oft: Hier handelt es sich nicht um eine zwingende Aufgabe, sondern um sekundär wichtige oder schlichtweg um eine Ablenkung. In

Phasen, in denen ich das Gefühl habe, geistig zerstreut, überall und nirgendwo zugleich zu sein, ist mir sofort klar: Ich bin abgelenkt. Ähnlich wie bei der Meditation: Wenn du die Augen schließt und merkst, dass du nicht bei dir selbst ankommst, ist es schlichtweg die Ablenkung, die dich davon abhält, dich auf den Atem und nichts Weiteres zu konzentrieren. Ablenkung kann auch in Form von Gedanken oder anderen inneren Vorgängen stattfinden. Zu wissen, dass es Ablenkung ist, die zwischen uns und der Produktivität steht, ist eine machtvolle Erkenntnis. Hier sind ein paar meiner liebsten Werkzeuge, die ich in meinem Köfferchen mit mir trage, wenn es um das Thema Produktivität und Fokussieren geht:

- **Die Pomodoro-Technik**
  Die 85 Mal, die ich das Handy in die Hand nehme, sind keine voll ausgefüllten Aufgaben, die ich erledige, sondern kurzfristige Ablenkungen, die mir Fokus rauben. Nun gibt es eine Methode, die einem helfen soll, fokussierter zu arbeiten. Das Ziel: sich 25 Minuten lang voll und ganz auf eine einzige Sache konzentrieren. Das Ganze funktioniert nach der Pomodoro-Methode, zu der es zahlreiche Publikationen und Apps gibt. Eine App, die ich selbst verwende, zählt 25 Minuten runter, in der Zeit arbeitet oder konzentriert man sich auf eine spezielle Aufgabe. Insgesamt gilt es, vier 25-Minuten-Intervalle mit fünf Minuten Pause dazwischen zu durchlaufen. Nach den Intervallen legt man eine längere Pause von 20 bis 30 Minuten ein. Die Ergebnisse sind unfassbar. Als ich diese Methode vor einiger Zeit zum ersten Mal ausprobierte, konnte ich gar nicht glauben, wie viel Arbeit ich erledigte. 25 Minuten ohne Ablenkung – großartig!

- **Aufschreiben und Clustern**

Quantenphysiker haben bewiesen, dass jeder Mensch 60 000 Gedanken pro Tag hat. Ich würde schamlos behaupten, bei mir sind es manchmal sogar mehr. Aber führe dir das einmal vor Augen: 60 000 Gedanken – völlig irre! Wie soll man denn überhaupt etwas schaffen, wenn ein Impuls dem nächsten folgt? Ein Tag im Leben eines Menschen des 21. Jahrhunderts ist höchst komplex. Zwar verlangt uns niemand mehr ab, jagen zu gehen oder uns um lebenswichtige Aufgaben wie Feuer machen zu kümmern, jedoch sind die Möglichkeiten unseres Daseins unendlich: »Was koche ich? In welchem Supermarkt kaufe ich die Zutaten? Oder doch lieber ins Restaurant? Welches Restaurant? Ich sollte anrufen, ob noch ein Tisch frei ist. Werde ich alleine essen? Hat meine Freundin überhaupt schon Bescheid gegeben? Das sollte ich gleich mal auf WhatsApp checken! Oh, eine neue E-Mail ...« So ungefähr könnte ein Bruchteil einer Sekunde in unserem Hirn aussehen. Um ehrlich zu sein: In dem Moment, als ich diesen Satz zu Ende schrieb, fiel mir ein, dass meine neue Podcast-Folge noch nicht hochgeladen ist, also switchte ich von meinem Word-Dokument zum Internet-Browser, um einmal nachzusehen – so schnell kann es gehen. Um so etwas vorzubeugen, ist es eine sehr geeignete Vorgehensweise, die Dinge aufzuschreiben und anschließend zu clustern. Man kann dies mit einer App machen oder auch in einem Notizbuch oder Kalender. Ich setze mich meistens am Morgen hin und gehe durch meine restliche Woche in meinem Kalender. Ich schreibe mir dann alle Aufgaben, die am heutigen Tag zu tun sind, auf. Wenn möglich, teile ich sie bereits in Gruppen ein: Wenn also Klopapier zu kaufen und ein Paket zur Post zu bringen ist, wäre es unsinnig, diese zwei Aufgaben an getrennten Tageszeiten auszuführen. Der Supermarkt ist direkt neben der Post. Ähnlich verhält es sich mit digitalen Aufgaben wie Rechnungen schreiben oder Content, beispielsweise Podcast-Folgen, erstellen. Hier ist es besonders praktisch, weil es Aufgaben gibt, für die man ein spezielles Mindset braucht, also in einer bestimmten Verfassung sein muss. Für eine Podcast-Recherche muss ich höchst konzentriert sein, mich in die jeweiligen Themen richtig gut einlesen. Bin ich hier mal im Flow, ist es leichter, gleich mehrere Aufgaben dieser Kategorie zu erledigen. Wenn ich die Liste(n) angelegt habe und besonders schwer zu motivieren bin, fange ich mit dem Punkt an, der sich im Moment am leichtesten und nach dem wenigsten Widerstand anfühlt. Denn sobald eine Aufgabe beendet ist, fühlt man sich meist so gut, dass man die nächste, für die man zuvor etwas mehr Motivation gebraucht hat, sofort und viel lieber angehen möchte.

Da im Laufe des Tages oft weitere Verpflichtungen hinzukommen, schreibe ich alle Gedanken, die mir nicht entweichen dürfen, sofort auf. Vor allem im Vorfeld für das Schreiben dieses Buches war das Aufschreiben und Anlegen von Listen essenziell. Natürlich schob ich das Schreiben, wie es sich für eine Autorin gehört, monatelang auf. Es gab unzählige andere Dinge, die wichtiger erschienen, und unter uns gesagt, hatte ich einfach auch richtig viel Respekt vor dem Auftrag, ein ganzes Buch zu schreiben. Dennoch kamen mir fast täglich Gedanken in den Kopf, entweder einfach nur durch Spontaneinfälle und innere Monologe unter der Dusche oder anregende Gespräche mit anderen Menschen. »Entschuldige bitte, ich muss kurz was notieren«, unterbrach ich mein Gegenüber nicht nur ein Mal, wenn mir Inspiration wie ein Blitz durchs Hirn schoss und ich unbedingt eine Aufnahme des Moments machen musste, damit ich ihn später wieder aufgreifen könnte. Was wäre gewesen, wenn Steve Jobs seine Ideen niemals festgehalten und vorbeiziehen lassen hätte? Was wäre gewesen, wenn große Autorinnen wie Elena Ferrante oder J.K. Rowling die bunten Farben ihrer fantastischen Geschichten niemals zu Papier gebracht hätten? Von den 60 000 Gedanken, die täglich zu Gast in unserem Geist sind, sind vermutlich ein oder zwei dabei, die sogar lebensverändernd sein können. Sie nicht aufzufangen wie ein rohes Ei und gut auf Samt zu betten, damit wir wieder darauf zugreifen können, wenn es notwendig ist, wäre unheimlich schade.

Und was hat das alles mit Liebe zu tun? Sehr viel! Ein liebevoller Umgang mit unseren Aufgaben und all dem, was wir täglich zu bestreiten haben, bedeutet Respekt vor uns selbst, unserer Arbeit und allen Menschen, mit denen wir in Verbindung stehen. Ein wichtiges Projekt nicht zu Ende zu bringen, weil man die fünfte Runde Tetris spielt, ist den Menschen gegenüber, die auch wichtige Zeit und Energie in das Projekt stecken, respektlos. Ein liebevoller Umgang bedeutet, die Zeit und Ressourcen aller Menschen, inklusive mir selbst, wertzuschätzen und das Beste daraus zu machen. Liebe bedeutet, Hingabe, und Hingabe impliziert, dass man eine Aufgabe, mag sie auch noch so klein sein, mit großem Einsatz und viel Eifer durchführt. »Ja« zu sagen, wenn es völlig unrealistisch ist, den Anforderungen und dem Arbeitspensum gerecht zu werden, bedeutet, dass man das Projekt der Person, die anfragt, nicht voll und ganz unterstützen und somit wertschätzen kann. Ich glaube stark daran, dass ein produktiver, organisierterer Alltag auch für liebevolleren Umgang sorgt. Wie oft bin ich zerstreut, viel zu spät, kurz vor Ladenschluss zur Post gerannt und habe meinen Stress zum Stress der Angestellten vor Ort gemacht. Wie oft war ich patzig, weil ich meine eigene Deadline im Hinterkopf sitzen hatte und meinen Frust auf mein Gegenüber projiziert habe. Wenn ich organisiert bin, einen Überblick habe und das Gefühl, etwas geschafft zu haben, in mir trage, bin ich automatisch gelassener, fühle mich leichter und kann das auch in meine Umwelt tragen. Du siehst: Liebe ist einfach überall.

Muss es immer wehtun?

Eine bekannte Influencerin, die ich kenne und die sich wie ich mit Nachhaltigkeit beschäftigt, konsultierte mich kürzlich. »Ich habe seit zwei Monaten keinen bezahlten Auftrag gehabt. Ich weiß nicht, wie ich das machen soll. Einerseits sind mir Nachhaltigkeit und meine Arbeit so wichtig, andererseits muss ich auch meine Miete bezahlen. Wie machst du das? Du bist ja schon länger in diesem Bereich unterwegs, wie verdienst du Geld, obwohl du als Umweltaktivistin tätig bist?« Da sie noch nicht so lange wie ich im Bereich der Nachhaltigkeit als Influencerin tätig war, wandte sie sich an mich und bat um Rat. Sie hatte sich von den folgenden drei Optionen für die Letzte entschieden:

1. Meinen Instagram-Kanal eifersüchtig beäugeln und frustriert sein, dass man seit zwei Monaten kein geregeltes Einkommen hat. Beschließen, dass die Welt unfair ist und andere es besser haben.
2. Das Ganze hinschmeißen, resignieren, hinnehmen, dass

es nichts bringt. Dass Geschäft und Mission sich nicht vereinen lassen und man sich zwischen ihrem Aktivismus oder einem zahlenden Brotjob entscheiden muss.

3. Um Hilfe bitten.

Hier geht es wieder um Selbstverantwortung: Selbstverantwortlich zu sein bedeutet nicht, immer allein aufstehen zu können. Es bedeutet, manchmal die Hand auszustrecken und um Hilfe zu bitten. Es ist relativ einfach, externen Faktoren die Schuld für alles zu geben, aber relativ schwierig, bei jemandem anzuklopfen, einzugestehen, dass man nicht weiterweiß, und um Hilfe zu bitten. Stolz und Ego stehen hier meist zwischen uns und einer potenziellen Lösung. Oder auch der Glaube, alles selbst und allein schaffen zu können und zu wollen. Wie oft habe ich die Welt verteufelt, weil mein Posteingang überquoll und ich meinen Samstagabend allein mit Hunderten von E-Mails verbrachte. Wie oft habe ich mich aufgeregt, dass es andere Menschen in meiner Branche viel einfacher haben, weil sie mehr Geld mit der Bewerbung unethischer Produkte verdienen und deswegen mehr Ressourcen zur Verfügung haben. Die Welt ist unfair, eindeutig, außer Frage stehend. Systemische Ungerechtigkeit herrscht überall: von den Mitgliedern der LGBTIQ Community, den Aktivist*innen zur Stärkung indigener Rechte bis hin zu den Textilarbeiter*innen, die unsere Kleidung herstellen, und den Menschen, die durch Niedrigrenten in Altersarmut geraten. Sie und viele mehr haben täglich mit einer Ungerechtigkeit zu tun, die so grundlegend zu unserem kapitalistischen System gehört wie die Henne zum Ei. Es gibt definitiv Dinge, die für uns als Einzelperson definitiv nicht zu bewältigen sind. Wir können hier und jetzt nicht ändern, dass minütlich Korallenriffe sterben. Ich kann in der Sekunde nichts dagegen tun, dass Donald Trump eine Mauer bauen möchte und im Jemen Kinder verhungern. Es wäre nahezu unmöglich, aus meinen 1,60 Metern Körpergröße stattliche 1,80 Meter zu machen, und Leonardo DiCaprio werde ich vermutlich nur in meinen Träumen daten. Doch das Schöne ist: Neben all den Ungerechtigkeiten und Dingen, die wir nur in Träumen erzielen können, gibt es täglich unzählige Möglichkeiten und Gelegenheiten, bei denen wir nichts anderes tun müssen als die Hand auszustrecken, anzuklopfen, um Hilfe zu bitten. Das. Ist. Verdammt. Schwer. Um Hilfe zu bitten, bedeutet, sich von »Ich bin unvollkommen, wenn ich nicht alles allein schaffe« zu verabschieden. Es bedeutet, sich einzugestehen, dass man etwas vielleicht nicht so gut kann oder jemand anders es besser tut. Es bedeutet, die eigenen Schwächen zu konfrontieren und sich einzugestehen: »Ich schaffe es einfach nicht.« Es bedeutet, dem, was man als Schwäche betitelt, ins Gesicht zu schauen. Glaub mir, es ist verdammt hart, den Beifahrersitz einzunehmen, wenn man es gewohnt ist, das Auto selbst zu lenken. Gründe hierfür gibt es wie Sand am Meer.

Sind wir Märtyrer*innen? Anscheinend! Nun mag es kein religiöser Glaube sein, der unser Antrieb ist. Tief vergraben herrscht jedoch in vielen von uns der Glaube, dass wir Leid still und leise ertragen müssen und irgendwann dafür belohnt werden. »Ich weiß nicht, ob ich einfach noch geduldig sein muss. Es dauert vielleicht einfach noch ein bisschen, bis meine Arbeit wertgeschätzt und ich dafür entlohnt werde«, sagte die Influencer-Bekannte zu mir, die seit zwei Monaten kostenlos für diverse Unternehmen arbeitete. In ihren Worten fand ich mich zu 100 Prozent wieder. Doch müssen wir wirklich immer leiden, um das, woran wir glauben, zu erreichen? Folgt auf Schmerz und Kampf immer Belohnung? Und geht es vielleicht auch ohne? Gerade in dem Bereich, in dem ich arbeite, ein Bereich, der viel mit Moral, Ethik und auch fast schon religiösem Glauben an ein großes Gutes behaftet ist, ist es verlockend, in diese Falle zu tappen. Hätte ich der Märtyrerin in mir so viel Platz geschenkt, wie sie es wollte, würde ich heute nicht dieses Buch schreiben. Ich hätte für alle Unternehmen kostenlos gearbeitet, niemals um Hilfe gebeten und still und leise schrecklich gelitten. Ich hätte mir niemals die Zukunft aufbauen können, die ich heute lebe. Leid gehört zum Leben, es ist aber nichts verkehrt daran, dem Leid so gut es geht aus dem Weg zu gehen. Ganz können wir das ohnehin nicht! Es wird uns früher oder später einholen, und das gehört zum Leben. Wir können aber das nächste Mal um Hilfe bitten, wenn wir merken, dass die Märtyrerin in uns den Fahrersitz übernehmen und uns klammheimlich quälen will, obwohl es auch anders geht.

6. Wie gehe ich mit Hindernissen um?

Für mein Leben gern schaue ich mir Videos von Tieren an. Mehrere Male pro Tag schicke ich witzige Tiervideos heraus, manche meiner Freund*innen finden das, glaube ich, etwas nervig. Ich kann mir nicht helfen: Tiere sind so lieb, witzig und drollig! Letztens verbreitete ich ein besonders erheiterndes Video: Es zeigt einen großen Hund, der bei einem Beweglichkeitswettbewerb genau das tut, was er nicht tun soll. Statt durch den Kunststofftunnel zu laufen, sieht man ihn rein-, aber nicht wieder rauslaufen. Die Kamera springt um, er liegt gemütlich im Tunnel und schaut heraus. Als Frauchen ihn über die Hürden lotsen will, rennt der Vierbeiner einfach daran vorbei. Ich habe mir das Video ungefähr zehnmal angesehen und habe jedes Mal Tränen gelacht. Dieser Hund wurde zum Internetstar, weil er den ganzen Wettbewerb, auf eine irrsinnig charmante Art und Weise, auf den Kopf stellte. Nun sind wir Menschen meistens etwas weniger süß und niedlich, wenn wir den Hürden des Lebens ausweichen. Oft jedoch sehr charmant! Was ich mir allerdings sehr früh von erfolgreichen Menschen, die ich bewundere, abgeschaut habe, ist, wie sie mit Hindernissen umgehen.

Die drei Schritte für Stresssituationen

Im Januar 2019 rief ein großer irischer Textilhersteller dazu auf, die von ihm erzeugte Billigmode auf Social-Media-Kanälen zu bewerben. Ich scrollte mich durch die diversen Hashtags zur Kampagne und sah zahlreiche Frauen, die in die neueste Denim-Kollektion des Herstellers gekleidet waren. Es war genau die Art von Mode, gegen die ich seit Jahren versuche aufzuklären. Die Mode, die vor allem Frauen im globalen Süden in eine Existenz drängt, der wir uns niemals exponieren würden. Spontan rief ich zur Gegenkampagne, zum Boykott auf: Ich veröffentlichte ein Bild mit einem Aufruf, es mir gleichzutun und ein Foto in einem nachhaltigen, alten oder gebrauchten Outfit zu posten. Innerhalb weniger Tage kamen zahlreiche Beiträge zusammen, das Durchschauen der Bilder bereitete mir jedes Mal ein Lächeln, ein warmes Gefühl. Es ist schön zu sehen, wenn Menschen für eine Sache gemeinsam einstehen, gemeinsam kämpfen. Ich bekam nicht nur Lob für meinen Aufruf zum Boykott, sondern auch Hassbotschaften. Es war ein sonniger Morgen, ich hatte gerade eine Stunde Yoga in meinem Wohnzimmer hinter mir, und meine erste, zutiefst gelassene Reaktion war: »Die lese ich mir gar nicht durch.« Doch da war es, das Brodeln, die Neugier, das Spiel mit dem Feuer. Zehn Minuten später scrollte ich Kommentar für Kommentar durch. Von all den Kommentaren, die unter dem Artikel standen – kein Einziger war positiv. Kurz juckte es mich in den Fingern, ich wollte anfangen, mich zu rechtfertigen. Ich entschied mich dagegen. Ich machte das Browserfenster zu. Dann begann meine Routine, die ich mir vor Jahren, nach einigen schweren Shitstorms, angeeignet habe:

Zuerst versuche ich, das Adrenalin, das sich aufgestaut hat, zu lösen. Doch kurz vorweg: Woher kommt das Adrenalin eigentlich? Dieser Vorgang ist eigentlich sehr natürlich, und wir kennen ihn schon lange. Es ist die Kampf- oder Fluchtreaktion, ein von dem US-amerikanischen Physiologen Walter Cannon geprägter Begriff, der unsere körperliche Reaktion in Gefahr- oder Stresssituationen beschreibt. Bei unseren Vorfahren lief das Ganze recht simpel ab: Waren wir auf der Jagd, mussten wir uns in einer gefährlichen Situation sofort entscheiden: Kämpfen oder fliehen wir? Diese Reaktion ist eine rasche Antwort des Gehirns, bei der Adrenalin schlagartig freigesetzt, der Herzschlag, der Muskeltonus und die Atemfrequenz erhöht werden. Auch stoffwechselanregende Hormone wie Cortisol werden ins Blut abgegeben – all das, um unser Überleben zu sichern. Unsere Affekthandlungen in Stresssituationen sind ebenso auf diese körperliche Reaktion zurückzuführen.

Nun leben wir in einem Zeitalter, in dem es selten darum geht zu überleben. Stress bedeutet in unseren Breitengraden ein voller Posteingang, ein unfreundlicher Autofahrer, der uns ein Hupkonzert vorträgt, oder die Straßenbahn, die wir versuchen zu erwischen. Nichtsdestotrotz: Der Vorgang im Körper ist der gleiche. Zähne zusammenbeißen, Stirn runzeln, das Brodeln, das ich eben beschrieb – all das ist eine Form von Kampf oder Flucht. Das Problem ist heute dennoch ein anderes: Cortisol trägt zur Regulierung des Blutzuckerspiegels bei. Der Körper braucht in Stresssituationen viel Energie und somit Zucker. Cortisol hebt den Blutzucker an, sodass im Körper bei Bedarf schnell genug Energie bereitgestellt wird. Unsere Vorfahren konnten diese vom Körper bereitgestellte Energie also schnell abbauen, indem sie kämpften oder flohen. Doch heute tun wir das nicht: Wir beißen die Zähne fester zusammen, wenn wir eine ärgerliche E-Mail lesen. Wir spannen die Schultern noch mehr an, wenn wir uns durch die Kommentarsektion eines Boulevardblatts scrollen. Und dieser mangelnde Abbau an Zucker bedeutet: Wir schalten auf ein höheres Energieniveau um, aber wir sorgen nicht dafür, wieder runterzukommen. Dass wir unter Strom stehen, nicht einschlafen können, ständig etwas tun müssen – all das sind die Folgen von Kampf oder Flucht ohne den dazugehörigen Abbau des Zuckers. Wenn wir gestresst sind, sind wir in permanenter Alarmbereitschaft.

Auch wichtig an dieser Stelle zu erwähnen ist unser vegetatives Nervensystem. Es besteht aus dem Sympathikus und dem Parasympathikus. Ersterer, der Sympathikus, ist grundlegender Baustein der Kampf- oder Fluchtreaktion. Er schickt die Impulse, die die eben beschriebene Reaktion veranlassen. Der Sympathikus sorgt ebenso für erhöhte Reflexe, Herzfrequenz, hemmt die Verdauung, verbessert aber dafür die Sauerstoffversorgung. Sein Gegenspieler, der Parasympathikus, tut genau das Gegenteil. Er ist für die Körperfunktionen im Ruhezustand zuständig. Die Verdauung wird von ihm aktiviert, die Herzfrequenz verlangsamt, er sorgt für Entspannung. Als gestresste Menschen des 21. Jahrhunderts halten wir uns tendenziell zu sehr im sympathischen Teil unseres Nervensystems auf, vor allem wenn wir unter chronischem Stress leiden. Wir laufen kontinuierlich auf Hochtouren, wir können nicht runterfahren, selbst wenn die Arbeit bereits erledigt ist. Wie macht sich das bei dir bemerkbar? Vielleicht ist es das ständige Checken des Handys oder das Suchen nach Tätigkeiten und sofortige Wiederaufstehen, wenn man es sich gerade erst auf dem Sofa gemütlich gemacht hat. Chronischer Stress hat aber auch weitaus gravierendere Folgen: Depression, ständige Angst und Beunruhigung, Tinnitus, Migräne – nur um ein paar zu nennen.

All das lernte ich von meiner guten Freundin Dr. Genieve

Burley aus Kanada. »Wenn du eine ärgerliche E-Mail liest, ist das Wichtigste, dass du die Stresshormone sofort wieder loslässt. Das kann in Form von körperlicher Aktivität oder auch kräftigen Geräuschen sein.« Der Grund, weswegen Seufzen oder gar Schreien so befreiend wirkt? Wir bauen Adrenalin und Zucker ab. Nach diesem kleinen Ausflug in die Biologie also zurück zu meiner Taktik im Umgang mit Shitstorms und negativen Kommentaren:

An erster Stelle versuche ich mich von der Angespanntheit zu befreien. Das kann in Form eines Schreis, eines lauten, inbrünstigen Seufzers oder durch Rennen durch die Wohnung geschehen. Das ist der Riegel, den ich sofort vorschiebe, um eine Affektreaktion zu verhindern. Es gibt mir sowohl physischen als auch zeitlichen Raum, um mich sofort aus der besagten Situation zurückzuziehen. Natürlich ist es einem nicht in allen Lebenssituationen möglich, kurz zu schreien oder körperliche Energie freizusetzen. In einem Büro oder einem offizielleren Rahmen kann dieser Mechanismus aber auch so aussehen, dass du die Augen schließt und ein paarmal kräftig über die Nase ein- und über den Mund ausatmest – ähnlich wie es auch in vielen Yogaklassen praktiziert wird. Ich bin mir sicher: Würden mehr Menschen diese Technik anwenden, gäbe es weniger Gewalt und Kurzschlussreaktionen im Alltag.

Im Fall meiner Shitstorms ist es auch immer wichtig, mich an die Liebe zu erinnern. Wir tendieren dazu, uns auf Negatives zu beschränken, was auch an einem Mechanismus unserer Vorfahren liegt: dem Negativity Bias (hierfür habe ich leider keine adäquate deutsche Übersetzung gefunden). Dieser Vorgang beschreibt Folgendes: Vor Urzeiten, zum Beispiel bei der Jagd, musste der Jagende beim Auftauchen einer Gefahr in Sekundenschnelle entscheiden, ob die Gefahr eine Bedrohung darstellt oder sogar eine Belohnung. Das Auftauchen eines gefährlichen Tieres könnte eine warme Mahlzeit, aber auch den eigenen Tod bedeuten. Das stärkere Wahrnehmen von negativen Situationen gegenüber positiven Situationen war grundlegend für unser Überleben. Evolutionär konnte sich der Mensch aufgrund dieser selektiven Wahrnehmung, die dem Negativen mehr Gewicht gab, durchsetzen.

So wie die Kampf- oder Fluchtreaktion ist auch der Negativity Bias nach wie vor Teil unseres Alltags und menschlichen Handelns. Der Negativity Bias sorgt auch heute dafür, dass wir negative Ereignisse stärker wahrnehmen. Er ist der Grund dafür, dass wir eher unsere Cellulite an den Oberschenkeln als den flachen Bauch wahrnehmen und warum wir uns über die negativen Kommentare mehr ärgern, als wir uns über die positiven freuen. Stelle dir vor: Du arbeitest in einem Laden, den ganzen Tag über kommen nette, zuvorkommende, liebe Kundinnen herein. Es sind 99 Kundinnen über den gesamten Tag verteilt, doch kurz vor Ladenschluss kommt die hundertste Kundin herein. Sie lässt ihren gesamten Frust an dir aus, ist unfreundlich. Gehst du mit einem guten oder einem schlechten Gefühl nach Hause? Im Laufe meiner Karriere ist es mir wie Schuppen von den Augen gefallen: Obwohl die positiven Worte überwiegen, scheinen die negativen mehr Gewicht zu haben. Doch das Wunderbare ist: Wenn wir den Negativity Bias als solchen entlarven, haben wir ein mächtiges Tool in der Hand. Wenn wir wissen, dass wir aus einer Mücke einen Elefanten machen, dass unser Cortisolspiegel gerade ansteigt und wir reagieren statt agieren – dann können wir auch bewusst und achtsam gegensteuern.

Was ich also meine, wenn ich davon spreche, mich an die Liebe zu erinnern, ist genau der Unterschied zwischen der Reaktion und der aktion. Zu agieren bedeutet, eine Entscheidung bewusst zu treffen, eine Aufgabe aktiv anzugehen, Initiative zu ergreifen, das Schiff klar zu steuern. Eine Reaktion hingegen ist eine gezwungene Antwort, ein passives Ausgeliefertsein. Immer, wenn wir das Gefühl haben, Teil einer Negativspirale zu sein, ist es wichtig, nicht wie wild um sich zu schlagen, zu reagieren, sondern anzuhalten und zu agieren. Anhand des Kommentarbeispiels: Eine Reaktion wäre, mich zu rechtfertigen. Eine Person, die mich als dumme Pute bezeichnet, zwingt mich in eine Rechtfertigung, ich steige in die Negativspirale mit ihr ein. Zu agieren bedeutet: einen Schritt zurücktreten, durchatmen, Browser schließen. Dann kann ich mich entscheiden, geistig dorthin zu gehen, wo die Liebe ist. Zu den netten, positiven Nachrichten. Ich kann mich hinsetzen, aufschreiben, was ich gerade besonders an mir oder in meinem Leben schätze. Ich kann in dem Moment eine liebe Freundin anrufen und mit ihr reden. Zu agieren bedeutet, sich aktiv für die Liebe und Eigenverantwortung zu entscheiden. Es bedeutet aber auch, einen anderen Menschen davor zu bewahren, mit einem selbst in eine Diskussion zu geraten. Nur selten bin ich aus einem virtuellen Streit aus Facebook oder Instagram gegangen mit dem guten, positiven Gefühl, ein komplexes Problem gelöst zu haben. Es gibt Dinge, die kann und darf man stehen lassen. Es ist okay, als dumm, faul, naiv bezeichnet zu werden, wenn man selbst weiß, dass diese Worte nur Worte und kein Abbild der Realität sind. »Rise above it«, sagte meine Mutter immer schon zu mir. Ich solle drüberstehen, und es fiel mir immer irrsinnig schwer, das zu tun. Und auch heute, wenn ich höre: »Steh einfach drüber«, weiß ich: So einfach ist das nicht. Es braucht Werkzeuge und Techniken, wie man sich in diesen Situationen verhalten kann.

Deswegen versuche ich mich möglichst oft an dieses Schema zu halten: die Affekthandlung unterbinden, Adrenalin abbauen, mich an die Liebe erinnern. Es sind drei Schritte, die in meinem Werkzeugkasten immer griffbereit liegen.

Wenn meine Mängel zu deinen werden

Durch meine Onlinepräsenz bin ich seit Jahren Kritik und Hassrede ausgesetzt. Mal wird mir vorgeworfen, eine Heuchlerin zu sein, ein anderes Mal bin ich eine arrogante, eingebildete Selbstdarstellerin. Nun war das aber nicht immer so, denn die ersten drei Jahre meiner Karriere war ich diesen negativen Reaktionen nicht ausgeliefert. Ich gründete meinen Blog *dariadaria* 2010 und bloggte über alles, was mir so einfiel: Theater, Demos, Bücher und auch Kleidung. Letzteres wurde nach und nach zum Themenschwerpunkt. Die Mode, die ich zu Beginn bewarb, war meist Billigmode, sogenannte Fast Fashion. In den drei Jahren, in denen ich unter fragwürdigen Bedingungen hergestellte Kleidung zum Fokus meiner Inhalte machte, erhielt ich keinen einzigen Kommentar zu den Themen Kinderarbeit, Ausbeutung von Textilarbeiter*innen oder der Verschmutzung unserer Umwelt – alles Begleiterscheinungen von Fast Fashion. Im November 2013 fasste ich den Entschluss, dieser Welt den Rücken zu kehren und nur noch ethisch und ökologisch verantwortungsvolle Mode zu bewerben. Seit diesem Zeitpunkt ist mir ein Phänomen aufgefallen: Projektion. Seit ich angefangen habe, polarisierende Themen anzusprechen, erlebe ich regelmäßig Projektion. Dieser Begriff wurde in der Psychologie, speziell der Psychoanalyse, geprägt und beschreibt einen tief in uns sitzenden

Abwehrmechanismus. Wir übertragen und verlagern einen inneren Konflikt auf eine andere Person. Es ist eigentlich sehr einleuchtend: Einen inneren Konflikt, wer möchte den schon haben? Die Projektion beginnt in dem Moment, in dem wir vergessen, dass wir die Quelle dessen sind, was in unserem Leben passiert. Die Projektion bedeutet meistens, dass wir die Verantwortung für die Gefühle, die wir in anderen wahrnehmen, nicht übernehmen. Dennoch ist es eine durchaus natürliche Reaktion, etwas, was unangenehm ist, abgeben zu wollen. So verhält es sich aber nicht nur mit dem Konflikt, sondern auch mit allem anderen, dessen wir uns entledigen wollen: negativen Eigenschaften, die wir an uns nicht mögen, ein Selbstbild, das uns nicht gefällt. Bei der Projektion laden wir den vollbepackten Lastwagen mit all den Dingen, die sich nicht gut anfühlen, im Vorgarten der anderen Person ab. Gründe hierfür sind unzählig, denn ein schlechtes Gefühl ist, vor allem auch aufgrund des Negativity Bias, schnell ausgelöst. Wenn ich als Befürworterin fairer Mode also einmal ein zehn Jahre altes Paar Turnschuhe einer Fast-Fashion-Marke trage, kann das oft zur Projektionsfläche werden: Obwohl viele selber nicht komplett ökologisch korrekt gekleidet sind, kritisieren sie mein altes Paar Schuhe. Ein weiteres Beispiel kann sein, dass die andere Person etwas auslebt, von dem wir gelernt haben, dass es nicht in Ordnung ist, sich so zu verhalten. Sehr oft ist dieses Ausleben jedoch etwas, was wir uns insgeheim auch wünschen, aber nicht erlauben. Die Angst, etwas auszuleben, behindert uns im Ausleben unserer Wünsche, und das ist kein schönes Gefühl. Zum Beispiel: Ich tanze oft in Unterwäsche in meiner Küche herum, filme das Ganze und lade diese kurzen Sequenzen auf Instagram hoch. Viele Menschen, vor allem Frauen, reagieren sehr gereizt auf diese Tanzeinlagen. »Wieso musst du dich halb nackt zeigen?«, höre ich oft. Hier sieht man, wie etwas so Banales wie ein Tanz Menschen in die Projektion bringt. Das ungute Gefühl, das in vielen Frauen aufbrodelt, wenn sie andere Frauen sehen, die sich in ihren Körpern wohlfühlen und das auch zeigen. Wir Frauen lernen oft, unsichtbar, bescheiden, fast schon jungfräulich durchs Leben zu gehen. Im Mittelpunkt zu stehen – das wird oft als von sich selbst eingenommen dargestellt, dabei ist es doch gar nicht verkehrt, sich über Anerkennung und Aufmerksamkeit zu freuen. Als Frau wird einem oft verweigert, Raum einzunehmen, laut und präsent zu sein. Viele von uns haben das so gelernt, und wenn wir dann auf Menschen treffen, die etwas ausleben, was uns immer verwehrt wurde, ist die Reaktion vieler die Projektion. Ganz oft ist also das, was wir an anderen Menschen verurteilen, etwas, was wir uns selbst nicht erlauben.

Oft sind es aber auch Eigenschaften, die wir selber besitzen, aber nicht ertragen und so an anderen Menschen stärker kritisieren als an uns selbst. Ein Beispiel könnte hier der Partner sein, der seine Partnerin ständig für ihre Unordentlichkeit kritisiert, weil er selber eigentlich unordentlich ist, es aber nicht ertragen kann, diese Eigenschaft zu besitzen. Vielleicht, weil er von klein auf dafür getadelt wurde oder weil er Unordentlichkeit mit einem gewissen Stigma behaftet. In meinem Fall passiert diese Form der Projektion auch oft, wenn es um das nachhaltige Leben geht. Kaum steige ich in ein Flugzeug, hagelt es Nachrichten. Das liegt zum einen wieder am guten alten Negativity Bias, aber auch daran, dass wir so eigenes Fehlverhalten auf andere projizieren können. Es leuchtet eigentlich ein: Wenn man mich sieht, ist man oft eingeschüchtert. Ich führe ein vermeintlich wunderschönes Leben, trage tolle, ökologische Klamotten und werde an tolle Orte wie das EU-Parlament eingeladen. Dass das nur ein Bruchteil der Realität ist, sei mal außen vor gelassen. Dieses vermeintlich perfekte Leben erzeugt in vielen Menschen ein mulmiges Gefühl, vor allem, wenn sie wieder mal zum Fast-Fashion-Laden gehen oder die Discounterwurst kaufen, obwohl sie nicht darauf angewiesen sind, in diesen Läden einzukaufen. Da kommt die Gelegenheit, bei der ich ins Flugzeug steige und meinen sonst so perfekten ökologischen Fußabdruck bedeutend tiefer werden lasse, wie gerufen, um sich dieses Gefühls zu entledigen! Das eigene schlechte Gewissen dafür, dass ich nun mal gerne Fast Fashion und Discounterwurst kaufe, kann so endlich externalisiert werden, indem eine Person kritisiert wird, die es nun doch nicht besser macht.

Ein weiteres Beispiel für Projektion, das mir auch sehr oft unterkommt: das Externalisieren von unausgelebten Wünschen. Für viele lebe ich den Traum: Selbstständigkeit, Flexibilität, Anerkennung und Instafame. Innerlich wünschen sich viele Menschen dasselbe. Statt Bewunderung auszusprechen, zählen sie dann jedoch Gründe auf, wieso sie diesen Traum nicht leben könnten: »Ich hätte ja gemacht, was du machst, aber mir fehlt die Zeit« und Ähnliches höre ich oft. In Wirklichkeit ist es tiefe Bewunderung für das, was sie auch gerne leben würden, ohne dass sie es so formulieren und artikulieren können. Es sind externe Faktoren, denen wir zuschreiben, wieso wir unsere Träume nicht leben. Das unangenehme Gefühl, die Beklemmung, dass wir unsere Wünsche nicht realisieren, projizieren wir so auf außenstehende Gegebenheiten, auf die wir vermeintlich keinen Einfluss haben. Die Schuld nach außen tragen, das machen Kinder bereits. Wenn etwas kaputtgeht und der Teddy schuld war oder das Kind stolpert und es der Stein war, der die Ursache dafür trug.

219

Einige Beispiele für Situationen, in denen wir projizieren:

- *Antipathie:* So möchte ich nicht sein, deswegen lehne ich es ab.
- *Konkurrenz:* Mir gefällt nicht, dass die andere Person die gleichen positiven Eigenschaften wie ich besitzt.
- *Selbstkritik:* Ich bin auch so und lehne es an mir ab.
- *Übertragung:* Du erinnerst mich an jemanden, den ich nicht mag.
- *Neid:* Ich wäre auch gerne so, erlaube es mir aber nicht und lehne es deshalb ab.

Nun bin auch ich selbst nicht gefeit vor Projektion. Ich projiziere ständig! Manchmal nehme ich es sofort wahr, manchmal läuft es unterbewusst ab. Ein Verhalten, das ich an mir ganz stark festgestellt habe, ist, dass es mich unheimlich irritiert, wenn andere Menschen rücksichtslos sind. Als ich hier tiefer reingesehen habe, wurde mir klar, dass ich innerlich ein sehr großes Problem damit habe, egoistisch zu sein, »Nein« zu sagen. Mein innerer Wertekompass ist darauf ausgerichtet, nicht egoistisch und immer lieb zu sein. Die Werte, die wir von klein auf mitbekommen, sind oft ausschlaggebend. Ebenso oft ertappe ich mich dabei, Kritik zu projizieren. Wenn ich kritisiert werde, versuche ich abzuwarten, bevor ich etwa die Kritik auf den Sender*in zurückprojiziere.

Und wieder geht es hier um die Reaktion im Gegensatz zu der Aktion. Es ist ein Automatismus, der passiert, wenn wir projizieren. Wie können wir diesen Automatismus also entlarven und ihm entgegensteuern? Zuerst gilt wieder: Zeit zwischen dem Reiz und der Handlung vergehen lassen. Für die Person, die angegriffen wird, ist es wichtig festzuhalten, dass das, was die Person uns gerade an den Kopf wirft, vermutlich

Projektion und keine Abbildung der Realität ist. Für die Person, die sich in der projizierenden Handlung befindet, gilt es, die Lupe in die Hand zu nehmen und näher hinzuschauen:

Warum muss ich mit Wut, Ärger und Ablehnung reagieren?

Was würde sich ändern, wenn ich tolerant und gelassen reagieren würde?

Warum reagiere ich auf bestimmte Eigenschaften und Typen mit extremer Ablehnung?

Was hat das mit mir selbst zu tun, und wie kann ich es lösen?

Werfe ich dem anderen gerade vor, was ich selbst in mir trage oder sogar lebe?

Sollte ich ein wenig mehr von dieser Eigenschaft haben bzw. sie leben?

Wir müssen uns klarmachen, dass viele Dinge, die wir anderen Menschen vorwerfen, nichts mit diesen Menschen, sondern mit uns zu tun haben. Unsere eigenen Wünsche und Bedürfnisse zu artikulieren – die wenigsten Menschen lernen das, obwohl es genau das sein sollte, was man Kindern von jung an beibringt. Erst wenn wir in Beziehungen als Erwachsene leben, kommt dann dieser Mangel zum Vorschein, und wir bemerken oft zu spät, dass das Bild, das wir uns von einem anderen Menschen machen, wenig mit der Person zu tun hat.

Einen blinden Fleck kann man nur erhellen, indem man mit der Taschenlampe daraufleuchtet. Die Taschenlampe ist in meinem Werkzeugkoffer, und zwar dort, wo ich sie schnell bei der Hand habe, wenn sie mal wieder gebraucht wird.

Tschüss, Energievampir!

Eines Tages erreichte mich folgende Nachricht auf Instagram:
»Hallo, hast du Tipps, wie man mit Menschen umgehen kann,
die einem die gesamte Energie rauben?« Wir alle kennen
sie: Menschen, die sich wie Blutegel an uns heften und
jegliches Fünkchen Energie aussaugen. Nun gibt es einen sehr
pragmatischen Umgang mit diesem Thema, den ich mir in
folgenden Schritten zurechtgelegt habe:

1. **Energieräuber*innen identifizieren:**
   Es gibt es, das matte, erschöpfte Gefühl, das du nach einem
   Treffen mit deiner Freundin hast. Das muss nicht immer an
   dir liegen, es kann definitiv an ihr liegen! Ich finde es wichtig, nüchtern Resümee zu ziehen und zu erkennen, dass es
   Menschen gibt, die einem mehr Energie rauben als andere.
   Vielleicht ist es der Nachbar, der über nichts anderes als
   seine Probleme redet, wenn man eigentlich schon auf dem
   Sprung aus der Haustüre ist, oder die Arbeitskollegin, die
   ständig alles über das eigene Privatleben wissen will und
   unaufhörlich bohrt. Es gibt einfach Konstellationen, bei
   denen wir erkennen müssen: Du und ich, das klappt nicht.
   Ich fühle mich ausgelaugt und erschöpft, wenn ich mit dir
   zu tun habe.

2. **Evaluation:**
   Habe ich beruflich oder familiär mit der Person zu tun?
   Kenne ich die Person nur flüchtig, oder steht sie mir nahe?
   Das Näheverhältnis zu beurteilen ist wichtig, um im An-
   schluss mit einer geeigneten Taktik aufzufahren. So wird
   eine flüchtige Bekanntschaft anders zu handhaben sein als

ein Mensch, den man seit Jahren kennt. Respekt ist immer wichtig, und bloßstellen oder vor den Kopf stoßen sollte man im Idealfall niemanden! Dennoch bedürfen berufliche Energieräuber*innen eines anderen Handlings als familiäre oder freundschaftliche Energieräuber*innen.

3. Die Taktik:

Die Taktik, wie man mit Engerieräuber*innen umgeht, sieht für jeden Menschen anders aus. Was mir persönlich im Umgang mit Personen, die mir Energie rauben, geholfen hat, ist zu erkennen, was der Person Rechtfertigung für ihr Verhalten gibt. Wenn eine Freundin Energie raubt, weil sie immer nur über sich selbst redet, darf man kein Öl ins Feuer schütten, indem man ihr weiterhin freie Bahn für dieses Verhalten gibt. Und wenn der Chef die eigenen Batterien schneller als andere ausgehen lässt, indem er einem im Minutentakt neue Aufgaben zuschanzt, sollte man dieses Verhalten nicht noch belohnen, indem man die Arbeiten so schnell wie möglich erledigt. Manche Menschen wollen streiten, provozieren, je nachdem, welches Muster sie gelernt haben. Eine Taktik kann sein, die Person einfach zu ignorieren, was vor allem dann hilfreich ist, wenn man die Person nicht gut kennt. Wenn mir also ein anonymer Account eine Hassnachricht schreibt, ist die beste Möglichkeit, das einfach zu ignorieren. Hier wäre die Energie tatsächlich verschwendet, und die Person würde durch meine Antwort Genugtuung erfahren. Ignorieren ist hingegen bei der eigenen Mutter, die schon zum hundertsten Mal wegen des Weihnachtsbaums anruft, eher schwierig. Eine weitere Taktik kann sein, schlagfertiger zu werden. Im Alltag bin ich oft mit inhaltslosen, sexistischen Kommentaren konfrontiert und habe mir eine Reihe schlagfertiger Antworten zurechtgelegt. Schlagfertig sein bedeutet für mich mit Humor zu argumentieren, aber zwischen den Zeilen klarzumachen, dass ich nicht hilflos bin. Energieräuber*innen leben oft von der Genugtuung, uns in eine Ecke zu drängen, oft mit zynischen Kommentaren. Schlagfertigkeit kann hier bedeuten, einfach eine Gegenfrage zu stellen. Aber: Nicht immer ist Schlagfertigkeit angebracht. Gerade wenn ein hierarchisches Verhältnis besteht, kann Schlagfertigkeit oft falsch aufgefasst und unangebracht sein. Was den Wind bei der einen Person aus den Segeln nimmt, kann bei der anderen für ordentlich Fahrtwind sorgen. Die Idealsituation für das Auflösen oder Heilen einer Beziehung, die mehr Energie raubt als gibt, ist es, gewaltfrei zu kommunizieren.

4. Gewaltfreie Kommunikation:

Das Konzept stammt von Marshall Rosenberg und wurde in den 1960er-Jahren entwickelt. Vor allem das Buch *Weil Worte wirken* von Judith und Ike Lasater kann ich in diesem Zusammenhang sehr empfehlen – es hat meine Sicht auf viele Dinge verändert und war eine der prägendsten Lektüren. Die GFK funktioniert in vier Schritten: Man beobachtet, formuliert ein Gefühl, erkennt das Bedürfnis, das dahintersteckt (und nicht erfüllt wurde), und formuliert im Anschluss eine Bitte. Im Zusammenhang mit Energiesaugenden stehen also am Anfang die Fragen: Was für ein Gefühl erzeugt die Interaktion mit der Person in mir? Und was hätte ich gerne stattdessen? Wobei das leichter gesagt als getan ist. Denn das Problem, das vielen Konflikten oder Unausgesprochenem zugrunde liegt, ist die Tatsache, dass wir nie gelernt haben, unsere Bedürfnisse zu verbalisieren. Wichtig ist, immer in Ich-Form zu sprechen und nicht die Person, sondern den Sachverhalt anzusprechen. Wenn der Arbeitskollege also kurz vor Feierabend eine unvollständige Präsentation schickt, sollte man sagen: »Wenn ich eine unvollständige Präsentation bekomme, ärgere ich mich, weil ich dann Überstunden machen muss«, und nicht »Deine schlampige Art macht mich wahnsinnig«. Das Bedürfnis, das nicht erfüllt ist, muss artikuliert werden, damit beide aus der Situation lernen. Abschließend ist die Bitte zu formulieren: Was kann die andere Person tun, um die Situation zu verbessern? Dem Kollegen kann man zum Beispiel ruhig entgegenbringen: »Ich wünsche mir, dass du mir Präsentationen vollständig schickst oder beim nächsten Mal früh genug Bescheid gibst, wenn du Hilfe brauchst.« Stattdessen haben wir nie gelernt, klare Aussagen zu tätigen, sondern erwarten, dass Menschen intuitiv wissen, was wir wollen und brauchen. Tatsächlich sollen uns Beziehungen jeder Art guttun, und das können sie nur, wenn wir unseren Mitmenschen kommunizieren, was wir uns wünschen. Anerkennung, Vertrauen, Freiheit, Wertschätzung – das sind die Bedürfnisse, die bei mir ganz oben stehen. Wie sieht die Liste bei dir aus? Je besser wir unsere eigenen Bedürfnisse artikulieren und die der anderen kennen, desto leichter fällt das Miteinander.

Wir müssen uns von der Vorstellung verabschieden, dass wir uns mit allen Menschen verstehen müssen. Freundschaften verändern sich, und es ist nicht zwingend notwendig, sich auch mit Mitte dreißig mit der besten Freundin aus der Schule zu treffen, wenn man nicht mehr so viel gemeinsam hat. Blut ist meiner Meinung nach nicht dicker als Wasser, und somit zwingt dich niemand, viel Zeit mit der Tante, die dich immer fragt, ob du zugenommen hast, zu verbringen. Authentizität hat viel damit zu tun, Grenzen zu stecken und zu sagen: Damit fühle ich mich wohl, damit nicht.

Im Hier und Jetzt

Alkohol gehörte für mich seit Teenagerjahren dazu. Zu den Besuchen im Klub und lustigen Nächten. Aber auch im Erwachsenenalter war Alkohol immer mein Begleiter: das Glas Wein bei einem heißen Vollbad oder das Feierabendbier, das ab und an zur Entspannung hermusste. Ich glaubte immer, mich in keiner Abhängigkeit zu befinden, bis mir auffiel: Ich trinke regelmäßig Alkohol, seit ich 14 Jahre alt bin. Besonders stark fiel mir dies mit dem Alkohol während meiner Yogalehrerinnenausbildung auf. Die Leitung legte uns nah, den ganzen Monat, den Zeitraum der Ausbildung, keinen Alkohol zu trinken. Ich hatte bereits früher kurze Abstinenzperioden eingelegt, aber meistens eher, weil ich es an einem Wochenende übertrieben hatte und mir schwor, »nie wieder« zu trinken. Nach 30 Tagen im Yoga Teacher Training, mit denselben 40 Menschen am selben Fleck, sechs Tagen Unterricht pro Woche mit Programm von sieben Uhr morgens bis 20 Uhr abends, demselben Buffet, von dem jede von uns irgendwann Durchfall bekam, sehnte ich mich nach nichts mehr als einem Glas Rotwein. Zwei Tage, bevor das Training zu Ende war, stahl ich mich mit meiner Freundin Rosie aus dem Areal, um in eine nahe gelegenes Lokal zu fahren. Der erste Schluck Wein schmeckte ekelhaft, sauer, süß und brannte im

Hals. Wir verbrachten dennoch einen schönen Abend mit tollen Gesprächen – denn mit Rosie könnte ich Stunden reden. Am Tag darauf fühlte ich mich grauenhaft. Ich wachte mit einem brummenden Schädel, Sodbrennen, einem filzigen Mund auf. Ich hatte vergessen, wie sensibel ich eigentlich auf Alkohol reagiere, und das bekam ich, da ich nicht »im Training« war, ziemlich zu spüren. Dass ich mit Rosie einen ebenso netten Abend auch ohne Rotwein hätte verbringen können, kam mir zu dem Zeitpunkt noch nicht in den Sinn.

Ich verließ das Training als ausgebildete Yogalehrerin und suchte mir eine schöne Unterkunft in einem ruhigen Ort auf Bali, um meinen letzten Monat auf der Insel ausklingen zu lassen. Nach einem Monat im Kloster (so fühlte es sich ein bisschen an) suchte ich nach Spaß und Aufregung. Als es schließlich rund um Weihnachten begann, wie aus Kübeln zu schütten, und ich feststellte, dass meine ganze Kleidung in meiner schönen Unterkunft zu schimmeln begann, wollte ich einfach nur weg. Ich zog in einen anderen Ort, wo es weniger Yogis, weniger Nachtruhe und mehr Party gab. Rosie kam mit, und so verbrachten wir eine irrsinnig witzige, ausgelassene Zeit. Doch bald stellte ich ein Muster fest, das mir zuvor nicht aufgefallen war: Es herrschen Langeweile und Einsamkeit, also trinke und feiere ich. Ich wache am nächsten Tag auf, fühle mich emotional und körperlich ausgelaugt, fast schon depressiv verstimmt. Mir wurde auch klar, dass ich himmelhochjauchzende Momente, vor allem mit dem anderen Geschlecht, verbrachte, wenn ich betrunken war, und die Achterbahnfahrt schnell zur Geisterbahnfahrt wurde, sobald der nächste Tag kam. Ich lernte unentwegt Männer kennen, mit denen ich viel zu schnell viel zu eng wurde, mir einbildete, die Liebe meines Lebens gefunden zu haben, und schnell merkte: Wenn Alkohol im Spiel ist, ist alles, wirklich alles verzerrt. Ruby Warrington sagt es in ihrem Buch *Sober Curious* sehr passend: Wir würden niemals betrunken zu einem wichtigen Job- Interview kommen – wieso also zu einem Date? Meine wilde Zeit in Bali ging zu Ende, ich riss mir in der letzten Woche noch das Kreuzband (ohne es bis zur Diagnose zehn Tage später zu wissen), flog nach Hause, ging sofort feiern (um wieder zu Hause »anzukommen«), wurde am Tag darauf richtig krank, verbrachte eine Woche auf meinem Sofa, in Isolation. Ich kam aus dem Paradies, braun gebrannt, und wurde in Sekundenschnelle in die Realität zurückkatapultiert: Antibiotika, gerissenes Kreuzband, gebrochenes Herz. Januar, minus zehn Grad. Wow.

Ich war unfassbar unglücklich zu dieser Zeit, auch wenn meine Probleme nicht gravierend waren. Ich konnte kein Yoga unterrichten, ich konnte nicht mal ansatzweise Sport treiben, um meinen Kopf frei zu bekommen, ich hatte mir das Herz von einem Trottel von Tinder brechen lassen und musste so ziemlich jeden Plan, den ich für Februar und März gemacht hatte, canceln, um mich meinem Knie in der Reha zu widmen. Und da fiel es mir wie Schuppen von den Augen: Der Alkohol ist immer da, wie ein stiller Statist im Hintergrund, wenn mein Leben solche Wendungen nimmt. Er ist immer da, wenn sich ein Drama abzeichnet, wenn man betrunken Nachrichten verschickt, die man am nächsten Tag bereut, wenn man keine Kontrolle mehr hat. Wie eine Bombe schlug es ein: Alkohol hindert mich daran, im Hier und Jetzt zu sein. Nach 30 Tagen im Yoga Teacher Training wurde es unangenehm. Die »Verliebtheitsphase« war vorbei, ich wollte einfach nur fertig werden. Alkohol ist nur einer der vielen Komforts, zu denen wir greifen, wenn wir mit einer Situation im Hier und Jetzt nicht in Stille sitzen können. Auch der ständige Griff zum Handy ist ebenso ein tief verankerter Mechanismus unserer Generation, der uns daran hindert, im Moment zu sein. Dennoch: Das Feierabendbier ist die Ablenkung, die wir brauchen, wenn die Tatsache, dass wir zu viel arbeiten, schmerzt. Das Glas Wein beim ersten Date ist die Sicherheit, die wir brauchen, wenn es zu verletzlich ist, sich so zu geben, wie man ist – roh und nüchtern. Die vielen Gläser Schnaps sind das, was uns rettet, wenn wir eigentlich schon nach Hause gehen könnten und genug Spaß gehabt haben oder wenn der Gedanke daran, allein nach Hause zu gehen, einfach unerträglich ist. Wieso ist es so abwegig, um vier Uhr morgens tanzend in einem Klub auf der Tanzfläche zu sein, völlig nüchtern? Und warum brauchen wir zum Netzwerken immer den Drink in der Hand, weil alles andere irgendwie unsozial erscheint? Der Verzicht auf Alkohol hat bei mir einen Prozess losgetreten, der mich tiefer zu meiner Seele, meinen Unsicherheiten und inneren Kämpfen gebracht hat. Und wieder waren es die Fragen, die so wichtig waren, viel wichtiger als die Antworten: Was hindert mich daran, im Augenblick zu sein, ohne zum Glas Rotwein oder zum Handy zu greifen? Wieso wurde ich betrunken eher mit jemandem intim, und was bedeutet es, niemals irgendeine Substanz zwischen einem selber und der anderen Person zu haben? Wieso war es bei Events, wo ich am Eingang am liebsten auf dem Absatz umgedreht und wieder nach Hause gegangen wäre, immer leichter, nach einem Glas Prosecco zu netzwerken? Und wieso bin ich nicht einfach nach Hause gegangen? Das alles klingt furchtbar dramatisch. Ist es irgendwie auch! All diese Fragen resultierten für mich in der großen Frage, die sozusagen als Antwort über allem stand: Wieso nicht das tun, was sich intuitiv richtig anfühlt? Unter dem Einfluss von Alkohol (oder jeder anderen Substanz, die man als moderne Droge bezeichnen kann – so auch Handys, Zucker, exzessiver Sport; der Fantasie sind keine Grenzen gesetzt) bin ich nicht ich, sondern eine Version von mir, die mit dem Status quo, dem Augenblick, dem Hier und Jetzt offensichtlich nicht kompatibel ist. Als ich im Frühjahr 2018 beschloss, für ein paar Monate keinen Alkohol zu trinken, und den Versuch über ein Jahr durchzog, dachte ich niemals daran, eine Box aufzumachen, in der ein ganzes Universum voller Erkenntnisse steckt. Alkohol ist die einzige Droge, bei der wir uns immer wieder darauf berufen, dass sie in Maßen okay sei. Wenn jemand mit dem Rauchen aufhört, hört man kaum jemanden sagen: »Na ja, also paar Zigaretten pro Woche sind doch voll okay!« Und wenn jemand dem Kokain abschwört, heißt es nicht: »Wie viel Kokain hast du denn sonst so genommen, dass du ganz damit aufhören musstest?« Bei Alkohol hingegen sind diese Reaktionen völlig normal.

Was, wenn meine Antwort ist: Ich hatte kein offensichtliches Problem mit Alkohol. Keine Abhängigkeit und keine Traumata, bloß das herkömmliche Nutzungsverhalten einer Frau in ihren Zwanzigern: ab und an das Glas Rotwein, das Feierabendbier, selten aber doch am Wochenende über den Durst getrunken und mit brummendem Schädel aufgewacht. Doch was, wenn ich auch hinzufüge, dass sich so vieles verändert hat, seit ich keinen Alkohol mehr trinke? Bessere Haut, besserer Schlaf, weniger Angst- und Schuldgefühle, bessere athletische Performance, mehr Spaß, weniger Kranksein, bessere Gesundheit, mehr Klarheit, besserer Fokus, mehr Energie, weniger Stimmungsschwankungen, besserer Sex, gestärktes Selbstbewusstsein und allem voran: kein Kater. Niemals. Das Leben ohne Alkohol ist für mich ein besseres. Und der Verzicht ist alles andere als schwierig.

Laut einer aus dem Jahr 2007 stammenden Studie sind Heroin, Kokain, Nikotin, Barbiturate (Schlafmittel) und Alkohol die fünf Substanzen, die am süchtigsten machen. Der Leiter der Studie, David Nutt, bestätigt in einem Interview mit BBC News sogar: Alkohol ist schädlicher als Heroin. In seiner Studie wurden 16 Kriterien herangezogen, die nicht nur die Auswirkungen der jeweiligen Droge auf die Konsumentin selbst, sondern auch andere Nebeneffekte wie Kriminalität, Beeinträchtigung von Mitmenschen und finanzielle Risiken einbezog. Dieses komplexe System klassifizierte Alkohol als dreimal so schädlich wie Kokain oder Tabak. Natürlich sei Kokain suchterzeugender, Alkohol jedoch gefährlicher, da er gesellschaftlich so akzeptiert und leicht zu erhalten ist.

Wir trinken Alkohol, um uns attraktiver zu fühlen, dabei sorgt das zigste Getränk eher dafür, dass wir weniger kontrolliert, torkelnd und alles andere als sexy wirken. Ist Attraktivität nicht Präsenz? Ein festes, fundiertes Auftreten, eine starke Ausstrahlung. Und ist das Gefühl von Selbstzweifel, mit dem wir so oft nach einer durchzechten Nacht aufwachen, nicht genau das, was uns unseres Selbstwertes beraubt? Spaß, Inspiration, Selbstbewusstsein, Verbundenheit, ein Gefühl von lebendig sein – all das versuchen wir mit Alkohol erleben zu dürfen und tun das auch. Doch genau all das verschwindet am Tag darauf, wenn wir mit brummendem Schädel aufwachen. Selbstzweifel, ein Gefühl von Distanz, Unruhe, manchmal sogar Trauer oder Angst, neben sich stehen – all das sind Begleiterscheinungen eines Katers, die alle von uns vermutlich schon einmal erlebt haben.

Und immer dann, wenn das Gefühl eines Mangels aufkommt, ich Gefühl X durch Gefühl Y ersetzen möchte und aus diesem Grund zu Alkohol greife, kann, meiner Meinung nach, sehr wohl von Abhängigkeit die Rede sein. Wenn ich Langeweile mit Spaß, Verschlossen- mit Offenheit oder An- mit Entspannung ersetzen möchte und dafür zu einer Substanz greife, die mir das jeweilige Ergebnis von außen ohne großes Zutun und Arbeit gibt, sollte ich mir die Frage stellen: Was gibt mir die Substanz, was ich mir nicht selbst geben kann? Wieso bin ich verschlossen? Und was kann ich tun, um entspannter zu sein?

Mir wurde oft eingeredet, ich wäre extrovertiert. Und es dauerte fast genauso lange, bis ich feststellte, dass ich vor allem unter Einfluss von Alkohol extrovertiert bin und dass ich in Wirklichkeit irrsinnig gerne Zeit mit mir selbst, stocknüchtern, verbringe. Dass ein Raum voller Menschen mich eher einengt als aufleben lässt. Amy Schumer formuliert es in ihrem Buch *The Girl with the Lower Back Tattoo* ungefähr so: Den Unterschied zwischen einem extrovertierten und einem introvertierten Menschen macht nicht die Tatsache, ob jemand gerne auf einer Bühne steht, sondern die Tatsache, dass der introvertierte Mensch nach seinem Bühnenauftritt die Ruhe im Hotelzimmer sucht, statt an der Bar weiterzufeiern. Ich spreche zu Tausenden von Menschen, bin gut vernetzt, stehe oft im Mittelpunkt. Der Glaube, extrovertiert zu sein, brachte mich immer in eine selbsterfüllende Prophezeiung: Sei extrovertiert. Alkohol half mir dabei. Ich fühlte mich selbstbewusster, attraktiver, witziger, lockerer. Ein Gefühl der Verbundenheit, wenn auch noch so oberflächlich, schien leichter mit einem Achtel Wein intus möglich zu sein, wenn auch das, wonach ich mich immer schon sehnte, tiefgründige, bedeutende menschliche Beziehungen waren. Ich möchte damit nicht sagen, dass wir alle zu abstinenten, bibellesenden Jungfrauen werden sollen, doch ich möchte jeden Menschen ermutigen, der sich in einer der beschriebenen Situationen wiedergefunden hat.

»Nein« zu Alkohol zu sagen, schafft Aufmerksamkeit, ohne

dass man es will. In den Augen meiner Mitmenschen bin ich dann oft sofort eine schwangere Muslimin, die ein Alkoholproblem hatte. Das ständige Rechtfertigen kann einen ungewollt zum Thema des Abends machen, und das ist ein Preis, den man bereit sein muss zu zahlen. Doch die Belohnung, der *echte* Preis, den man erhält, ist ein weitaus größerer: die eigene Integrität.

Die Reaktion der Menschen, wenn ich das alkoholische Getränk ablehne, ist für mich so oft so plakativ für eine Gesellschaft, die Angst hat. Angst vor Andersartigkeit, Angst vor Veränderung, Angst vor dem Leben, das auf der anderen Seite der Komfortzone liegt. Ich persönlich habe keine Angst davor, etwas zu verpassen oder keinen Spaß zu haben. Der Verzicht ist in diesem Fall eine Bereicherung und bedeutet nicht die Rolle zu spielen, die mir gesellschaftlich oder familiär zugeschrieben wurde. Es bedeutet, die Dramaturgin meines eigenen Lebens zu sein und der Angst keine Chance zu geben.

Raus aus der Konsumfalle

Neben der exzessiven Handynutzung oder dem Genuss von Alkohol gibt es viele weitere Fallen, in die wir gerne tappen. Materieller Konsum ist, meiner Meinung nach, die größte davon. Falls du Marie Kondos Buch *The Life Changing Magic of Tidying Up* noch nicht gelesen hast, liefere ich hier eine kurze Zusammenfassung: Marie Kondo ist professionelle Aufräumerin. Die Japanerin hilft Menschen, in ihrem Zuhause auszumisten, und hat eine Technik namens Konmari entwickelt, die das Leben aufräumen soll. Kondos Buch verkaufte sich bereits zehn Millionen Mal! Die Autorin trifft den Nerv unserer Zeit, das starke Bedürfnis nach mehr Klarheit und emotionalem, seelischem, aber auch physischem Platz. Minimalismus im 21. Jahrhundert ist die Antwort auf unsere Konsumgesellschaft und unser Verlangen nach weniger Überfluss und mehr Tiefgang.

10 000 Gegenstände besitzt jeder Mensch in Deutschland durchschnittlich, im Durchschnittshaushalt in den USA sind es 300 000 Gegenstände. Als ich diese Zahlen las, ging ich zu meinem Rucksack und zählte die Gegenstände, die sich allein darin verbargen: 19 Gegenstände. 19 Gegenstände, die ich täglich mit mir rumschleppe. Wir leben in einem irrsinnigen Paradoxon: Einerseits sind wir die freieste und selbstbestimmteste Gesellschaft, die je existierte, andererseits sind wir vom Kapitalismus bestimmt. Die Werbung versucht eine Reaktion in unserem Gehirn auszulösen, die uns unserer Selbstbestimmtheit und Wahl völlig beraubt. Die freie Wahl scheint längst keine freie Wahl mehr zu sein, wenn die wirtschaftliche Tätigkeit darauf abzielt, auf unterbewusste, kognitive Reaktionen unseres Körpers Einfluss zu nehmen. Sind wir mündige Verbraucher*innen oder bloß blinde Lemminge, die eines Tages völlig manipuliert mit 10 000 Gegenständen im Zuhause aufwachen? Das klingt dramatisch, denn es ist dramatisch. Am dramatischsten jedoch für die Menschen, die am Anfang dieser Wertschöpfungskette stehen. Die chinesischen Arbeiter*innen, die sich vom Dach des Fabrikgebäudes stürzen, weil die Arbeitsbedingungen für unser neuestes Telefon zu prekär sind. Die 800 Kinder in Bangladesh, die zu Waisen wurden, als 2013 eine Textilfabrik namens Rana Plaza einstürzte. Für uns sind es vermeintliche Luxusprobleme, die mit dem Überfluss kommen. Doch für die Menschen im globalen Süden sind es drastische, verheerende Lebensumstände, gespeist von unse-

rem Konsumwahn. Das Absurde ist dennoch der nicht enden wollende Teufelskreis, in den wir katapultiert werden: Ich fühle mich schlecht, also hole ich mir sofortige Befriedigung, indem ich mir im nächsten Laden etwas kaufe. Irgendwann sind meine vier Wände so überfüllt, dass ich mich wiederum schlecht fühle und glaube, zu ersticken. Der Ausmistwahn nimmt überhand, vier Müllsäcke voller Kleidung später fühle ich mich frisch, befreit, und die Befriedigung ist zurückgekehrt. Doch bei der nächsten Instanz, wo die innere Leere und der Konsumzwang wieder aufkommen, kaufe ich wieder etwas Neues, und der Kreislauf beginnt von vorne. Wir horten, wir werfen weg, wir horten, wir werfen weg – ein sinnloser Kreislauf, der uns Geld, Raum und Zeit kostet. Doch viel mehr noch kostet er unseren Planeten Ressourcen, die essenziell für das Überleben unserer Spezies sind. Die Modeindustrie gehört zu den schwersten Verschmutzern der Welt, und Textilfärbung ist der zweitgrößte Verschmutzer von reinem Wasser weltweit. Der konventionelle Baumwollanbau wird aufgrund des Pestizideinsatzes als die verheerendste Ernte angesehen, und mit jedem Waschgang lösen sich diese Plastikfasern aus unserer Kleidung, gelangen in den Wasserkreislauf. Eine Studie aus dem Jahr 2016 ergab, dass 1,7 Gramm Mikroplastik mit jedem Waschgang einer Fleecejacke abgegeben werden. Die Studienergebnisse gaben auch preis, dass etwa 40 Prozent der Mikrofasern, die beim Waschen abgehen, in Flüssen, Seen und Strömungen enden. Die Entscheidung, weniger und besser zu konsumieren, ist eine Entscheidung, die jeder Mensch aus Liebe zu Umwelt, Mitmensch und Tier treffen sollte. Spätestens seit dem Dokumentarfilm *The True Cost* sollte uns klar sein, dass der Preis für Billigmode nur billig für uns ist. Den wirklichen Preis zahlen nämlich die Menschen, die diese Mode herstellen – mit ihrer Gesundheit, ihren Kindern und deren Zukunft. Für mich kam der Aha-Moment genau in dem Jahr, als Rana Plaza einstürzte. Es war im November 2013, als ich die Doku *Gift auf unserer Haut* sah und Augenblicke später tränenüberströmt vor meinem Kleiderschrank saß, jedes Etikett umdrehte und nebenbei die Umstände der jeweiligen Produktion recherchierte. Seit diesem Tag habe ich keinen Fuß mehr in die Läden gesetzt, bei denen ich früher regelmäßig einkaufte. Ich habe mich nach fairen, ökologischen Alternativen umgeschaut. Zu Beginn war faire Mode oft etwas zu kostspielig für mich, da ich gerade erst in den Anfängen meiner Selbstständigkeit stand. Mir wurde klar, dass Secondhand eine großartige Möglichkeit bot, den Textilkreislauf zu entlasten und tolle Mode zu einem guten Preis zu kaufen. Oft werde ich heute gefragt: »Wow, tolles Outfit, woher hast du das?«, und ich kann stolz sagen, »das ist alles gebraucht, mein ganzes Outfit hat mich weniger als 30 Euro gekostet!«. Oft wird der Preis für faire Mode als Totschlagargument gegen diese sinnvolle Bewegung verwendet, jedoch muss man sich vor Augen führen, dass die Milliardenumsätze der Fast-Fashion-Giganten nicht entstehen, weil dort arme Menschen, die keine andere Möglichkeit haben, einkaufen. Sie entstehen, weil die Kaufkraft von Menschen kommt, die gar nicht so arm sind. Eine Studentin in Deutschland oder Österreich ist, im globalen Vergleich, nicht arm. Sie muss nicht mit 30 Cent pro Tag, wie viele gleichältrige Frauen im indischen Slum, leben. Es sind wir, die reichen Menschen, die die Umsätze dieser Konzerne ankurbeln. »Geiz ist geil« scheint dennoch die Mentalität und der Zeitgeist zu sein, denn viele Menschen, die sich ein Bio-Baumwoll-T-Shirt eines ethischen Herstellers für 10 Euro nicht kaufen wollen, obwohl sie es sich problemlos leisten könnten, tun nichts anderes, als eine Chance ungenutzt lassen, die enorm positive Auswirkungen auf den Textilkreislauf und auf Produktionsbedingungen rund um den Globus hätte. Doch auch für die noch günstigere Alternative der gebrauchten Kleidung finden viele Menschen Totschlagargumente. Erst kürzlich erstand ich einen wunderschönen, fast neuen Wollpulli für 2,50 Euro auf dem Flohmarkt. Als ich ein Foto davon mit meiner Community teilte, kam zum Beispiel ein Kommentar wie »Dafür habe ich als Mutter von zwei Kindern keine Zeit«. Dabei kann das Stöbern auf Flohmärkten gerade mit Kindern eine tolle Aktivität sein! Es ist wie eine Schatzsuche, bei der man nie weiß, was hinter der nächsten Ecke lauert. Und man muss nicht unbedingt etwas kaufen! Erst kürzlich begegnete ich einer Familie am Flohmarkt. Der Sohn wollte unbedingt etwas kaufen, und die Mutter sagte zu ihm: »Wir haben schon genug Spielzeug. Aber wir machen jetzt ein ganz tolles Foto davon mit unseren Augen und speichern es uns ab.« Ich fand es so schön, wie hier die Fantasie des Kindes mit einer positiven Reaktion statt einem harschen »Nein« angeregt wurde.

Bewusster Konsum ist ein Ausdruck von Liebe: der Natur, dem Menschen und den Tieren gegenüber. Weniger zu konsumieren ist eine Möglichkeit, mehr Platz im Leben für Dinge, die wirklich wichtig sind, zu schaffen.

Zeit für das, was du liebst

Haben oder sein lautet der Titel des berühmten Buches von Erich Fromm, in dem er von der Magie der Selbstentfaltung, die passiert, wenn wir die Gier nach Besitz ablegen, spricht. Er spricht davon, dass unsere Gesellschaft davon bestimmt ist, mehr zu besitzen und stattdessen das Sein zu vergessen. Fromm stellt die Existenzweise des Seins als eine Möglichkeit der Selbstentfaltung dar, die dazu führen könnte, dass mehr Menschen in Frieden leben. Nun könnte man beim Überfliegen dieser Zeilen denken, es würde sich um ein neumodisches Buch für Millennials handeln, die in Minimalismus den einzigen Ausweg sehen. Doch das Buch erschien 1976. Er spricht davon, dass maximaler Konsum durch einen vernünftigen Konsum (Konsum zum Wohle des Menschen) ersetzt werden soll, lange bevor meine Generation mit ihren Smartphones über Online-Shops einfällt. Heute gibt es zahlreiche Bücher zu den Themen Minimalismus und bewusster Konsum. Alle haben dennoch dieselbe Kernaussage: mehr Zeit für das, was wir lieben. Weniger Unordnung zu Hause bedeutet weniger Unordnung im Kopf und mehr Raum für klare Gedanken. Weniger Zeug bedeutet weniger Zeit, die man mit Putzen und sich Kümmern verbringen muss, und im Umkehrschluss mehr Zeit für Freizeit, die eigene Familie oder Freunde. In den kommenden Abschnitten möchte ich deshalb einige Methoden vorstellen, die mir besonders dabei geholfen haben, mehr Zeit in meinem Leben für das, was wirklich zählt, zu schaffen. Diese Methoden stellen für mich ebenso Werkzeuge, die ich in meinem Koffer trage, dar.

Project 333

Es gibt viele neuartige Konzepte, die in den letzten Jahren aufgetaucht sind, um mehr Leichtigkeit in den eigenen Kleiderschrank zu bringen. Eines davon, das mich persönlich sehr angesprochen hat, ist das Project 333. Es wurde von Courtney Carver, der Autorin des Buches *Simple Ways to Be More with Less*, erfunden. Es geht darum, die eigene Garderobe alle drei Monate neu zu gestalten. Man startet damit, dass man sich aus der bestehenden Garderobe 33 Teile aussucht, mit denen man die kommenden drei Monate leben möchte. Inkludiert sind alltägliche Kleidungsstücke, Schuhe, Jacken, Accessoires und Schmuck. Ausgenommen sind Teile, die man nur für einen sehr speziellen Anlass tragen kann, wie Sport- oder Schlafbekleidung und der Ehering. Die restliche Kleidung packt man weg und trägt die kommenden drei Monate bloß die reduzierte Garderobe. Am Ende dieser Frist legt man sich eine neue Kollektion an, indem man alles oder nur ausgewählte Stücke mit Teilen der verstauten Garderobe austauscht. So hat man alle drei Monate eine neue Garderobe, erspart sich Shoppen, Geld und Zeit. Wem das zu extrem ist: Carvers Ansatz kann auch moderater gestaltet sein, indem man sich nicht strikt an Project 333 hält, aber dennoch immer wieder einmal Teile wegpackt, um sich paar Monate später wieder daran zu erfreuen, und den Impuls, etwas Neues konsumiert zu haben, künstlich erzeugt.

Die Konmari-Methode

Diese schon kurz angedeutete Methode bietet ein Konzept, das vom Ausmisten bis zum Erhalt der Ordnung gut funktioniert. Bei der Konmari-Methode beginnt man damit, den eigenen Hausstand zu entrümpeln. Die Reihenfolge, in der entrümpelt wird, ist essenziell. So werden Kleidungsstücke als Erstes und Erinnerungsstücke, wie Fotos und persönliche Briefe, zuletzt ausgemistet. Das ist wichtig, da es für uns schwierig ist, uns von Objekten mit emotional aufgeladenem Wert zu trennen. Die Kategorien von Marie Kondo sind in ihrer Reihenfolge:

- Kleidung, Taschen, Schuhe, Accessoires
- Bücher und Magazine

- Unterlagen, Dokumente, Gutscheine (alles, was Papier ist)
- Kleinkram wie Küchenutensilien, Dekoration, Bürozubehör, Badezimmer- und Reinigungsprodukte
- Erinnerungen wie Fotos, Briefe, Trophäen, Notiz- und Tagebücher

Im ersten Schritt wird nun die erste Kategorie angepackt. Jede Kategorie wird dann nach demselben Prinzip durchgearbeitet:

1. Alles auf einen Haufen (ja, wirklich alles, aus allen Räumen auf einen einzigen Haufen). Dies dient dazu, nicht den Fehler zu begehen, nach Räumen auszumisten, da hierbei oft vieles übersehen wird. Jeder Mensch, der einmal alle Kleidungsstücke, die er besitzt, auf einen Haufen geschmissen hat, wird merken, wie augenöffnend diese Erfahrung sein kann.

2. Jedes Stück wird in die Hand genommen und die Frage gestellt: »Bereitet mir dieses Objekt Freude?« Alles, was Freude bereitet, darf bleiben.

3. Nachdem ausgemistet wurde, wird alles richtig verstaut. Marie Kondo hat eine eigene Faltmethode entwickelt, die ich, seit ich das Buch gelesen habe, anwende. Videos zur Konmari-Faltmethode gibt es im Internet unzählige zu finden.

4. Ich starte regelmäßig Ausmisttage und -wochen, um etwas mehr Platz zu schaffen. Außerdem machen verkaufte Gebrauchtwaren ein gutes Taschengeld aus, das ich immer in meine Urlaubskasse schmeiße. Ein besonders erfolgreicher Flohmarkt hat mir sogar schon mal einen Kurztrip finanziert! Die meisten Orte, selbst Dörfer, haben oft Gebrauchtwarenläden. Alternativ gibt es zahlreiche Plattformen im Internet, wo man Gebrauchtes ver- und ankaufen kann.

Meine Bücher spende ich einem karitativen Buchladen, der die Erlöse für soziale Projekte einsetzt. Bücher erwerbe ich selbst meist gebraucht über diverse, einschlägige Webseiten. Auf meiner eigenen Website habe ich auch eine umfangreiche Liste solcher Onlineshops angelegt, wo man sogar Elektronik gebraucht mit Garantie erwerben kann.

Wenn man ausmistet, ist es wichtig zu beachten, dass das nur Sinn hat, wenn man in keinen Jojo-Effekt verfällt. Zig Müllsäcke an Kleidung zu verkaufen oder zu spenden, hat wenig Sinn, wenn in den Monaten danach dieselbe Menge an Besitztümern wieder angehäuft wird. Der Zweck sollte immer sein, mit weniger zu leben und diesen Status quo beizubehalten. Wenn das nicht der Fall ist, können solche Aufräumaktionen in einer ökologischen Katastrophe enden, denn am Ende des Tages häuft man mehr an und verbraucht somit mehr Ressourcen.

Digitaler Minimalismus

Der Digital Detox, also die temporäre Abstinenz von Social Media oder dem Handy, ist momentan in aller Munde. Auch ich habe immer wieder digitale Enthaltsamkeit praktiziert, indem ich einen oder mehrere Tage ohne Handy lebte. Ein viel sinnvolleres Konzept ist jedoch das des digitalen Minimalismus. In seinem vielgesehenen TED Talk *Why you should quit Social Media* stellt Computerwissenschaftler Cal Newport fest, dass Social-Media-Entwickler*innen dafür sorgen, dass Dopamin bei der Nutzung diverser Applikationen und Angebote ausgeschüttet wird und in weiterer Folge zu Abhängigkeit führt. Viele Social-Media-Plattformen beauftragen sogenannte Aufmerksamkeitsingenieure, die mithilfe von Glücksspielprinzipien versuchen, die Nutzer*innen der Plattform so süchtig zu machen, dass sie den größtmöglichen Nutzen und somit Profit aus ihrer Aufmerksamkeit und den personenbezogenen Daten ziehen können. Manipulative Designtaktiken wecken die Aufmerksamkeit der Nutzer*innen häppchenweise über den Tag hinweg. Dopamin treibt diese Sucht an, indem sie für jede Benachrichtigung, Nachricht oder Ähnliches ein kleines Hoch geliefert bekommen. Unsere Gesellschaft gibt effektiv süchtig machende »Drogen« in die Hände immer jüngerer Kinder, und die Schulen greifen diese Tendenz auf. Newport spricht darüber, wie unsere Aufmerksamkeitsspanne immer kürzer wird, indem sie durch die exzessive Nutzung von Social Media in immer kleinere Intervalle fragmentiert wird. Ebenso spricht er über die Tatsache, dass der vorherrschende Social-Media-Konsum zu Isolation führt, da wir bei exzessivem Nutzen von Social Media glauben, mit anderen Menschen verbunden zu sein, jedoch die tatsächliche, wahrhaftige menschliche Verbindung im echten Leben darunter leidet und somit zwangsläufig zu Einsamkeit führt. Der ständige Vergleich beim Scrollen durch Instagram führt zu dem Gefühl, unzureichend zu sein, nicht genug zu haben. Als Antwort auf all die Probleme, vor allem gesundheitlicher Art, die Social Media mit sich bringt, urgiert Newport die Notwendigkeit eines digitalen Minimalismus. Im Gegensatz zum Digital Detox, der sehr oft zu einem Ausschlag der Amplitude führt – also krasser Entzug gefolgt von exzessiver Nutzung –, stellt der digitale Minimalismus ein Konzept vor, das alltagstauglich, langfristig und somit nachhaltiger ist. In seinem Buch *Digital Minimalism* schreibt Newport, dass digitaler Minimalismus eine Philosophie ist, mit der man hinterfragen kann, welche digitalen Kommunikationswerkzeuge (und welche Verhaltensweisen im Zusammenhang mit diesen Werkzeugen) dem eigenen Leben den höchsten Wert verleihen. Digitaler Minimalismus ist motiviert von der Überzeugung, dass das Beseitigen von digitalem Rauschen und die Optimierung der Verwendung der wirklich wichtigen Tools das eigene Leben erheblich verbessern können.

Cal Newport mag ein extremes Beispiel sein, denn der Forscher hat noch nie in seinem Leben einen Social-Media-Account besessen. Doch viele seiner Tipps sind unheimlich hilfreich und sinnvoll. Alles, was keinen Mehrwert bringt, muss weg. So wie wir unser Zuhause ausmisten, so sollten wir auch unsere digitale Unordnung beseitigen. Sei es das überfüllte Fotoalbum auf dem Handy (35 000 Fotos auf meinem Handy in diesem Moment!), der Desktop, der einem modernen Kunstwerk mit willkürlich angeordneten Dateien gleicht, oder die unübersichtliche Ordnerstruktur, in der man sich als User*in wie in einem schwarzen Loch verlieren kann. Auch E-Mails sollten wir nur zweimal pro Tag checken: einmal morgens und einmal abends. Durchschnittlich passiert nämlich genau das Gegenteil: Erwachsene checken ihre E-Mails rund 45 Mal pro Tag! Das eingeschränkte Checken des Posteingangs kann eine simple Aufgabe sein, die wir uns im Kalender eintragen und jeden Tag achtsam ausführen. Ich persönlich habe sogar die Anzeige an E-Mails (die rote Nummer, die über meinem Posteingang-Symbol in der App auftaucht) komplett deaktiviert. E-Mails, genauso wie andere Applikationen, die wir häufig aufrufen, sind eine Art Dopamindealer. Unsere adrenalingesteuerte Obsession mit Instagram, Twitter und Co. macht uns zu Junkies, die keine Sekunde mehr ruhig sitzen können, ohne in Langeweile zu ersticken. Vor einigen Jahren schrieb die

Neue Zürcher Zeitung, dass Forscher an der Berliner Charité herausgefunden haben, dass Menschen mit hoher Dopaminkonzentration ängstlicher sind als Personen mit einer durchschnittlichen Menge des Glückshormons. Ich fühlte mich zutiefst angesprochen: Je mehr Zeit ich mit meinem Handy verbringe, desto eher kommen Angst- und Unruhegefühle auf.

Digitaler Minimalismus ist eine Möglichkeit, Technologie so zu nutzen, dass sie uns guttut. Wenn wir all das, was einer Zeitvernichtungsmaschine gleicht, entfernen und es durch sinnvolle Aktivitäten und gemäßigten Konsum ersetzen, werden wir über all die Zeit und Produktivität, die plötzlich zur Verfügung stehen, staunen.

Minimalistisches Kochen

Während meiner drei Wochen in Portugal lernte ich die Vorzüge des minimalistischen Kochens kennen und lieben. Zuvor hatte ich das Konzept eines reduzierten Zugangs bloß auf meinen Kleiderschrank und Gegenstände in den eigenen vier Wänden angewandt, niemals aber auf meine Gerichte. Meine Küche in meiner schönen Altbauwohnung in Porto war spärlich, aber ausreichend ausgestattet: Kühlschrank, Herd und Ofen. Es gab Salz und Pfeffer. Um während meines Aufenthaltes möglichst viel zu kochen, musste ich erfinderisch werden: Ich wollte einen möglichst kleinen Grundstock an Lebensmitteln kaufen und möglichst viel daraus machen. Zu Hause standen mir Schubladen voller Gewürze, Küchengeräte und Grundnahrungsmittel zur Verfügung. Hier jedoch nicht! Ich ging am ersten Tag einkaufen und beschloss, mich auf das Wesentliche zu konzentrieren. Meine Einkaufsliste für den Grundstock, den ich für die drei Wochen beim kleinen Bioladen einkaufte, sah wie folgt aus:

- Zimt (für süße Gerichte, Frühstück und zum Verfeinern von Tee)
- Pastagewürzmischung (für alle salzigen Gerichte)
- Tee
- Nüsse
- Datteln
- Pasta
- Haferflocken
- Olivenöl
- Linsen
- Oliven
- Erdnussbutter
- Tomaten im Glas
- Frisches Obst und Gemüse (circa alle drei Tage nachkaufen)

Mit dieser reduzierten, bescheidenen Ausstattung kochte ich die großartigsten Gerichte! Ich machte Linseneintopf, gefüllte Süßkartoffeln, Powerballs und hervorragende Pastagerichte. Ich hatte einen wunderbaren Überblick über meine Vorräte und kaufte nur, wenn etwas aus war. Gegen Ende der Reise freute ich mich auf meine Küche zu Hause. Auf mehr Platz, meinen Standmixer und meinen Matcha-Besen. Doch als ich zurückkam, fühlte ich mich ebenso erschlagen von der Menge an Vorräten, die ich plötzlich viel mehr wahrnahm als zuvor. Ich war überfordert mit der Auswahl. Mir wurde klar: Auch ohne eine vollgestopfte Küche kann man satt und glücklich sein. Hier also meine Tipps für eine minimalistische Küche:

- Konzentriere dich auf wenige, dafür hochqualitative Zutaten (lieber ein tolles, kalt gepresstes Olivenöl als drei verschiedene Öle).

- Beschränke deine Küchengeräte auf das Notwendigste. Oft kaufen wir Geräte, weil wir glauben, sie zu brauchen, und Jahre später sortieren wir sie verstaubt wieder aus.
- Um tausend Gewürze zu vermeiden, such dir deine Lieblingsgewürze aus und greife eher zu Gewürzmischungen, die mehrere Gewürze gleich vereinen.
- Bewahre deine trockenen Lebensmittel (Pasta, Getreide usw.) in durchsichtigen, gut verdichteten und beschrifteten Gläsern auf. Das gibt Überblick und verhindert angebrochene Mottenfallen.
- Gehe mit einer Einkaufsliste kochen, damit du auch nur das besorgst, was du wirklich (ver)brauchst.
- Koche einfach und simpel. Wenn du für ein spezielles Rezept zig neue Gewürze, Zutaten und mehrere Stunden Vorbereitung brauchst, ist es vielleicht günstiger und stressbefreiter, die Speise einfach in einem Restaurant zu essen.

Vereinfacht zu kochen spart Zeit und Geld – das habe ich in den drei Wochen, die ich in Portugal verbrachte, gelernt. Ich bin der Überzeugung, dass viel mehr Menschen mehr selbst kochen würden, wenn sie diesen reduzierten Zugang fänden. Ich persönlich fühlte mich von komplizierten Rezepten mit zahlreichen Zutaten oft überfordert, was dann ein Grund war, wieso mir Kochen keinen Spaß machte. In kurzer Zeit eine super gesunde, schmackhafte Speise zuzubereiten, ist für mich Genuss pur. Ich bin auch überzeugt, dass diese Art des Kochens sowohl für Singles als auch Haushalte mit Kindern ideal ist, um Stress und Geld zu sparen.

Abschließend sei zu erwähnen, dass Minimalismus, obwohl er nur uns privilegierten Menschen als Luxus vorbehalten ist (nur wer genug hat, kann freiwillig verzichten!), wahrlich lebensverändernd sein kann. Ich erinnere mich an die Schulzeit zurück. Immer, wenn ich meine Hausaufgabe machen musste, war es total wichtig, alles, was mich ablenkte, aus dem Weg zu räumen. Wenn ich eine Aufgabe richtig gut machen wollte, musste ich einen leeren, klaren Tisch vor mir haben. Genau das macht Minimalismus mit dem Leben: Er schafft Klarheit und Platz, damit man das, was man gerne tut, auch gut machen kann. Ähnlich ist es beim Parken eines Autos: Man muss die Musik abdrehen, das Gespräch beenden, um sich voll und ganz konzentrieren zu können. Oder wenn man wie ich ein Buch schreibt und dafür mehrere Wochen ins Ausland geht: volle Konzentration auf das, was gefragt wird. Immer, wenn ich mehrere Wochen auf Reisen war, fühlte ich mich leicht, befreit, sorgenlos. Sehr lange ging ich davon aus, dass es der Ortswechsel war, der mich beflügelte. Denn kaum wieder zu Hause angekommen, schienen mich so viele Dinge zu stören: die unfreundlichen Menschen, der Alltag. Ich wurde wieder gestresst, fühlte mich überfordert. Geistig gab ich meine Wohnung in meiner Heimatstadt Wien zigmal auf, um nach Island, Indonesien oder Italien zu ziehen und dort ein neues Leben anzufangen. Bis ich eines Tages endlich erkannte: Es war nicht der Ort, oder die Gegebenheit, dass ich im Ausland war, sondern die Tatsache, dass ich auf Reisen so reduziert lebte. Ich hatte einen kleinen Koffer voller Kleidung, eine reduzierte Küche, keine 10 000 Gegenstände, um die ich mich täglich kümmern musste. Ich wusch einmal die Woche meine sieben Unterhosen und hatte nur das dabei, was notwendig war. Kaum wieder zu Hause angekommen, fühlte ich mich plötzlich immer erschlagen: Haufen von Wäsche, eine vollgeräumte Wohnung, die geputzt und instand gehalten werden muss. Außerhalb meiner vollen Wohnung schien ich mich mehr über mich selbst statt über meine Besitztümer zu definieren, und das machte mich unheimlich glücklich. Weniger zu besitzen oder dabeizuhaben, bedeutet eher spüren zu können, was man eigentlich wirklich braucht, um glücklich zu sein. Eine äußere Leere, die zu einer inneren Fülle führt, sozusagen. Immer wieder höre ich von Menschen, die in sogenannte Tiny-Häuser, also klitzekleine Häuser mit 20 Quadratmetern, ziehen, weil sie es satthaben, von ihren Besitztümern besessen zu werden. In Robert Wringhams *Ich bin raus*, einem meiner Lieblingsbücher, schreibt der Autor, dass Komfort und Sicherheit gut und wichtig seien, aber nicht auf Kosten von Freiheit, Liebe und Lust. Weiter fügt er auch an: »Minimalismus ist die beste Methode, wenn Sie den Wunsch haben, dem Zwangsmechanismus aus Konsum und Arbeit zu entgehen.« Unsere Besitztümer machen genau das mit uns: Sie geben uns Komfort und Sicherheit. Sie geben uns die scheinbare Möglichkeit, ein temporäres Gefühl, zum Beispiel Freude über einen neuen Pulli, in etwas Konstantes verwandeln zu können – der Pulli dient hier als beständiges Objekt, das das Gefühl anfänglich symbolisiert. Bloß dass wir dann feststellen, dass es nicht der Pulli war, der ein Gefühl bleibend machen kann. Unsere Leben sind vergänglich, und ich habe den Eindruck, je mehr wir dieser Vergänglichkeit aus dem Weg gehen, desto eher wählen wir die Komfortzone, um uns selbst zu täuschen, dass das Leben vollständig sei, wenn wir nur genug Zeug besäßen. Es ist völlig logisch: Dinge, Objekte, die man angreifen kann, geben uns ein Gefühl von Beständigkeit. Sie helfen uns, der Vergänglichkeit aus dem Weg zu gehen. Doch ist es nicht absurd, dass es uns irrsinnig viel Lebenszeit und Geld kostet, diese Beständigkeit aufrechtzuerhalten? Ein großes, schönes Haus gibt uns anfänglich das Gefühl von Sicherheit. Doch um dieses Gefühl aufrechtzuerhalten, müssen wir einen Zaun bauen, vielleicht Überwachungskameras aufstellen. Das Haus muss geputzt und gewartet werden. »We try to make permanent, what's temporary«, sagte meine Philosophielehrerin während der Yogalehrerinnen-Ausbildung einmal. Heute weiß ich, was sie meinte: Wir müssen aufhören, der Endlichkeit unseres Daseins aus dem Weg zu gehen. Wir kommen ohne Objekte und wir gehen ohne Objekte – egal, wie viele wir davon anhäufen, wir müssen sie irgendwann gehen lassen. Wieso also nicht den Weg der Liebe wählen und sich darauf besinnen, was man wirklich braucht? Um mehr Zeit zu schaffen: für sich, die Menschen, die man liebt, und all das, was einen wirklich glücklich macht, auch wenn das nicht angreifbare Dinge sind.

Muss ich es alleine schaffen?

Es gab einen Moment, der brannte sich wie ein glühendes Eisen in meinen Verstand. Es war kurz nachdem ich meine erste Vollzeitkraft im Team aufnahm. Ich saß vor dem Projektmanagement-Tool, das mein neuer Mitarbeiter eingerichtet hatte, und konnte es nicht fassen: zahlreiche Tabs offen mit aktuellen Projekten. Mein Kollege saß nun jeden Tag neben mir, war von morgens bis abends beschäftigt, und nebenbei war ich immer noch voll eingespannt – zu dem Zeitpunkt mit dem Schreiben dieses Buches. »Wie zum Teufel hast du das alles neun Jahre lang allein gemacht?«, fragte er mich dann eines Tages. Ich war sprachlos. Als wäre es das Normalste der Welt, wuppte ich einen Instagram-Kanal, Kooperationen, Fotoshoots, berufliche Reisen, ein Modelabel, einen gut recherchierten Podcast, eine Kolumne,

Yogaunterricht, Auftritte als Rednerin, die Teilnahme an Podiumsdiskussionen, Interviews, Umweltaktivismus und diverse ehrenamtliche Aktivitäten – neun Jahre lang, ohne großartige Unterstützung. Zwischendurch hatte ich immer wieder Hilfe, aber höchstens wenige Stunden pro Woche für einen sehr begrenzten Zeitraum. Einer meiner ersten vollständigen Sätze als Kleinkind war: »Ich will das allein machen.« Ich hasste es bereits damals, wenn mir jemand reinpfuschte oder helfen wollte. Immer schon ging ich davon aus, alles allein bewältigen zu müssen. Ich organisierte mir diverse Nebenjobs und Praktika bereits als Jugendliche im Alleingang, plante meine erste Soloreise mit siebzehn. Oft kam ich zu Hause an, und meine Mutter musste erstaunt feststellen, dass ich schon wieder irgendein Projekt angezettelt oder auf die Beine gestellt hatte. Und was irrsinnig ambitioniert und selbstständig sein mag, ist auch ausgesprochen schwachsinnig und gefährlich. Alles allein machen zu wollen, hat zu einem Burn-out mit 27 und jahrelangen Gefühlen der Isolation geführt. Ich habe unzählige Tagebucheinträge, die sich in etwa so lesen: »Ich fühle mich total erschlagen, es wird mir alles zu viel« und »Ich habe das Gefühl, ganz alleine zu sein in meinem Kampf für eine nachhaltigere Zukunft.«

Ein Problem, das ich niemals offen ansprach, bis ich in Therapie ging, war die Isolation, die ich so oft spürte. Ich war es gewohnt, Dinge im Alleingang zu machen, und das war auch das Bild, das alle Menschen von mir hatten. Ich habe jahrelang hinter meinem Laptop gesessen, allein. Ein Thema, das wenig angesprochen wird, ist das Gefühl von Einsamkeit, das so viele Menschen, die eigentlich sehr öffentlich sind, empfinden. Egal ob Promi oder YouTuber*in: Wir sehen meist nur die schillernde Fassade, ohne in Erwägung zu ziehen, dass dahinter ein

Mensch sitzt, der sich sehr allein fühlt. Aber weil ich immer als selbstständig und stark wahrgenommen wurde, erhielt ich oft unausgesprochen oder uneingefordert nicht die Unterstützung, die ich brauchte. Ein großes Thema meiner Therapie war die Tatsache, dass ich ein unfassbar großes Ressentiment und einen Groll gegen meine Familie und mein freundschaftliches Umfeld hatte, weil diese mir bei diversen Shitstorms nicht genug Rückhalt gaben. Oft, wenn wieder einmal ein Klatschblatt eine doofe Headline über mich rausbrachte, was zu tonnenweise Hass- und Drohnachrichten führte, gab es wenig oder keine Reaktion meiner Nahestehenden. Oft schickte ich ihnen Ausschnitte oder Screenshots und bekam nur kurze, pauschalisierende Antworten wie »Da stehst du drüber«. Dabei war alles, was ich so gern eingefordert hätte (aber nicht tat), Rückhalt. Ich fühlte mich überrollt von dem vielen Hass und wünschte mir nichts sehnlicher, als in den Arm genommen und getröstet zu werden. Das Problem: Es waren stumme Schreie nach Liebe. Alle nahmen mich immer als stark und unabhängig wahr und gingen davon aus, dass ich dumme Kommentare einfach wegstecken könnte. Sie gingen davon aus, dass ich mir stupide Nachrichten nicht zu Herzen nehmen würde. Doch das tat ich! Aber statt aktiv um Hilfe zu bitten, fraß ich den Groll und die Enttäuschung weiter in mich hinein. In der Hoffnung, dass irgendwer mal sehen würde, wie alleine ich eigentlich war. Was ich hätte tun müssen, wäre, mein Bedürfnis klar zu artikulieren! »Hey, ich weiß, das sind blöde Kommentare, aber es geht mir trotzdem nah. Ich schäme mich dafür, dass mir eine belanglose Nachricht einer fremden Person zu Herzen geht, aber ich möchte gerade einfach nur in den Arm genommen werden.« Jeder Mensch aus meinem Umfeld hätte sofort verstanden, was zu tun ist, und mir geholfen.

Erst kürzlich sprach ich mit meinem Bekannten Kev, dem Sänger der unglaublich tollen Band 9 to FIVE. Kev ist ein begnadeter Sänger, irrsinnig witzig, extrovertiert, liebenswert und verständnisvoll. Ich kann jedem empfehlen, ihn mal live anzusehen! Ich war zum ersten Mal seit Monaten wieder an einem Samstagabend aus und erzählte ihm, dass ich seit knapp einem Jahr keinen Alkohol mehr trinke. Scherzte, dass ich jetzt »alt« sei und Partys nicht so meins wären. Er stieg nicht auf meinen Witz ein, sondern blickte mir tief in die Augen und sagte mit viel Gefühl und Verständnis: »Aber Maddie, du warst schon immer so. Du hast nie viel Party gemacht. Aber du hast einfach auch immer viel gearbeitet. Und dafür respektiere ich dich.« Was Kev, mit dem ich nicht mal sehr eng befreundet bin, so prägnant festgehalten hat, traf es auf den Punkt. Es gibt nichts, was ich bereue, und heute darf ich mich auf den Lorbeeren meiner Arbeit ausruhen. Ich kann stolz behaupten, eine fulminante Karriere hingelegt zu haben und mir beruflich jeglichen Traum, den ich mir bisher erträumte, erfüllt zu haben. Doch wenn es einen Glaubenssatz gibt, den ich mir gerne etwas früher ausgeredet hätte, wäre es: »Du musst es allein schaffen.« Jetzt, wo ich einen wunderbaren Menschen habe, der mir den Großteil meiner bisherigen Arbeit abnimmt, weiß ich, wie es sich anfühlt, nicht dauergestresst zu sein. Wie es sich anfühlt, mit einem guten Gefühl den Laptop zu schließen, weil man mit einer realistischen, erfüllbaren To-do-Liste arbeitet. Ich habe einen liebevollen Partner, der mir immer das Gefühl gibt, ein Team zu sein, auch wenn es mir immer noch schwerfällt, nicht in die Rolle der Alleinkämpferin zu rutschen. Ich habe mir Gleichgesinnte und Gruppen gesucht, die für dasselbe kämpfen wie ich: Umwelt-, Menschen- und Tierschutz. Heute schaffe ich es viel besser zu artikulieren, wenn mir alles zu viel wird. Ich spreche klar aus, wenn ich es allein nicht schaffe oder Hilfe brauche.

Ich weiß, dass es nicht nur mir so geht. Ich kenne so viele Menschen, vor allem Männer, von denen erwartet wird, stark und maskulin zu sein, die keine Hilfe annehmen können oder wollen. Wir stellen den sehr harten Anspruch von Stärke nicht nur an uns selbst, sondern müssen uns hier auch klarmachen, dass wir es genauso mit unseren Mitmenschen tun. Gerade Männern erlauben wir wenig bis kaum, schwach zu sein. Wir alle wünschen uns emanzipierte, gleichberechtigte Beziehungen, aber können es schwer aushalten, einen arbeitslosen Mann, der nichts leistet und nicht immer stark ist, an unserer Seite zu haben. Hier leben wir Frauen oft einen Widerspruch, wenn es um Gleichberechtigung geht. Das führt viele Männer in Isolation und darüber, dass sie nicht über ihre Gefühle sprechen, keine Hilfe erbitten oder annehmen wollen.

Wir alle kennen Menschen, die nicht um Hilfe bitten, wenn es eigentlich schon höchste Zeit ist. Egal, ob es um Kleinigkeiten wie Hilfe beim Umziehen oder Transportieren von Pflanzen geht. Vor allem im aktivistischen und sozialen Bereich habe ich es oft mit Gutmenschen zu tun, die die Welt allein retten wollen. Doch eine der wichtigsten, lehrreichsten Erkenntnisse, die ich bisher in meinem Leben gemacht hab, ist die Tatsache, dass wir Allianzen brauchen. Martin Luther King jr. stand zwar alleine am Mikrofon, als er »I have a Dream« vortrug, doch es waren mehr als 250 000 Menschen, die am 23. August 1963 beim Marsch auf Washington zuhörten. 250 000 Menschen, die Teil seines Traums einer sozialen, ökonomischen, politischen und rechtlichen Gleichstellung für Afroamerikaner*innen waren.

Als ich zum ersten Mal zu meinem Psychologen ging, war

der erste Gedanke, der mir in den Kopf schoss: »Das ist bestimmt total langweilig für ihn. Es gibt bestimmt Menschen mit viel gravierenderen Problemen. Der muss sich jetzt das Geheule von einer Frau in ihren Mittzwanzigern anhören – First World Problems.« Das schlechte Gewissen, anderen zur Last fallen, ihre Zeit verschwenden, die Gefühle anderer vor die eigenen stellen. Hier war ich also, zahlte einem Menschen knapp 100 Euro hart verdientes Geld pro Sitzung, damit er mir zuhörte, und meine Gedanken kreisten um die Möglichkeit, wie belastend und langweilig es für die Person sein könnte. Nur weil wir an dem Punkt angelangt sind, an dem wir uns bereits eingestanden haben, dass wir Hilfe brauchen, und diese auch konsultieren, heißt es noch lange nicht, dass wir bereit sind, sie selbstlos anzunehmen. Es war ebenso ein langer Weg, bis ich einsah: Ich kann mein Arbeitspensum nicht allein bezwingen. Ich holte mir also Hilfe, eine persönliche Assistenz. Sie sollte alle Arbeiten erledigen, die bei mir übrig blieben oder zu viel waren. Diese Person wurde also von mir bezahlt, um genau diese Aufgaben durchzuführen. Und ich? Ich bemühte mich jeden Tag, die Aufgaben für sie so aufregend und abwechslungsreich zu gestalten. Hatte ein schlechtes Gewissen, wenn ich nur simple Anweisungen wie Pakete zur Post bringen oder Rechnungen schreiben austeilte. Ich versuchte, möglichst geistig anregende, intellektuelle Aufgaben zu verteilen, damit die Person sich gefordert und emotional wohlfühlte. Da hatte ich die Hilfe, die ich mir so lange ersehnt hatte, und schaffte es nicht, sie anzunehmen. Ich würde dieses Verhalten als absurd bezeichnen, wenn ich nicht bis heute damit zu kämpfen hätte. Seit ich denken kann, habe ich gelernt, anderen nicht zur Last zu fallen. Die starken, weiblichen Vorbilder in meinem Leben – sie haben alles geschafft, sie haben auch wenig Hilfe angenommen. Wir wollen unabhängig und selbstbestimmt durchs Leben gehen – doch um welchen Preis? Die Statistik zeigt: Über 70 Prozent aller Pflegebedürftigen in Deutschland werden ohne weitere Hilfe nur von Angehörigen versorgt. Sie wollen weiterhin selbstbestimmt und unabhängig sein, fühlen sich schlecht, wenn sie um Hilfe bitten.

Kürzlich bot mir meine Freundin Simone an, bei ihr im Café einen Platz am Gemeinschaftsschreibtisch einzunehmen, um von dort zu arbeiten. Es war ein selbstloses Angebot, ohne Voraussetzung oder Bedingung. Meine erste Reaktion war Freude, direkt gefolgt von: »Cool, aber dann zahle ich euch etwas. Oder helfe euch mit eurem Instagram-Auftritt.« Entspannt, wie meine Simone ist, antwortete sie bloß: »Ich biete dir das an, und ich erwarte nichts im Gegenzug. Du musst hier nichts kompensieren, Maddie.« Ich fühlte mich ertappt: Ich versuche oft zu kompensieren, sobald ich das Gefühl habe, eine nette Geste mit einer Gegengeste auszubalancieren. Hilfe anzunehmen bedeutet kein inneres Konto darüber, wer was für wen gemacht hat, zu führen und nicht zu versuchen, ein negatives Saldo am Hilfekonto auszubessern, indem man sich revanchiert. Genauso wie ich anderen Menschen gerne selbstlos, ohne etwas als Ausgleich oder Gegenleistung zu erwarten, helfe, kann ich davon ausgehen, dass Menschen das für mich auch gerne tun. Und das erst recht, wenn sie nicht dafür bezahlt werden und sich aus eigenen Stücken dazu entschlossen haben, eine gewisse Tätigkeit auszuführen!

Im Rahmen der Recherche für dieses Kapitel fragte ich eine gute und beruflich extrem erfolgreiche Freundin, zu der ich aufsehe, warum sie nicht öfter um Hilfe bat. Sie selbst kam als junge Frau als Geflüchtete in ein fremdes Land, und noch heute stemmt sie den Großteil ihrer Arbeit alleine. Hier ein paar der Gründe, die sie mir lieferte in Bezug darauf, warum es so schwer für sie war und ist, Hilfe anzunehmen:

»Es ist eine Angewohnheit – ich habe so viele Jahre ohne Hilfe gelebt, dass ich es verlernt habe.«

»Innen drin glaube ich, dass ich Dinge alleine schneller und besser machen kann. Was überhaupt nicht stimmt, denn immer wenn ich probiere, alles alleine zu machen, fühle ich mich irgendwann ausgelaugt und einsam! Ich stoße Menschen dadurch weg, anstatt sie einzubeziehen und ihnen näher zu sein, indem ich um Hilfe bitte.«

»Habe ich es verdient, Hilfe zu empfangen? Oder ist der Gefallen, um den ich bitte, total lächerlich? Bereite ich jemandem eine Unannehmlichkeit, indem ich um Hilfe bitte? Vielleicht ist die Person selber gerade total busy.«

»Manchmal muss ich, um Hilfe zu empfangen, meine ganze Geschichte von vorne erzählen und ausrollen. Das ist total kräftezehrend.«

»Ich habe immer so viel Scham für meine Situation empfunden. Es hat sehr lange gedauert, bis ich mich überhaupt getraut habe, zuzugeben, dass ich eine Geflüchtete bin. Dass ich Hilfe vom Staat empfangen musste. Deswegen habe ich selten um Hilfe von anderen gebeten, um all das zu verheimlichen.«

»Speziell als Geschäftsfrau ist es heute noch schwer, Männer um Hilfe zu bitten. Ich hatte viele Situationen, in denen ich

*als Unternehmerin Männer um Hilfe bat und diese direkt
von einem intimen Verhältnis ausgingen, an dem ich gar
nicht interessiert war. Inzwischen frage ich viele Männer gar
nicht mehr um Hilfe, weil ich damit keine subtile Einladung
aussprechen möchte, die ich gar nicht impliziere.«*

Ich konnte mich in vielen dieser Aussagen wiederfinden, und ich finde es wichtig zu betonen: Selbst die erfolgreichsten Frauen in meinem Umfeld haben mit Problemen zu kämpfen, die völlig geläufig und weitverbreitet sind.

Ein weiterer Grund für unseren Glauben, alles selbst machen zu können, ist die Wahrnehmung anderer Menschen. Oprah Winfrey oder Beyoncé – starke Frauen. Wir sehen ihre Präsenz, den Erfolg, die tausend Projekte, die sie gleichzeitig zu schaukeln scheinen. Wie zum Teufel machen sie das? Sie haben Hilfe! Was wir bei berühmten, erfolgreichen Menschen sehen, ist nur die Spitze des Eisbergs. Die Familie, Freunde, Bekannte, Mitarbeiter*innen, Berater*innen, Angestellte – all das verbirgt sich unter dem Schein, diese Menschen wären Übermenschen mit unendlichen Ressourcen. Sowohl Oprah als auch Beyoncé haben nur zwölf Stunden pro Tag, und würden sie nicht genug schlafen, hätten sie niemals so makellose Haut (behaupte ich mal frech!). Wir nehmen andere Menschen und ihren Erfolg als »self-made woman« oder »self-made man« wahr und sehen dabei die Hilfe, die diese Menschen tagtäglich bekommen, nicht. Wir sehen auch nicht, dass gerade erfolgreiche Menschen es sind, die es besonders gemeistert haben, Aufgaben sinnvoll auszulagern.

Wenn ich zurückblicke, sehe ich, dass ich oft nicht so allein war, wie ich dachte. Denn jede Frau und jeder Mann, die mir auf meinen sozialen Kanälen folgen, sind in irgendeiner

Form Teil meiner Vision. Viele Menschen unterstützen mich nur durch ein digitales Like, viele sprechen es aus. Manche arbeiten vielleicht offline mit, indem sie am Sonntagstisch die Familie über die Problematik schneller Mode aufklären. Ich habe die Unterstützung oft nicht gesehen, weil sie nicht immer offensichtlich war. Oft habe ich mich zu sehr auf die negativen, bedrückenden Nachrichten konzentriert – was leider in unserer Natur liegt.

Mein Erfolg ist natürlich meinem Fleiß und meiner Arbeitsmoral und -ethik zu verdanken, aber auch den vielen Tausenden Menschen, die diesen Weg mit mir gehen. Heute kann ich klar sehen, wie viel Unterstützung, liebevolle Worte und Hilfe ich von meiner Community bekomme. Ich fühle mich viel öfter virtuell in den Arm genommen als geohrfeigt. Und wisst ihr was? Das ist ein wunderschönes Gefühl.

7. Wie liebe ich bedingungslos?

Bedingungslos, gibt's das eigentlich? Ich glaube nicht oder nur sehr selten. Wir gehen, meiner Meinung nach, durchs Leben und probieren gute, aufrichtige Menschen zu sein, die zwischen all den Herausforderungen aber ihre Bedürfnisse befriedigen wollen. Das macht uns nicht zu schlechten Menschen, es macht uns menschlich! Die letzten Kapitel galten der Frage, die eigenen Bedürfnisse zu eruieren, und der Angst, die damit einhergeht. Oft stempelt man Menschen, die ihre Bedürfnisse ausdrücken, als unselbstständig ab, dabei ist das Artikulieren von Bedürfnissen eine große Stärke, die man erlernen sollte! Gleichzeitig gilt es aber, die Bedürfnisse anderer Menschen wahrzunehmen und ihren Bitten nachzugehen. Selbstlosigkeit ist ein schwieriger Begriff, denn er impliziert, dass wir selbst an letzter Stelle stehen. Eine sinnvolle Lösung ist, einen Kompromiss, einen Tanz und ein Miteinander zu finden, wenn es darum geht, unsere gegenseitigen Bedürfnisse zu respektieren und sie zu erfüllen.

Die Macht der Entschuldigung

Ich dachte ziemlich lange, dass eine Entschuldigung auszusprechen einfach ist. Bis ich *Why won't you apologize?* von

Hariett Lerner las und sich ein riesiger Kosmos aufmachte. Auf 190 Seiten schreibt die Psychologin über die Macht der Entschuldigung, was eine gute Entschuldigung ausmacht und wieso es oft so schwerfällt, sich zu entschuldigen. So viel von dem, was Lerner schreibt, war mir bis zu dem Zeitpunkt gar nicht klar.

Sie sagt: Eine echte Entschuldigung ist kurz, prägnant und begrenzt sich auf die eigene Handlung. Pseudoentschuldigungen können sein »Es tut mir leid, dass du dich verletzt fühlst«, denn sie impliziert, dass die Reaktion der Person ihre Schuld sei. Wenn wir uns für das Gefühl der anderen Person statt für unser Verhalten entschuldigen, entledigen wir uns nämlich auch unserer Verantwortung. Eine aufrichtige Entschuldigung beinhaltet die Anerkennung unseres eigenen Fehlverhaltens. Indem ich sage »Es tut mir leid, dass du dich verletzt fühlst«, sage ich auch, »Es tut mir leid, dass du auf meinen vernünftigen Kommentar überreagierst«, und schiebe die Verantwortung von mir weg. Auch das Wort *falls* hat in einer Entschuldigung nichts verloren. »Es tut mir leid, falls mein Kommentar Ihre Gefühle verletzt«, ist durch den subtilen Einschub des »falls« ebenso eine Art und Weise, der verletzten Person zu spüren zu geben, dass ihre Gefühle nicht angemessen sind, und kann durchaus herablassender wirken als gemeint. Ein Beispiel für eine falsche Entschuldigung gibt Harriett Lerner in den ersten Seiten des Buches. Sie erzählt von einem Vorfall mit ihrem kleinen Sohn Matt. Matt spielt mit seinem Kameraden Sean, dem er irgendwann das Spielzeug aus der Hand reißt. Sean will das Spielzeug zurück und beginnt in seiner Verzweiflung aus Protest seinen Kopf gegen die Wand zu schlagen. Als Seans Mutter ansprintet, schreit diese Matt an: »Siehst du nicht, was du Sean antust? Schau, was du machst, er schlägt seinen Kopf gegen die Wand! Entschuldige dich gefälligst!« Matt, damals sechs Jahre alt, ist völlig ratlos. Zu Recht! Denn die Mutter des anderen Kindes verlangt von ihm, sich für etwas zu entschuldigen, was er nicht nachvollziehen kann. Statt sich für seine Handlung, nämlich das Wegnehmen des Spielzeugs, zu entschuldigen, wird er für die Reaktion des Kindes verantwortlich gemacht. Matt ist verantwortlich dafür, dass er dem Kind das Spielzeug wegnimmt, aber nicht dafür, dass Sean seinen Kopf gegen die Wand schlägt.

Der Grund, weswegen wir als Erwachsene oft Probleme mit Entschuldigungen haben, stammt oft aus frühen Erinnerungen, ähnlich dem beschriebenen Vorfall. Einerseits werden wir gezwungen, uns für Dinge zu entschuldigen, die weder plausibel noch nachvollziehbar sind. Andererseits leben uns Erwachsene aber auch keine Entschuldigungskultur vor. Wie oft erinnere ich mich an meine Kindheit: So oft musste ich mich für etwas bei Erwachsenen entschuldigen, die Erwachsenen entschuldigten sich aber selten bis nie bei mir. Oft glauben Eltern ihre eigene Autorität zu untergraben, wenn sie eine ehrliche Entschuldigung aussprechen. Sie verhindern dadurch aber die Möglichkeit für ein heranwachsendes Lebewesen, den Umgang mit Entschuldigungen zu lernen.

Es ist wichtig, den richtigen Zeitpunkt für eine Entschuldigung zu wählen. Oft bauen wir nämlich großen Mist und glauben, eine hinterhergeschobene Entschuldigung macht es wett. Das kann der verletzten Partei aber das Gefühl geben, die Entschuldigung sei nicht aufrichtig und nur ein einfaches Mittel, die schlechte Stimmung wiedergutzumachen. Ob und wie eine Person unsere Entschuldigung annimmt, ist ihr überlassen. Wir dürfen den Spieß nicht umdrehen und beleidigt sein, wenn die Person unsere Entschuldigung nicht oder noch nicht annimmt. Und wir müssen ihr Zeit und Raum für ihren Schmerz geben. »Fass mich nicht an!«, ist eine gängige Reaktion von Partner*innen, wenn eine Bemühung zur Versöhnung zum falschen Zeitpunkt, nämlich inmitten eines Wutausbruches, kommt. Wir möchten natürlich, dass unsere Entschuldigung zur Vergebung und Versöhnung führt, dürfen aber daraus keine Bedingung machen. Und es wird Menschen geben, die (zunächst) einfach kein Wort mehr von einem hören wollen. Die Verletzung sitzt dann zu tief. Wenn man selbst einen Fehler gemacht hat, darf auch die eigene Selbstvergebung nicht an die Versöhnung mit der verletzten Partei gekoppelt sein. Ich muss die Entscheidung einer anderen Person, mir nicht vergeben zu können, akzeptieren. Das ist vermutlich der größte Akt der Liebe und Selbstlosigkeit, den man dann in solch einer Situation aufbringen kann.

Sowohl im Berufs-, aber auch im Privatleben werden wir immer wieder Menschen begegnen, die sich nicht entschuldigen können. Entweder, weil sie in einer Familie aufwuchsen, wo Entschuldigungen nur forciert oder unehrlich waren, oder weil ihr Stolz, Ego, Prestige es nicht zulassen. Es gibt Menschen, die in Umfeldern groß geworden sind, in denen eine Entschuldigung nie akzeptiert wurde. Oft sehe ich Eltern-Kind-Interaktionen, bei denen sich das Kind für etwas entschuldigt und die Mutter oder der Vater diese Entschuldigung nicht annimmt. Sie erklären den Kindern: »Wenn es dir wirklich leidtun würde, hättest du es nicht getan« oder »Gut, dass du dich entschuldigt hast, aber ich möchte, dass du mehr darüber nachdenkst, was du getan hast.« Wenn ich so etwas höre, schmerzt es mich innerlich, denn aus diesen Kindern werden vielleicht Erwachsene, denen wir das Werkzeug der Entschuldigung madigmachen.

Stark und weich zu lieben bedeutet für mich, eine Entschuldigung auszusprechen, wenn sie notwendig ist, und zwar ohne meine eigenen Befindlichkeiten oder Rechtfertigungen einzubauen. Die Entschuldigung soll keine Bühne für meinen eigenen Groll, sondern Anerkennung des Schmerzes der anderen Person sein. Ich bin immer verantwortlich für meine Handlung, allerdings nicht für die Reaktion des anderen. Ich kann und muss mich für meine Handlung entschuldigen, meine Verantwortung anerkennen. Gleichzeitig müssen wir aber auch anerkennen, dass wir nicht verantwortlich für die Reaktion einer Person sind oder umgekehrt. Als schwierige Partnerin habe ich nicht die Affäre meines Mannes verursacht, und Matt hat nicht verursacht, dass das andere Kind den Schädel gegen die Wand geschlagen hat. Unsere Verantwortung ist groß, aber sie hat Grenzen – auch das gilt es abzustecken, im romantischen, familiären und beruflichen Kontext. Wenn ich in meinem Webshop einen Pulli nicht in wirklich jeder Kleidergröße anbiete, kann ich dafür verantwortlich gemacht werden, nicht genug zu offerieren, aber nicht dafür, dass sich eine Person zu dünn oder zu dick fühlt. Ich kann den Schmerz der Person anerkennen, es ist aber nicht meine Aufgabe, ihn ihr abzunehmen.

Der härteste Job der Welt

Das romantische Ideal postuliert, dass wir zu unseren Partner*innen viel netter als zu anderen Menschen sein sollten. Wir sind Freund*in, Berater*in, Mitbewohner*in, Liebhaber*in, Reisepartner*in, Lehrer*in und Krankenpfleger*in in einem für unsere Partner*innen. Als würde es das nicht schon zum härtesten Job der Welt machen, wird auch noch erwartet, dass Partner*innen die Menschen sind, die unsere

Liebenswürdigkeit zu spüren bekommen. Dabei wird aus allen von uns früher oder später mal auch ein Monster in einer Beziehung. Die Wahrscheinlichkeit, dass es genau umgekehrt ist und du zu allen anderen Menschen netter als zu deinem Partner bist, ist definitiv höher. Was aber eigentlich auch sehr plausibel ist, denn es ist leicht, beim Pizzaabend mit Freunden gut gelaunt und nachsichtig zu sein. Diese wenigen Stunden zeigen wir uns nun mal von der besten Seite! Doch wer ein Leben mit jemandem verbringt, wird schnell merken: Wenn wir einen etwas längeren Zeitraum, vielleicht ein ganzes Leben mit jemandem verbringen wollen UND diese Person alle oben beschriebenen Jobvoraussetzungen erfüllen muss, wird es schnell schwierig, all dem immer gerecht zu werden. Die Unordnung meiner Freundin im geteilten Hotelzimmer übers Wochenende schnell wegzustecken, ist doch etwas anderes, wenn es um potenzielle Partner geht, mit denen wir auch mal zusammenziehen wollen.

Als Single ist es leicht, die eigenen Eigenschaften, die jemanden den Verstand verlieren lassen, nicht zu sehen. Mich hat als Single niemand auf meine unfassbar pedantische Art, die Duschwand abzuziehen, aufmerksam gemacht oder mir gesagt, wie anstrengend es ist, wenn ich beim gemeinsamen Fernsehabend fünfzigmal aufstehe. Wir können machen, was wir wollen, und unsere Jobbeschreibung ist relativ easy: Sei, wie du bist. Sobald wir aber einen Bund mit einem anderen Menschen eingehen, ist das etwas anderes. Die Jobbeschreibung ist lang und schwer zu erfüllen. Plötzlich merkt man: Ui, so eine fehlerlose Person bin weder ich noch die Person, mit der ich das Bett teile! Die Tatsache, dass das Gegenüber im Idealfall gekommen ist, um zu bleiben, macht es natürlich auch zur leichteren Zielscheibe für unsere Launen. Denn wegrennen wird die andere Person wohl hoffentlich nicht so schnell.

Eine der besten Beschreibungen habe ich in einem *The School Of Life*-Essay über die Liebe gelesen. Die Herausforderung der Beziehung wird damit beschrieben, dass wir akzeptieren sollten, dass wir nicht mit jemandem zusammengekommen sind, der ungewöhnlich inkompetent ist. Sondern dass wir schlichtweg versuchen, etwas ungewöhnlich Hartes (eine Beziehung zwischen zwei Menschen) zu meistern. In dem Essay wird gesagt, wir sollten der Aufgabe die Schuld geben, nicht dem Kollegen.

Dieser Absatz beschreibt es wunderbar: Wir sollten einsehen, dass die Jobbeschreibung unserer Partner*innen irrsinnig lang und herausfordernd ist. Und wenn wir oder unser Gegenüber diesen Herausforderungen nicht immer gerecht werden, ist es meist eher die Aufgabe an sich, die die Herausforderung birgt. Wenn wir uns also mehr auf die Schwierigkeit der Situation als auf die Unzulänglichkeit der Person konzentrieren, geht das Ganze bereits mit mehr Leichtigkeit einher.

Warum dein Schmerz mir wichtig ist

In ihrem Buch *Judgement Detox* schreibt Gabrielle Bernstein über das ständige Urteilen, das uns umgibt. Sie beschreibt, wie wir alle, tagtäglich, andere Menschen verurteilen. Es sei eine regelrechte Sucht, die jedoch nicht dazu führe, dass wir uns besser fühlten. Gossip mag sich spaßig anfühlen oder Gesprächsstoff geben, jedoch wird es oft von einem inneren Schamgefühl gefolgt. Wir wissen intrinsisch, dass uns das Verurteilen anderer kein gutes oder positives Gefühl gibt.

Ich persönlich fühle mich oft richtig »verkatert«, wenn ich über jemanden gelästert habe. Gabrielle Bernstein schreibt über eine ganz besondere Situation, die sie mit einer Frau bei einem Retreat erlebte. Die Teilnehmerin des Retreats war eine attraktive, selbstbewusste Frau, die sich scheinbar sehr wohl in ihrer Haut fühlte. Bernstein schreibt, sie wollte sie mögen, konnte einfach nicht aufhören, sie innerlich zu verurteilen. Sie dachte fortwährend, die Frau sei eine Tussi. Als die junge, kluge Frau sich eines Abends mit einem Mann unterhält, platzt es aus Bernstein heraus: »Wow, du flirtest aber gern.« Die Frau reagiert völlig schockiert und verletzt. Scham- und Schuldgefühl breitet sich in Gabrielle Bernstein aus – es dauert jedoch eine Weile, bis sie sich eingestehen kann, nicht im Recht zu sein. Sie beschreibt, wie sie es zuerst herunterspielen und vorgeben wollte, dass es keine große Sache sei. Sie wollte nicht zugeben, dass sie etwas so Mieses getan hatte. Doch im Inneren wusste sie, dass sie eine tiefe Wunde, die sie selbst hatte, auf diese unschuldige Frau projiziert hatte. Sie wacht am nächsten Tag auf und beschreibt ein tief sitzendes Gefühl von Scham und Schuld, was genau mein Gefühl eines Gossip-Katers beschreibt. Sie trifft die Frau zum Frühstück, entschuldigt sich, doch die Entschuldigung reicht der Frau nicht. »Entweder, ich verteidigte mich weiterhin und speiste sie mit halbherzigen Entschuldigungen ab, oder aber ich warf einen genaueren Blick auf die Ursachen, die meinem Urteil zugrunde lagen.« Und zum Erstaunen von Bernstein antwortet ihr Gegenüber verständnisvoll. Sie erzählt von einem Kindheitstrauma, das dafür sorgte, dass sie sich ihr ganzes Leben für männliche Aufmerksamkeit schämte. Nun beginnt das Eis zu brechen: »Ich saß dieser unschuldigen Frau gegenüber und erzählte ihr, dass auch ich mich nur drei

Monate zuvor an ein Kindheitstrauma erinnert hatte. Ich gab zu, dass ich im Zusammenhang mit meiner Sexualität über dreißig Jahre mit Schuld- und Schamgefühlen gelebt habe.« In diesem Moment nahm Bernstein ihre Wunden bewusst wahr, entschuldigte sich aufrichtig und von ganzem Herzen und erklärte der Frau, dass ihre sexuelle Freiheit ihre Schamgefühle getriggert und sie sie deswegen verurteilt hatte. Sie hätte dabei das Gefühl gehabt, nicht gut genug mit sich zu sein, als wäre etwas nicht in Ordnung. Die zwei Frauen erhoben sich in dem geschäftigen Frühstückssaal, umgeben von Menschen, hielten sich gegenseitig im Arm und weinten.

Als ich Bernsteins Geschichte las, hatte ich Tränen in den Augen. Wie oft hatte ich mich in ähnlichen Situationen wiedergefunden, und wie schön war es immer gewesen, die Erkenntnis zu erlangen, dass unsere verurteilenden Handlungen und Aussagen schlichtweg nur ein Zeichen einer tief sitzenden Wunde, eines Schmerzes, waren.

Ich bin eine aus tiefstem Herzen überzeugte Feministin. Und heute weiß ich, dass Aussagen von Frauen wie »Ich mag Männer einfach lieber als Frauen« oder »Andere Frauen setzen immer ihre Ellbogen ein« meist von schmerzlichen Erfahrungen mit anderen Frauen kommen. Für mich waren solche Aussagen lange nicht nachvollziehbar, da ich bei Frauen mein ganzes Leben lang Unterstützung und Halt gefunden hatte. Mir war es nicht nachvollziehbar, wie man ein Geschlecht gänzlich so über den Kamm scheren konnte – vor allem, wenn man selbst eine Frau ist! Doch dann fiel mir auf: Ich tue das genauso, bloß mit Männern. Die schlechten Erfahrungen in meinem Leben hatten eher mit dem männlichen Geschlecht zu tun, und ich hörte mich oft Dinge wie »Frauen sind einfach besser« oder »Männer sind so rücksichtslos« sagen. Inwiefern war ich also berechtigt, Frauen für ihre Abneigung Frauen gegenüber zu verurteilen, wenn ich selbst ständig urteilte? Und waren unsere Wunden nicht vielleicht genau dieselben, bloß in anderem Kontext?

Beispiele wie das von Gabrielle Bernstein zeigen ganz klar: Sich zu öffnen birgt unglaubliche Kraft. Die Kraft der Versöhnung, der Heilung, der Einsicht. Sie schreibt, »Das Gegenteil von Urteilen ist Mitgefühl«, und ich könnte diese Feststellung nicht besser formulieren. Mitgefühl ist das Werkzeug schlechthin, wenn es darum geht, nicht zu urteilen. Denn nur Mitgefühl öffnet die Tür zu einem rohen, warmen, ehrlichen Austausch. Doch das Paradoxe: Wir sehen Mitgefühl und Verletzlichkeit als Schwäche an. Männer, die weinen, sind Schlappschwänze. Frauen, die in einer Führungsposition nicht hart durchgreifen, sind zu schwach für den Job. Dabei ist die Macht des Mitgefühls, sich weinend in den Armen zu liegen, sich öffnen und heilen, das machtvollste Potenzial und die größte Stärke, die wir als Menschen beweisen können. Nehmen wir einmal an, Politiker*innen der Welt würden offen zugeben, was sie schmerzt und wieso sie glauben, dass das, was sie tun, richtig ist. Das Mitglied der rechten Partei hatte vielleicht ein unschönes Erlebnis mit einem Menschen aus einer anderen Kultur und trägt somit seither den Glauben in sich, Fremdes sei zu verurteilen. Vielleicht trägt aber auch das Mitglied der linken Partei eine Wunde in sich, weil ein großer Konzern den Familiengarten, der mit so vielen schönen Erinnerungen verbunden ist, zubetonierte. Wir alle tun Dinge basierend auf unserem Glaubens- und Wertesystem. Dieses System ist geprägt von unserer Vergangenheit, den Menschen, denen wir begegnen, und somit dem, von dem wir glauben, dass es die Wahrheit ist. Doch wenn wir verstehen, dass die eigene Wahrheit eine durchaus rein subjektive Aneinanderreihung von Annahmen ist, können wir auch verstehen, dass diese Wahrheiten so vielzellig und facettenreich sind, dass wir niemals auf einen Nenner kommen könnten. All das, was wir am heutigen Tage sind, sagen und denken, ist ein Produkt aus dem Wunder Leben. Unabhängig vom sozialen Status, von Herkunft oder Hautfarbe: Wir Menschen tragen eine Geschichte mit uns. Sie macht uns einzigartig und einmalig und genauso defensiv und verurteilend. »Wenn wir den Mut aufbringen, uns unseren Wunden zu stellen, beginnt die wahre Heilung«, schreibt Bernstein in *Judgement Detox* und fügt ein Zitat von Rumi bei:

»Die Wunde ist der Ort, an dem das Licht in dich eintritt.«

Wir leben leider in einer Welt, in der Scham für alle Geschlechter prädominant ist. Wir schämen uns für unsere Urteile, Wunden, die Tatsache, dass wir wieder mal den Mund gehalten haben, wenn es gutgetan hätte, offen und von Herzen zu sprechen. Liebe und Verbundenheit können jedoch nur Platz und Raum einnehmen, wenn wir mit Empathie, Mitgefühl und Mut durchs Leben gehen. »Empathie ist das Gegengift zu Scham. Wenn man Scham in eine Petrischale gibt, braucht sie drei Dinge, um exponentiell zu wachsen: Heimlichkeit, Schweigen und Verurteilung. Wenn man dieselbe Menge Scham in eine Petrischale gibt und sie mit Empathie versetzt, kann sie nicht überleben.« Brené Brown bringt es in ihrem TED Talk auf den Punkt: Es kommt immer drauf an, ob wir die Scham füttern oder nicht. Ob wir uns zum Weinen verstecken oder dem gegenüber ehrlich fragen: »Das hat mich verletzt. Wieso hast du das gesagt?« Ob wir im Meeting schweigen, wenn wir nicht verstehen, worum es gerade geht, oder aufzeigen und aufrichtig einbringen: »Es tut mir leid, ich weiß gerade nicht, worum es hier wirklich geht. Könnten Sie es noch einmal genauer erklären? Vielleicht geht es nicht nur mir so.« Scham wird aufkommen – immer. Wir können sie nicht verbrennen, in eine geistige Schublade stecken. Denn falsch gefüttert, wird sie wachsen, in jede Zelle kriechen, uns zerfressen. Scham führt zu Tabus, Missbrauch und dessen Vertuschung, zu Lügen und Verrat, Scham führt zu Distanz, Unverbundenheit und Einsamkeit. Wollen wir mehr Liebe, müssen wir die Scham als Teilnehmerin am Tisch der Gefühle wahrnehmen und akzeptieren, statt uns von ihr wegzudrehen und so zu tun, als wäre sie nicht anwesend. Scham zu ignorieren führt dazu, dass wir uns oft künstlich größer machen, wenn wir uns ganz klein fühlen. Es führt dazu, dass wir Dinge sagen, die wir gar nicht meinen, und Dinge tun, die sich nicht gut anfühlen. Scham führt zu Isolation, weil wir uns beschämt in eine dunkle Ecke zurückziehen. Wie wäre es also stattdessen, statt den Weg in die dunkle Ecke der Scham in den Raum zu all den Mitmenschen, die genau dieselben Probleme durchmachen, zu wählen? Wir sollten uns symbolisch in diesen Raum setzen, unseren Schmerz und Schuldgefühle teilen. In den meisten Fällen trifft dieser Weg auf Verständnis, innigere Verbindung und die Möglichkeit, einen Raum mit Liebe zu füllen.

Die Sprache, die alle sprechen

Die Frauen in meinem Leben haben mich bestärkt, auf allen Ebenen. Meine Mutter war niemals eine Helikoptermama, die mich versucht hat, vor der bösen Welt zu schützen. Im Gegenteil: Sie ermutigte mich früh, allein zu reisen, gab mir

Hausverstand und gute Intuition mit. Wenn ich als junges Mädchen meine Hausaufgabe vergessen hatte, musste ich selbst mit der Lehrerin oder dem Lehrer sprechen. Meine Mutter löste keine Probleme für mich, sondern ermunterte mich, das selbst zu tun. Mit 20 machte ich mich auf, um vier Monate, ganz allein, in Asien zu reisen. So manch eine Mutter hätte einen nervösen Krampf bekommen, aber nicht meine Mama. Sie wusste, wie wichtig es war, früh Entscheidungen treffen zu dürfen und zu können. Bis heute verstehe ich nicht, wieso so vielen jungen Menschen Entscheidungen abgenommen werden. Entscheidungen treffen zu dürfen, mündig und geistig gesund zu sein – das sind Privilegien. Es gibt gesundheitliche, aber auch politische Umstände, unter denen Menschen dieser Privilegien entbunden werden. Dennoch nehmen wir kerngesunden, klugen Kindern, die in Gesellschaften leben, die ihnen jegliche Türen öffnen, Entscheidungen ab. Als Erwachsene sind sie oft verloren. Dass ich mit acht Jahren bereits allein in die Schule fuhr und die meisten Nachmittage mit meinem Bruder, der fünf Jahre älter war, alleine zu Hause war, sorgte dafür, dass ich sehr früh sehr selbstständig war. Ich konnte kochen, einkaufen, ich war selbstbestimmt und liebte es. Ich wusste früh, was ich wollte, wie ich mit Problemen umgehen konnte. Heute weiß ich, dass ich einen Teil meines Erfolgs dieser eingeräumten Freiheit als junger Mensch und der mitgegebenen Selbstständigkeit zu verdanken habe. So aufopfernd meine Mutter auch war, mir wurde immer vermittelt: »Geh, wohin dein Herz dich führt.« Ich hätte alles studieren oder nicht studieren können: Meine Mutter bestärkte mich in meinem Anderssein. Natürlich gab es immer wieder Momente, in denen es nicht so war. Zum Beispiel, als ich beschloss, mich vegan zu ernähren, und dafür

Augenrollen kassierte. Oder als mein Vorhaben, nur noch faire Mode zu kaufen, mit einem »Schauen wir mal, wie lange der Trend anhält« belächelt wurde. Es waren aber nur wenige Momente, in denen meine Mutter nicht 100 Prozent hinter mir stand. Denn sie wusste, dass es für mich als schwarzes Schaf der Großfamilie nicht einfach war. Ich fühlte mich oft ungeliebt, weil ich immer aus der Reihe tanzte und einfach anders war. Ich wollte meine Sommerkleider im Winter und meine Winterkleider im Sommer anziehen. Ich wollte malen, wenn gerade Mathematik angesagt war, und sah es nicht ein, von morgens bis abends in einem geschlossenen Raum zu sitzen. Aufgrund unseres sehr defizitär angelegten Schulsystems wurde ich in die Kategorie schwierig gesteckt, auch, weil ich unaufhörlich Fragen stellte. Es gab oft Probleme mit den Lehrerinnen und Lehrern, und ich werde nie vergessen, wie mir einer meiner Lehrer unmissverständlich zu verstehen gab, dass ich ein hoffnungsloser Fall sei und aus mir nie etwas werden würde. Noch immer arbeiten Schulen sehr defizitär, indem sie Neugier mit Auffälligkeit verwechseln und sich auf die Schwächen statt Stärken konzentrieren. Der Raum für Anderssein ist eng, und wenn man ihn betritt, ist man hoffnungslose Künstler*in oder Taugenichts.

Meine Mutter, meine Oma und eine Handvoll Verwandte waren die wenigen, die mich in meiner Andersartigkeit bestärkten. Sie ließen mich einstudierte Sketches bei Familienfeiern aufführen, für die ich alle meine Cousinen und Cousins anheuerte, und meine Mutter akzeptierte auch irgendwann zähneknirschend, dass ich ihre Lieblingsgürtel bemalte und zerschnitt, weil ich gerade einen kreativen Ausbruch hatte. Man darf mich hier nicht falsch verstehen: Ich bin keine Befürworterin des Laisser-faire, der unbegrenzten Freiheit für Kinder. Ich finde, Kinder brauchen Routine und Regeln. Dennoch dürfen wir die Persönlichkeit, die sich so früh abzeichnet, nicht im Keim ersticken. Mein Bedürfnis war es schlichtweg, geliebt zu werden. Jedes Kind, jeder Mensch, wünscht es sich, Liebe zu erfahren. Als Kinder handeln wir sehr intuitiv: Wir handhaben mit dem, was wir haben. Das sind unsere Kreativität, unsere Impulse, unsere Fantasie – mehr steht uns nicht zur Verfügung. Kinder haben nicht die Möglichkeiten, die Erwachsene haben. Sie haben weder die ausgereifte Sprache, noch Geld oder andere Werkzeuge, die wir als Erwachsene nutzen, um unsere Zuneigung zu zeigen – und das ist doch das Tolle an Kindern. Ich erinnere mich genau an den Vorfall mit den Gürteln meiner Mutter, die ich »verschönerte«. Ich dachte mir in diesem Moment, »Wenn ich die Gürtel schön bemale, dann freut sich Mama«. Dass ich ihre geliebten Gürtel mit meiner Kunst zerstörte – das kam mir nicht in den Sinn. Alles, was ich als Kind tat, tat ich, um Liebe und Anerkennung zu erfahren. Ich wünschte mir, wir könnten uns in die Lage des Kindes, das etwas vermeintlich Naives tut, versetzen und verstehen, dass alles, was Kinder wollen, und alles, was Kinder sind, Liebe ist. Wir werden aus Liebe geboren und gehen in die Liebe. Es ist die Sprache, die wir von Anfang an kennen. Ob wir sie verlernen und weiterhin sprechen können, ist natürlich ein anderes Thema.

Liebe unter Umständen

Vor Kurzem hatte ich einen Traum. Ich begegnete meinem Vater bei einer Hochzeit. Er lachte mich an, ließ einen von seinen üblichen Sprüchen los und umarmte mich. Ich begann zu weinen. Nun mag dieser Traum für Außenstehende nicht sehr ungewöhnlich klingen, für mich ist er es jedoch. Mein Vater ist schließlich nicht mehr Teil meines Lebens. Er kam nicht zur Hochzeit meines Bruders, er reagierte nicht auf die Nachricht, dass er bald Opa werden würde. Auf Fotos von seinem Enkel reagierte er nie. Vor allem mein Bruder hat mehrmals und oft probiert, die eskalierte Situation zu retten – erfolglos. Hin und wieder treffe ich gemeinsame Verwandte, frage nach, wie es ihm geht. Ich bin wie eine Detektivin, auf der Suche nach Informationen, ob es meinem Vater bloß gut geht.

Wenn mich meine Freunde fragen, was denn nun mit meinem Vater los sei, reagiere ich kurz angebunden, denn es ist extrem anstrengend und kräftezehrend, über diesen Verlust, der mich immer noch tief in der Brust schmerzt, zu sprechen. Am 31. März 2016 sprach ich zum letzten Mal, in Form einer E-Mail, zu meinem Vater, der sich zu diesem Zeitpunkt bereits weigerte, uns zu treffen.

Seither habe ich nichts mehr von ihm gehört, geschweige denn bin ich ihm begegnet. Ich unterzeichnete meine letzten Worte in meiner letzten E-Mail mit »Darya«, meinem dritten Vornamen, den mein Vater mir gab. Er ist persisch und bedeutet »kleines Meer«. Darya war und ist immer schon mein Lieblingsname gewesen und wurde, etwas abgeändert als dariadaria, zum Pseudonym, unter dem ich im Internet ein Ventil für meine Kreativität, meinen Aktionismus, meine Leidenschaft fand. Darya nennen mich all meine persischen Verwandten, von meiner geliebten Tante Katy bis hin zu meinen wunderbaren Cousinen Samaneh und Setareh. Darya steht für mich für gemütliche Abende in den USA mit viel Cola, wenn wir unsere persische Verwandtschaft an der Westküste besuchten. Es steht für mich für Bräuche wie zum Beispiel Nowruz, das

persische Neujahr, die ich nie wirklich praktizierte, da meine
Eltern früh geschieden waren und ich in Österreich aufwuchs.
Darya bedeutet für mich viel Reis mit Safran und essen, bis der
Bauch platzt. Ich verbinde mit Darya heute den Schmerz, den
mein Vater in meinem Herzen hinterlassen hat, aber auch so
viel Positives.

Worauf will ich damit hinaus? Die Abwesenheit meines
Vaters macht mir den Reis mit Safran und die schönen Erinnerungen nicht zunichte. Der Reis schmeckt wie vorher,
und Nowruz findet jedes Jahr am 20. oder 21. März statt. Der
Schmerz lebt mit, er co-existiert, doch er muss nicht alles trü-
ben, was war. Man kann es Melancholie nennen, das Gefühl,
das in den letzten paar Jahren für mich mitschwingt, seit mein
Vater gegangen ist. Man kann es aber auch als den natürlichen
Lauf der Dinge sehen. Bäume verlieren ihre Blätter, Menschen
verlieren andere Menschen – auf vielen tragischen Wegen.
Das, was war, verändert sich dadurch aber nicht – es bleibt als
Fels in der Brandung. Ich kann immer wieder zu den schönen,
wenn auch wenigen Erinnerungen mit meinem Vater zurückkehren. Wir sahen ihn nicht oft, aber wenn wir Reisen mit ihm
unternahmen, war es pures Schlaraffenland. Wir durften jeden
Tag Junkfood essen und das Tagesprogramm bestimmen. Wir
gingen ins Kino, zum Park – was auch immer uns vorschwebte
und einfiel. Die wenigen Wochenenden im Jahr, manchmal war
es sogar nur zweimal pro Jahr, die ich meinen Vater als kleines
Mädchen sah, waren wunderbar, und ich verbinde glückliche
Erinnerungen damit. Diese glücklichen Momente bestehen
weiter, in meinem Herzen.

Ich bin meinem Vater extrem ähnlich, wir haben dieselben
Fingernägel, dieselbe Gesichtsform, sogar dasselbe Mutter-
mal auf der rechten Wange. Wir sind beide Workaholics, lei-

denschaftlich, haben einen ausgeprägten Gerechtigkeitssinn und mögen hoch formelle Anlässe nicht gern, weil wir uns in oberflächlichen Umgebungen einfach nicht wohlfühlen. Der Abschied meines Vaters hat seelische Wunden hinterlassen. Nach wie vor weine ich oft stundenlang, weil er mir so fehlt und weil er jeglichen Versuch des Kontakts abblockt. Dennoch lasse ich Platz für alles: den Schmerz, die Trauer, die Wut, aber auch die Liebe, die unverändert in meiner Brust pocht. Man kann jemanden lieben, ohne dass die Person aktiv zurückliebt oder Teil des eigenen Lebens ist. Wenn ich an meinen Vater denke, denke ich nicht nur an die Konflikte, die Vorwürfe, die gekränkten Nachrichten – ich denke an die schönen Momente. An den duftenden Safranreis, über den wir das säuerliche Gewürz Sumach bröselten, und an die vollen, prächtigen Obstkörbe, die in jedem persischen Haushalt neben einem prachtvollen Kronleuchter, der der Stolz der meisten Familien ist, zu finden sind.

Der Schmerz, die Trauer, die Wut – sie alle gehören zur Liebe, und die Liebe ist der warme Mantel, der sie sorgenvoll umhüllt. Das mag kitschig klingen, aber die Vorstellung, dass mein Schmerz, meine Trauer und meine Wut in den Arm genommen, liebevoll akzeptiert werden und existieren dürfen, ist für mich die schönste Vorstellung überhaupt. An manchen Tagen gelingt es mir, die Liebe zu sehen und hereinzulassen, an anderen Tagen nicht so gut. Manchmal bin ich einfach nur traurig, und manchmal ist es okay, wenn mich wieder einmal jemand aus dem Nichts heraus fragt, was eigentlich mit meinem Vater passiert ist. Sometimes happy, sometimes sad, wie ein Sprichwort besagt.

Verlust fühlt sich für uns meist wie ein Manko, ein Defizit an, dabei ist die Fülle, all das, was bereits besteht, unverändert.

Wir können und dürfen den Verlust nicht beiseite drängen, genauso wenig dürfen wir aber in Versuchung geraten, alles Schöne, was war, verpuffen und sich auflösen zu lassen. Wir tendieren oft dazu, gerade bei Trennungen, die frischen Erinnerungen, also die am Ende, stärker wahrzunehmen. Dabei gilt es, die blasseren Erinnerungen, die Erinnerungen an das Schöne, in den Vordergrund zu stellen.

In meinem Traum habe ich meinen Vater umarmt, er war guter Dinge und freute sich, mich zu sehen. Im echten Leben wird das vielleicht oder vielleicht auch nie passieren – meine Hoffnung besteht, und meine Tür bleibt offen. Bis dahin versuche ich eines: zu lieben, denn die Liebe ist der Mantel und die Umarmung, die mich wärmt, wenn es sehr kalt wird. Liebe braucht keine Bedingung, sie kann einfach so, hinter verschlossenen Türen, wortlos existieren. Meine Liebe ist da und wird niemals gehen, daran wird sich bis zu meinem letzten Atemzug nichts ändern.

Allein ist nicht einsam

Am 26. Januar 2019 wachte ich in meinem Bett im Mietapartment in Lissabon auf, blickte aus dem Fenster auf den wolkenlosen, blauen Himmel. Ohne viel nachzudenken, zog ich mir meine Jeans an, warf eine Jacke über und verließ das Haus. Es war 9 Uhr morgens, die Straßen waren leer, der Geruch nach Alkohol erzählte die Geschichten von einem ausgelassenen Freitagabend, der zuvor auf diesen Straßen stattgefunden hatte. Zwei Häuserblöcke weiter öffnete ich die Tür zur Bäckerei, von der ich wusste, dass es die vegane Version von Pastel de Nata, einem Blätterteigtörtchen mit

Pudding, gab. Ich kaufte mir vier Stück in einem Pappkarton und verließ mit der portugiesischen Spezialität das Geschäft. Ohne meine Navigationsapp zu zücken, wusste ich: Hier in der Nähe ist das Meer. Intuitiv bog ich links ab, ging 100 Meter geradeaus, und siehe da: die Strandpromenade. Es war Samstag um 9:30 Uhr, als ich am Meer sitzend, die Möwen über mir singend, in ein Pastel de Nata biss und meine Freudentränen in der Sonne reflektierten. Durch jede Zelle meines Körpers floss Glücksgefühl. Ich aß zwei der Köstlichkeiten, machte mich zurück auf den Weg in meine Unterkunft, schlüpfte noch einmal in meine Pyjamahose und verkroch mich für eine weitere Stunde mit meinem Buch im Bett, bevor ich aus dem Hotel auschecken musste. Niemals werde ich diesen wunderschönen Vormittag vergessen.

Und dennoch: Allein sein ist nicht immer so romantisch. In *Eat, Pray, Love* schreibt Elizabeth Gilbert von der Schönheit des Alleinseins, der Suche des Glücks auf Reisen. Völlig überzeichnet wurde diese Darstellung meiner Meinung nach in der Verfilmung des Buches mit Julia Roberts in der Hauptrolle. »Selbstfindung à la Hollywood« spotteten sinngemäß viele Kritiken. Viele Tränen, die ich auf Reisen allein vergossen habe, waren keine Tränen der Freude. Wenn ich an einem Ort war, wo es tagelang nur regnete und ich in völliger Isolation ohne jeglichen sozialen Kontakt in meinem Zimmer hockte. Wenn ich vom Busfahrer in einer fremden Sprache angeschrien und des Fahrzeugs verwiesen wurde. Ich habe viele Tränen der Trauer, Einsamkeit, der Sehnsucht geweint. Ich möchte das Reisen allein nicht romantisieren oder den Eindruck vermitteln, dass Selbstfindung mit einem Besuch in Rom und einer Portion Spaghetti erledigt ist. Dennoch müssen wir lernen, allein zu sein. Ich kenne viele Menschen, allem voran Frauen, die einst ihr Leben an Partner*innen, einer bestimmten Komfortzone, dem sicheren Hafen in Form von Jobs oder anderen Konstanten festgemacht haben. Und jede dieser Frauen hat ein kleines Erdbeben erlebt, als die Konstante zu einer Variablen wurde. Wenn eine Trennung, Scheidung, Jobverlust oder eine andere Art von Veränderung wie ein Platzregen vom Himmel rasselte. Wenn Partner*innen zu Ex-Partner*innen wurden, die Freunde plötzlich Fremde waren und die Heimat auf einmal keinen Hafen mehr darstellte. »Wir kommen allein, und wir gehen allein«, sagte meine Mutter einmal zu mir, und instinktiv löste diese Aussage ein mulmiges Gefühl in mir aus. Tiefe Trauer und eine große Portion Angst. Zugehörigkeit ist eines unserer wichtigsten Bedürfnisse. In *Braving the Wilderness* schreibt Brené Brown, dass es unser tiefstes Bedürfnis ist, Teil von etwas zu sein, das größer als wir selbst ist. Aber echte Zugehörigkeit und Liebe erfahren wir nur dann, wenn wir der Welt unser authentisches, unvollkommenes Selbst zeigen. Dabei sollte unser Verlangen nach Zugehörigkeit nie größer sein als unsere Selbstakzeptanz. Echte Zugehörigkeit und Liebe können somit nur entstehen, wenn wir uns mit Selbstwertschätzung begegnen, wenn wir uns mutig in die Arena stellen und schreien, »Hier bin ich!« – mit all den Stärken und Makeln, die wir mitbringen. Die Herausforderung besteht darin, uns selbst die Wertigkeit zu geben, die wir verdient haben zu erfahren. All das hat mir das Alleinsein gegeben.

Als ich 21 war, machte ich mich auf, um das größte Abenteuer meines bisherigen Lebens anzugehen. Ich wollte für vier Monate nach Asien reisen, mutterseelenallein. Am Tag bevor ich abreiste, verließ mich mein ganzer Mut. Ich hatte Angst, weinte, wollte um keinen Preis fahren. Mein Bruder redete mir gut zu. Er war schon viel gereist und kannte diese Gefühle. Ich gab ihm und mir einen Vertrauensvorschuss: Ich stieg am darauffolgenden Tag in den Flieger. Der Vertrauensvorschuss wurde nach vier Monaten der Reise zu wahrem Selbstvertrauen. Ich reiste einen Monat in Thailand, einen in Laos und arbeitete für zwei Monate in Südkorea. Jede Buchung, jeden Transfer, alle Hotelaufenthalte – ich organisierte alles selbst, das meiste vor Ort spontan. Nach nur vier Monaten hatte ich gelernt, völlig auf mich allein gestellt zu sein. Ich wurde gezwungen, fremde Menschen anzusprechen, Freunde zu finden, meiner Intuition zu folgen und Entscheidungen zu fällen – ganz allein. Der Selbstwert, das Vertrauen in mich, das ich von der Reise mitnahm, war immens wichtig für eine heranwachsende Frau, wie ich es damals war. Ich war zwischendurch oft verzweifelt, musste in Hotelzimmern mit Kakerlaken nächtigen und war nicht nur einmal einsam und traurig. Doch all das brachte mich an die dunkelsten Stellen, die erhellt werden müssen, damit man sie sieht. Allein zu sein bedeutet, sich von den äußeren Einflüssen in Form von Familie, Freund*innen, Bekannten, Partner*innen loszulösen und das zu kultivieren, was übrig ist, wenn all das wegbricht, was einen äußerlich hält. Viele Jahre und Solo-Reisen später löst »Wir kommen allein und wir gehen alleine« kein Unbehagen mehr in mir aus. Es gibt mir eher ein schönes Gefühl von: Ich habe meinen Fundus gefüllt. Meinen inneren Fundus, das Fass, das so voll ist, dass es fast überquillt. Erinnerungen, Momente, Beziehungen und Bekanntschaften – all das habe ich von meinen Reisen allein mitgebracht.

Es muss jedoch nicht immer gleich eine Reise sein, um Alleinsein zu üben. Klein anfangen kann man jederzeit. Allein ins Kino oder Theater gehen, eine Mahlzeit in einem Restaurant allein einnehmen – Babyschritte! In kleinen Schritten anfangen und verstehen, dass Alleinsein nicht gleich Einsamkeit bedeutet. Unsere Gesellschaft hängt ein soziales Stigma von Isolation über Menschen, die sich bewusst dafür entscheiden, allein zu sein. Die Annahme, dass Alleinsein etwas ist, das man nur unfreiwillig erlebt, liegt diesem Stigma zugrunde. Die Annahme, dass etwas verkehrt sein muss. Wenn ich allein unterwegs bin, höre ich oft Sätze wie »Hast du keinen Freund?« oder »Wieso fragst du keine Freundin, ob sie mit dir reist?«. Diese Sätze sind meist begleitet von einem mitleidigen Unterton. Ich erkläre dann oft, dass ich es liebe, allein zu sein! Es bedeutet weniger logistischen Aufwand, da ich Termine nicht mit einer anderen Person abstimmen muss. Ich kann selbst jeden Tag frei entscheiden, was ich machen und wohin ich gehen möchte. Ohne Kompromisse! Oft ist es einleuchtend, wenn ich erläutere, dass es manchmal ganz schön ist, nicht für das Glück eines Co-Reisenden auch noch mitverantwortlich zu sein, sondern nur für das eigene Wohlbefinden zu sorgen. Ich erkläre, dass es total schön ist, alleine zu reisen, weil man neue Menschen kennenlernt, die man als Pärchen, als Einheit, eher nicht kennenlernen würde. Dass ich meine Batterien besser aufladen kann, wenn ich selbst entscheide, ob ich sozial interagieren möchte oder nicht. Und ich erwähne die Tatsache, dass man als Solo-Reisende meist auch besser behandelt wird (in Hotel, Restaurants usw.), vielleicht einfach, weil die Menschen Mitleid mit einem haben und denken, man sei arm dran.

Neben all diesen Vorteilen birgt das Alleinsein aber auch ein machtvolles Werkzeug für unseren Werkzeugkoffer: Vertrauen in uns selbst. Wenn wir es einmal geschafft haben, ganz allein zu verreisen, ganz allein ein Projekt anzugehen, eine Person anzusprechen, dann wissen wir, dass wir es können! Wünschen wir das nicht jedem heranwachsenden Menschen?

Urvertrauen in sich selbst und das Wissen, dass man es kann? Alleinsein ist eine Art der Selbstermächtigung, der Vertrag, den man mit sich selbst eingeht und der besagt: Du kannst dich auf dich verlassen. Bedingungslos zu lieben bedeutet, mit sich allein zurechtkommen zu können. Alleinsein kann, aber muss niemals in Einsamkeit resultieren, wenn richtig dosiert. Wir alle haben verschiedene Bedürfnisse, und manche von uns sind lieber, manche weniger gern allein. Allen, die jedoch Angst davor haben, etwas allein zu tun, möchte ich mitgeben, dass bedingungslose Liebe manchmal bedeutet, sich von all den Bedingungen und Verbindungen zu lösen, um einfach mit sich selbst ein bisschen Zeit zu verbringen.

Weniger Mauern, mehr Vertrauen

Im August 2017 machte ich mich auf nach Irland. Ein bedeutender Solo-Selbstfindungstrip à la Julia Roberts sollte es werden. Ich war in Galway, einer wunderschönen Hafenstadt, angekommen und machte mich am nächsten Tag auf den Weg zur Fähre. Dass meine Idee nicht ganz so besonders und einzigartig war, merkte ich auf dem Boot, als ich wie eine Sardine gequetscht zwischen 180 anderen Tourist*innen stand. Mit jedem Selfie, das rund um mich gemacht wurde, wurde meine Laune schlechter. Mein Ziel waren die Aran Islands, die drei Inseln vor Galway. Inishmore, die größte, war die, die ich ansteuerte. Auf der Insel angekommen, floh ich, so schnell ich konnte, vor den Massen, mietete mir ein Fahrrad und radelte unter blauem Himmel im Sonnenschein davon. Inishmore ist wunderschön und märchenhaft – wie fast jede Ecke, die ich in Irland besuchte. Es wurde immer stiller rund um mich, bis ich mich komplett abgekapselt von Tourist*innen wiederfand. Ich traf einen Esel, mit dem ich mich prächtig unterhielt. Meine Fähre zurück sollte erst am späteren Nachmittag gehen, deswegen radelte ich weiter und weiter, bis Google Maps mir verriet, dass ich schon ein ordentliches Stück zurückgelegt hatte. Als ich einen kleinen Laden mit Strickwaren sah, hielt ich an, stieg ab und parkte mein Rad. Ich trat in das dunkle, staubige Geschäft ein. Das Radio steckte zwischen zwei Frequenzen, was die strickende Dame hinter dem Tresen nicht zu stören schien. Sie blickte nicht mal auf, als ich eintrat. Der Laden war vollgeräumt mit Strickpullis, -westen, -schals, -mützen und allem anderen, was man strickend herstellen kann. Nichts fiel mir sonderlich auf, bis meine Augen beim Wandern durch den Laden haltmachten: Da war er. Der wunderschönste Cardigan, den ich je gesehen hatte. Die Farbe undefinierbar, eine Mischung aus Blau und tiefem Violett. Ich schlüpfte rein und war schockverliebt. Geschockt war ich auch, als mir einfiel, dass ich kaum Bargeld dabeihatte. Am Festland war es so einfach gewesen, ohne Bargeld auszukommen, dass ich nie viel davon dabeihatte. Mir war auch klar, dass Inishmore eine abgelegene 900-Seelen-Insel war und somit Bargeld wohl eher die gängige Zahlungsart war. Während ich in meinem Schockzustand vor dem Spiegel stand, blickten zwei funkelnde Augen hinter dem Tresen hervor. »Der steht Ihnen hervorragend. Das ist IHR Cardigan«, sprach die Frau. Ich fragte sofort, ob sie auch Kartenzahlungen akzeptierte. »Dieses Kleidungsstück wurde von mir persönlich angefertigt, mit regionaler Wolle der Aran Islands. Es kostet 130 Euro, und ich kann nur Bargeld akzeptieren.« Mein Gesichtsausdruck schien Bände zu erzählen. Ich war enttäuscht, denn ich wusste, dass es sich hier um ein Einzelstück handelte und ich so schnell nicht mehr auf diese kleine Insel im Atlantischen Ozean kommen würde. Doch dann passierte das Unvorstellbare: Die ältere Dame nahm ein Kuvert in die Hand, kritzelte etwas drauf und streckte mir den Umschlag entgegen. »Hier steht meine Adresse drauf. Sobald Sie zu einem Geldautomaten kommen, stecken Sie das Geld in den Umschlag und bringen ihn frankiert zur Post.« Ich war verwirrt und glücklich zugleich. Diese Fremde vertraute mir! Auf einer Insel, die täglich von Hunderten Touristen überfallen wird, stand diese Frau vor mir und schenkte mir ihr vollstes Vertrauen. Ich verließ den Laden und trat vor Freude gefühlt doppelt so eifrig in die Pedale. Noch am selben Tag schickte ich der Schöpferin meines neuen Lieblingskleidungsstückes den Betrag.

Genau ein Jahr später, im August 2018, wurde ich mitten in der Nacht unsanft geweckt. Jemand klingelte mehrmals an meiner Tür. »Wer ist da?«, murrte ich in die Gegensprechanlage. Am anderen Ende erklang die Stimme eines jungen Mannes, der ins Haus wollte. Er gab vor, im Haus zu leben und seinen Schlüssel vergessen zu haben. Ich fragte ihn nach seinem Namen, der mir nicht bekannt vorkam. Nur wenige Sekunden, um zu entscheiden, ob ich ihm vertraute. Ich entschied mich für das Misstrauen und öffnete die Tür nicht. Ich schlüpfte zurück in mein warmes Bett, nur noch wenige Stunden, bis ich um sechs Uhr rausmusste, um eine Morgenstunde im Yogastudio zu unterrichten. Als ich das Haus pünktlich um 6:25 Uhr verließ, sah ich ihn. Zusammengekauert auf dem Asphalt, an die Haustüre gelehnt. Er war vielleicht 17 oder 18 und fror offensichtlich im Schlaf. Ich weckte ihn, entschuldigte mich, ließ ihn herein. Ein stechendes Gefühl in der Brust begleitete mich den ganzen Tag über.

Vertrauen – es verändert alles. Wie der Autor Greg Lewin

es passend formuliert hat: Vertrauen ist der Kleber, der unsere Leben zusammenhält, unser gesellschaftlicher Vertrag. Alle Menschen, jede Beziehung, jede Familie, jedes Team, jede Organisation, jede Nation, jede Wirtschaft und Zivilisation haben Vertrauen als Grundlage gemeinsam. Alles, was wir tun, und die Tatsache, dass wir überhaupt am gesellschaftlichen Miteinander partizipieren, basieren auf Vertrauen. Wenn Vertrauen entzogen wird, zerstört es die mächtigste Regierung, das erfolgreichste Unternehmen, die blühendste Wirtschaft und die stärkste Liebe. Denken wir allein an den Placeboeffekt. Was es bedeutet, einem Medikament oder Arzt zu vertrauen. Doch im Umkehrschluss ist das Misstrauen ebenso potent: Würdest du einer Bank, die dein gesamtes Vermögen veruntreut hat, noch einmal vertrauen? Würdest du bei einer Firma kaufen, die wegen Betrugs angeklagt wurde? Oder zu einem Freund zurückgehen, der dich im Stich gelassen hat?

Meine persönliche Vertrauensgeschichte beginnt früh. Ich musste als Kind des Öfteren mitansehen, wie meine Mutter von ihren Partnern betrogen wurde. Ich sah den Schmerz und die emotionale Erschöpfung. Ich sah, was es bedeutet herunterzufahren, aufzugeben.

Ich war erst fünf Jahre alt, als ich glücklich von einer Woche mit Verwandten nach Hause kam, um Weihnachten mit meiner Mutter und ihrem Partner zu verbringen, den ich als meinen neuen Vater angenommen hatte. Ich lief zur Tür, umarmte meine Mutter, und als ich fragte, wo er sei, sagte sie: »Er ist fort, es tut mir so leid.« Eine meiner lebendigsten Kindheitserinnerungen ist, mit meiner Mutter und meinem Bruder im Wohnzimmer zu sitzen. Sie in der Mitte, mein Bruder links, ich rechts, alle drei tränenüberströmt. In meiner Erinnerung fühlt es sich an, als hätten wir stundenlang so dagesessen, unsere

Gesichter in den Körper unserer Mutter vergraben, weinend. Erst als ich älter wurde, erfuhr ich die Details der Geschichte. Dass er sie ein Jahr lang betrogen und unsere Familie kurz vor Weihnachten verlassen hatte, ohne sich jemals von uns Kindern zu verabschieden. Ähnliche Erlebnisse musste meine Mutter immer wieder in Liebesbeziehungen erfahren, und wir Kinder waren meist mittendrin. Die Botschaft, die ich in einem sehr jungen Alter mitbekam: Männern kann man nicht vertrauen. Ich wurde weiter erwachsen und sah mich als sehr unabhängige Frau an, aber anstatt anderen zu vertrauen, hatte ich die Einstellung, »Ich kann das selbst«. Was ich als stark und unabhängig empfand, war oft kompromisslos und unflexibel.

Vor Kurzem setzte ich mich im Rahmen meines zweiten TED Talks intensiv mit dem Thema Vertrauen auseinander: Wie entscheiden wir, ob wir vertrauen? Wie können wir Vertrauen wiederaufbauen, wenn es missbraucht wurde? Und wieso ist Vertrauen so essenziell, für alle Belange unseres Zusammenlebens? Nun ist es so: Jede Entscheidung, die wir treffen, basieren wir auf zwei Faktoren. Es gilt immer zu überlegen: Werde ich gewinnen oder verlieren? Das potenzielle Risiko wird gegen die potenzielle Belohnung abgewogen. Das machen wir schon seit Tausenden von Jahren! Ein Neandertaler musste sich immer entscheiden: Bedeutet das Töten dieses Tieres, der involvierte Kampf, eine warme Mahlzeit für meine Familie (Belohnung) oder gar den eigenen Tod (Risiko)? Noch heute bewerten wir jede Entscheidung nach Risiko und Belohnung. Wir wägen ab: Wird diese Wohnung, die ich kaufen möchte, mir große Freude oder finanzielle Belastung bringen? Ist die Person, in die ich verliebt bin, es wert, ihr meine Gefühle zu offenbaren, oder werde ich mich bloßstellen? Vertrauen bedeutet, verletzlich zu sein und Risiken einzugehen. Vertrauen ist nicht, wenn man sagt, »Ich werde fallen«, sondern wenn man es tatsächlich tut. Es ist, »Ich liebe dich« zu sagen, wenn du keine Garantie hast, geliebt zu werden. Vertrauen ist die Unbekannte, das, was wir nicht wissen oder garantieren können, hinzunehmen. Das Problem: Wir leben in einer Welt mit viel Unbekanntem. Wir wissen nicht, wie schnell sich das Klima erwärmen wird. Wir wissen nicht, ob unsere Generation Renten bekommen wird. Wir wissen nicht einmal, ob es überhaupt noch Korallenriffe geben wird. Alles ändert sich in gefühlter Lichtgeschwindigkeit, jeden Tag sind wir von neuen Schlagzeilen umgeben, die uns zeigen, wie unbeständig und ungewiss unsere Welt ist. Das Unbekannte ist beängstigend, verdammt noch mal. Es ist, als würde man nachts im Meer schwimmen gehen: Man weiß nicht wirklich, was da ist.

Der Mechanismus, dem wir uns also zuwenden, ist Kontrolle. Wer kontrolliert, muss nicht vertrauen. Wir versuchen, Risiken zu vermeiden, indem wir die Unbekannte eliminieren. Indem wir kontrollieren, wer in unser Land kommt, geben wir uns ein Gefühl der Sicherheit. Indem wir unsere Gefühle kontrollieren, versuchen wir, Emotionen zu vermeiden. Indem wir kontrollieren, was jetzt ist und besteht, versuchen wir, Veränderungen zu vermeiden. Dabei können wir das Unvorhersehbare nicht vorhersagen und nicht dauerhaft machen, was vorübergehend ist. Weder ein Objekt noch eine Beziehung wird unverändert bleiben. Wir altern, Beziehungen verändern sich, Objekte zerfallen, die Natur mutiert – wir können nicht an den Dingen festhalten, damit alles so bleibt, wie es jetzt gerade ist.

Der knifflige Teil: Diese Kontrolle geschieht meistens nicht bewusst. Wir geben uns meist ein Gefühl der Kontrolle durch zwei Dinge: unsere Gewohnheiten und unsere Erwartungen. Gewohnheiten können sehr praktisch sein. Sie erlauben uns,

Dinge schnell und ohne weiteres Nachdenken auszuführen. Gewohnheiten sind unser Autopilot. Wir können schnell auf Dinge reagieren und uns von der Erfahrung selbst lösen. Wenn ich die Straße überquere, muss ich mich nicht jedes Mal daran erinnern, nach links und nach rechts zu schauen. Ich überquere sie automatisch und schaue nach links und rechts. Erwartungen hingegen helfen uns auch, leichter durchs Leben zu navigieren. Freitagnachmittags ist mit einem stärkeren Verkehr zu rechnen, sodass wir wissen, was zu tun ist. Wir fahren etwas früher zum Bahnhof, um pünktlich dort zu sein. Aber: Gewohnheiten und Erwartungen können uns auch einschränken. Die Gewohnheit, das Mobiltelefon ständig zu überprüfen, könnte einen zu einer schrecklichen Abendbegleitung machen. Man könnte beim ständigen Checken des Handys die Hälfte des Lebens damit verbringen, auf einen Bildschirm zu starren. Eine bestimmte Erwartungshaltung einer fremden Kultur gegenüber kann dazu führen, dass man auf neue, bereichernde Erfahrungen mit dieser verzichtet. Dies kann so weit führen, dass man grundsätzlich keine Gespräche mit Menschen, die einen fremden Pass oder gar keinen Pass besitzen, eingeht. Die Erkenntnis ist: Unsere Gewohnheiten und Erwartungen können uns unendlich einschränken. Wenn wir unbewusst versuchen, alles zu kontrollieren, werden wir bereichernde Erfahrung einschränken und mögliche zwischenmenschliche Verbindungen im Keim ersticken. Wir desinfizieren unser Leben regelrecht damit.

Als ich zu Gast im Europäischen Parlament war, hatte ich ein Erlebnis, das mir die Augen öffnete. Auf der Rückreise gab es am Flughafen einen dieser offenen Verkaufsstände. Also einen kleinen Laden, der ohne Aufsicht und Kontrolle funktionierte. Man schmiss einen Euro in eine Box und durfte sich im Gegenzug, ganz ohne Kontrollmechanismus, eine Wasserflasche nehmen. Es war absurd: Ein Flughafen ist das Gegenteil von Vertrauen! Es ist ein Ort höchster Sicherheit und Kontrolle. Doch da war sie: eine Insel des Vertrauens. Ein Verkaufsautomat ohne Wände. Als ich um mich schaute, entzückt von dieser Feststellung, wurde mir klar: Momentan sind wir von Wänden und Mauern umgeben. Mauern zwischen Geflüchteten und Einheimischen, Mauern zwischen Menschen mit unterschiedlichen politischen Ansichten, Mauern zwischen Mensch und Natur, Mauern um jeden von uns herum. Wände, die wir hoch aufstellen, weil wir annehmen, dass wir so sicher sind. Auf diese Weise meinen wir kontrollieren zu können, was passiert. Wen wir reinlassen, wen nicht. Auf diese Weise müssen wir nicht vertrauen.

Vertrauen erfordert Mut. Mut bedeutet nicht, keine Angst zu haben oder Angst zu empfinden. Es bedeutet zu handeln, obwohl Angst gegenwärtig ist. Wir leben in einer Zeit, in der wir den Mut verloren haben. Mut, aufzustehen und zu sagen: »Ich habe Angst. Ich weiß nicht, was ich tun soll.« Aber aufzustehen, die Angst auszusprechen, wird dafür sorgen, dass alle Wände fallen. Es wird dafür sorgen, dass Verbindung, Verständnis und Respekt wieder möglich sind. Die Zukunft ist unbekannt, und wir können nie alles kontrollieren. Du könntest in vielen Jahren oder schon morgen sterben. Du kannst »Ich liebe dich« sagen und nicht zurückgeliebt werden. Du kannst einen Fremden in dein Haus lassen und nicht gut mit ihm auskommen. Du kannst die Stimme ergreifen und nicht gehört werden. Es wird immer die Möglichkeit eines Risikos geben. Doch die Belohnung für deinen Mut – sie könnte noch viel größer sein. »Ich liebe dich« könnte Türen für ein Leben voller Liebe öffnen. Ein Fremder im Haus könnte ein neues Familienmitglied bedeuten. Die Stimme zu ergreifen könnte bedeuten, die Welt zu verändern. Der Weg zur potenziellen Belohnung ist oft schmerzhaft und ungewiss. Wenn man bedenkt, wie schmerzhaft die Geburt eines neuen Lebewesens für Mutter und Kind ist. Doch: Sowohl Mutter als auch Kind müssen vertrauen. Sie müssen vertrauen, dass der Schmerz dazugehört, wenn Leben geboren wird.

Vertrauen hat in meinem Leben so einen großen Stellenwert, dass ich wohl dieses ganze Buch damit füllen könnte. Nicht nur, weil ich schon so jung Vertrauensmissbrauch erlebt habe, sondern weil Vertrauen und das Wiedererlangen von Vertrauen so wichtig für mich waren. Als ich meinem Bruder und mir selbst vertraute und alleine losreiste, begann das größte Abenteuer meines Lebens: Ich habe tolle Leute getroffen, wunderbare Erfahrungen gesammelt und bin zu den schönsten Orten gefahren. Meine vier Monate in Asien waren der erste Schritt meiner Karriere, während der ich bis zum heutigen Tag die tollsten Dinge erlebte. Mit 22 Jahren Unternehmerin zu werden, war mit viel Risiko verbunden, aber die Belohnung war viel größer. Das Vertrauen in meine Fähigkeiten und die Menschen, mit denen ich interagierte, brachten mich dorthin, wo ich heute stehe.

Es gibt viele Probleme, aber auch viele Lösungen. Vertrauen ist ein essenzieller Teil dieser Lösungen. Ich möchte ein Beispiel nennen: Die Sharing Economy wird ein wichtiger Bestandteil sein, um die ökologischen Probleme unserer Zeit zu lösen. Wir müssen anfangen zu teilen, anders können Ressourcen nicht entlastet werden. Zum Teilen gehört Vertrauen. Vertrauen gehört auch dazu, wenn wir mit Globalisierung zurechtkommen wollen. Migrationsströme werden nicht nur aufgrund politischer, sondern auch ökologischer Faktoren immer stärker. Für ein Miteinander der Zukunft müssen wir

Vertrauen schöpfen, obwohl wir kulturell ein generalisiertes Misstrauen gegenüber Fremden erlernt haben. Vertrauen ist ein fundamentaler Bestandteil der Liebe. Ohne Liebe kein Vertrauen und ohne Vertrauen keine Liebe.

Meine Mutter hätte nach all den negativen Erfahrungen zig Gründe gehabt, dem Vertrauen für immer zu entsagen, niemanden mehr »hereinzulassen«. Doch als ihre letzte Beziehung in die Brüche ging, beschloss sie, erneut Vertrauen zu fassen: Sie wurde Gastmutter und nahm Sadie auf. Dieses Jahr wird er die Handelsschule abschließen und eine Lehre anfangen, am liebsten möchte er Tischler werden. Entziehen wir der Geschichte, wie meine Mutter sich Sadies annahm und er es schaffte zu bleiben – sie gleicht fast schon einer Cinderella-Story –, das Vertrauen, würde sie nicht existieren.

Es ist so schwierig zu vertrauen, vor allem, wenn man die Nachrichtenportale täglich liest. Doch ich möchte appellieren: Es braucht nicht mehr Mauern oder Wände, um die Probleme unserer Zeit zu lösen. Es braucht Vertrauen.

Wahres Mitgefühl

Wie können wir wahres Mitgefühl tagtäglich kultivieren? Mitgefühl passiert im Kleinen, fast sekündlich. Einen ganzen Tag lang habe ich probiert, jedem Menschen und jeder Situation mit Mitgefühl zu begegnen. Wenn die Servicekraft der Airline am Telefon besonders unfreundlich ist, besteht die Möglichkeit, die Person als respektlos und ignorant abzustempeln. Wir können verurteilen und ein Streitgespräch eingehen, bei dem wir das Gegenüber um jeden Preis davon überzeugen wollen, dass wir recht haben. Wir können aber auch probieren, dem

Ganzen mit Mitgefühl zu begegnen. Vielleicht hat die Person gerade einen richtig miesen Tag? Das Kind hat die ganze Nacht erbrochen, in der U-Bahn hat sie jemand angerempelt, ohne sich zu entschuldigen, und nun bin da auch noch ich, die sich fürchterlich über die Stornobedingungen der Airline aufregt, für die die Servicekraft nichts kann. Ein anderes Beispiel: Eine Arbeitskollegin kommt sehr leicht bekleidet zu einer Abendveranstaltung. Innerlich macht sich die verurteilende Stimme breit: »Wieso bekleidet sie sich so leicht? Das ist ja völlig verantwortungslos! Es scheint ihr völlig egal zu sein, dass es draußen Minusgrade hat.« Erkältet sich die Arbeitskollegin dann vielleicht sogar an dem Abend, sagt die innere Stimme mit Genugtuung, »Ha, hab ich's dir doch gesagt!«, fühlen wir uns danach wohl kaum besser. Vielleicht ist es also möglich, Mitgefühl für die Kollegin aufzubringen. Sie wollte einen schönen Abend verbringen, hat sich in ein Outfit, in dem sie sich offensichtlich wohlfühlt, geschmissen, vielleicht sogar etwas Neues ausgetragen und muss nun schnupfend im Bett liegen. Unsere Selbstgefälligkeit und das daraus resultierende ständige Urteilen führen dazu, dass Mitgefühl in seiner Essenz erstickt wird. Wenn jemand laut lacht, können wir uns einfach für die Person freuen, statt entnervt die Augen zu verdrehen.

Urteilen passiert aber meist dann, wenn es uns unmöglich scheint, uns in die Situation der anderen Person hineinzuversetzen. Ein Beispiel: Auf Instagram zeige ich in meinen Storys kurze Ausschnitte aus meinem Alltag. Das Format funktioniert so, dass die Userin, also ich, 15-Sekunden-Videos hochladen kann. An Tagen, an denen ich viele Inhalte teile, sind es einige dieser kurzen Sequenzen, in Summe aber maximal fünf Minuten. Ich zeige schöne Momente mit meinem Hund Mala oder die tolle Mahlzeit, die ich mir zubereitet habe. Es ist ein Ausschnitt, der dennoch dazu führt, dass viele Menschen denken, es sei ein repräsentativer Querschnitt meines Lebens. Was entsteht, sind Urteile, basierend auf dem, was wir sehen. Auf dem Bruchteil, den wir sehen! Wir verurteilen Politiker*innen, Stars, Celebrities, Menschen des öffentlichen Lebens, ohne zu wissen, wie es ist, in deren Schuhen zu stecken. »Das Gehalt ist nur ein Schmerzensgeld«, sagte ein guter Freund, der erfolgreicher Politiker ist, kürzlich zu mir. Als Nahestehende sehe ich den wenigen Schlaf, den unerträglichen Druck, die Intrigen und Verschwörungen, mit denen er täglich zu tun hat. Nicht jeder Mensch, der gut verdient und mit zwei Kindern alleine zu Hause sitzt, ist glücklich. Sich in die Lage einer anderen Person zu versetzen, sie urteilsfrei zu spüren und hinzunehmen, ist der größte Akt des Mitgefühls und somit Liebe, die wir praktizieren können.

Dies gilt auch für uns: das Mitgefühl und die Liebe für uns selber, für die Fehler, die wir gemacht haben, für die wir uns nicht verzeihen können. Wahres Mitgefühl stelle ich mir wie eine herzliche, warme Oma vor, bei der alles erlaubt ist. Sie nimmt uns in den Arm, obwohl wir es vermasselt oder Mist gebaut haben. Sie ist die Oma, die sagt: »Weißt du, wir alle machen Fehler, sei nicht so hart zu dir. Jetzt hast du die Möglichkeit, es besser zu machen.« Wahres Mitgefühl ist die Oma, die uns sagt, dass es wirklich nicht schlimm ist, ein Stück Kuchen zu viel gegessen zu haben, und uns gut zuredet, wenn wir das Gefühl haben, versagt zu haben. Omas, die gelassen reagieren. In meinem Leben war es die starke, warme Oma, die früh Witwe wurde und trotz all der Eisernheit, die sie aufgrund ihrer schweren Geschichte oft ausstrahlte, mich prägte. Die Oma, die einen ausgesetzten Hasen nach Ostern aufnahm und sich acht Jahre lang liebevoll um ihn kümmerte. Die Oma, die trotz einer kaum existierenden Rente Geld spendet, wann auch immer sie kann. Die gelassen und liebevoll sagt: »Es macht nix. Du wirst das schaffen.« Mitgefühl bedeutet für mich, manchmal weniger eine selbstgefällige, auf Recht beharrende Person, sondern mehr eine warme, starke und gelassene Oma zu sein.

Geben & Nehmen

Ich glaube, dass viele Probleme, die aktuell präsent sind, auf einer wahrgenommenen Knappheit beruhen. Die öffentliche Wahrnehmung ist zurzeit, dass es zu wenige Jobs, zu wenige Ressourcen, zu wenig Geld und Verteilung dessen gibt. Dieses Mangeldenken, das sehr stark durch Geiz und Neid angefeuert wird, führt zu Fremdenfeindlichkeit und Angst, es könnte einem noch mehr weggenommen werden. Dabei stehe ich oft morgens schon mit einem Mangelmonolog auf: »Ich habe nicht genug geschlafen«, oder »Ich habe nicht genug Zeit«. Sich auf die vorhandene Fülle zu konzentrieren – das ist manchmal wirklich herausfordernd. Für mich ist die Balance zwischen dem Geben und dem Nehmen immer schon schwierig gewesen. Frauen tendieren oft dazu, zu viel zu geben, weil es von ihnen als mütterlichen, versöhnenden Figuren verlangt wird. Andererseits gibt es aber genauso Menschen, die ständig Angst haben, ihnen würde etwas weggenommen. Politisch wird momentan sehr viel mit dem Defizitgedanken gearbeitet, und vor allem nationalistische, populistische Strömungen profitieren von Menschen, die Angst haben, ihnen würde etwas weggenommen.

Im Yoga geht es sehr viel darum, zu geben und zu nehmen. Als Lehrerin gebe ich hauptsächlich: Ich führe meine Schüler*innen möglichst sicher durch die Stunde und bin da, wenn Hilfe gebraucht wird. Ich versuche einen Raum zu kultivieren, der offen und akzeptierend ist. Es gibt nichts Schöneres für mich als die Schüler*innen am Ende der Stunde in Shavasana mit geschlossenen Augen liegen zu sehen mit einem entspannten, zufriedenen Gesichtsaudruck. Oft gehe ich auch durch und gebe eine kurze Massage oder decke jemanden zu. Wenn ich dann selbst als Schülerin in einer Klasse bin, genieße ich es besonders, all das zu bekommen. Es fällt mir dann sehr leicht, das, was der Unterricht gibt, anzunehmen.

Anne Frank schrieb in ihrem Tagebuch, dass niemand je vom Geben arm geworden ist. Damit implizierte sie, dass auch das Geben eine Art Bereicherung und Erfüllung sein kann. So empfinde ich es täglich in meiner Arbeit! Ich bin nicht mehr selbstlos als andere Menschen, das Geben erfüllt mich einfach ungemein. Denn Geben kann nicht ohne Empfänger*innen erfolgen, was das Empfangen ebenso zu einem Akt des Gebens macht. Nehmen gibt dem Geben ein Zuhause, das Geben weiß, wo es hinmuss. Mit der Analogie des Zuhauses hat dieses Buch begonnen, und mit derselbigen möchte ich es zu einem Ende bringen.

Wir alle tragen dieses wunderbare Zuhause mit uns rum. Als Schneckenhaus, als Schildkrötenpanzer. Das Zuhause lebt davon, dass wir Menschen etwas davon mitgeben und Menschen auch mal hereinlassen. Das Herz zu öffnen, es stark und gleichzeitig weich sein zu lassen, bedarf Mutes. Mut zu geben, aber auch Mut zu nehmen. Geben lässt andere Menschen wachsen, nehmen lässt uns wachsen. Es ist unsere Aufgabe herauszufinden, wann es sinnvoll ist, die Tür zu öffnen, und wieso es manchmal auch klug ist, sie symbolisch zu schließen. Das eigene Zuhause ist kein Durchgangszimmer, es ist das

Nest, die Höhle, unser Ort. Wir werden alleine, ohne Gegenstände und materielle Besitztümer, geboren und gehen ohne all das. Das, womit wir geboren werden und womit wir gehen, ist das Zuhause. Es sitzt mitten in deiner Brust, manchmal schmerzt es da, manchmal glüht es da. Ich bin zuversichtlich und optimistisch, dass wir trotz aller Herausforderungen, die das 21. Jahrhundert stellt, das Ruder herumreißen können und zusammen für mehr Gerechtigkeit einstehen können.

Geh dorthin, wohin dein starkes weiches Herz dich trägt. Bleib mutig, und gib nicht auf.

Quellen

Die folgenden Texte haben mich bei der Arbeit an diesem Buch begleitet oder als Quellen gedient.

1. Bin ich eigentlich erfüllt?

- Das Problem mit Glück
  A Better Word than Happiness: Eudaimonia https://www.theschooloflife.com/thebookoflife/a-better-word-than-happiness-eudaimonia/ (Letzter Zugriff: 6. Mai 2019)
- Emotionales Erbe
  Beispielhafte Studie zur unbewussten Weitergabe von Traumata hier: https://www.journal-fuer-psychologie.de/index.php/jfp/article/view/268/310 (Letzter Zugriff: 6. Mai 2019)
  https://www.ncbi.nlm.nih.gov/pubmed/25931287 (Letzter Zugriff: 6. Mai 2019)
  https://www.berliner-zeitung.de/wissen/psychologie-kann-ein-psychisches-trauma-vererbt-werden--26229832) (Letzter Zugriff: 6. Mai 2019)
- Money, Money, Money
  https://www.nzz.ch/finanzen/macht-geld-gluecklich-und-wenn-ja-wie-lange-ld.1417687 (Letzter Zugriff: 6. Mai 2019)

2. Bin ich genug?

  https://www.ncbi.nlm.nih.gov/pmc/articles/PMC2654842/ (Letzter Zugriff: 6. Mai 2019)
- Done is better than perfect
  Sheryl Sandberg, Lean In, 2013, Seite 129

- Auf der Matte bleiben

  https://warwick.ac.uk/newsandevents/pressreleases/study_says_money/

  Danah Boyd: http://www.zephoria.org/thoughts/archives/2017/03/03/failing-to-see-fueling-hatred.html

  https://www.theguardian.com/global/2017/may/11/outclassed-neighbors-income-happiness) (Letzter Zugriff: 6. Mai 2019)

  https://www.niaaa.nih.gov/alcohol-health/overview-alcohol-consumption/alcohol-facts-and-statistics (Letzter Zugriff: 6. Mai 2019)

  https://de.wikipedia.org/wiki/Paralyse_durch_Analyse (Letzter Zugriff: 6. Mai 2019)

- Diktatur der Schönheit

  https://de.wikipedia.org/wiki/Schönheitsideal (Letzter Zugriff: 6. Mai 2019)

  https://www.independent.co.uk/news/uk/five-hundred-years-of-eating-disorders-reflect-womens-lack-of-power-liz-hunt-reports-that-anorexia-2320545.html) (Letzter Zugriff 6. Mai 2019)

  https://derstandard.at/2000011255486/Essstoerung-Zahl-der-Betroffenen-in-20-Jahren-verzehnfacht (Letzter Zugriff 6. Mai 2019)

  https://www.visualstatements.net/visuals/visualstatements/you-will-never-look-like-the-girl-in-the-magazine-the-girl-in-the-magazine-doesnt-even-look-like-the-girl-in-the-magazine/ (Letzter Zugriff 6. Mai 2019)

- Zu dick, zu dünn, zu alles

  https://www.theguardian.com/fashion/fashion-blog/2012/feb/08/karl-lagerfeld-adele (Letzter Zugriff 6. Mai 2019)

  https://www.huffpost.com/entry/karl-lagerfeld-slams-the-me-too-movement-models-that-complain-about-beinggroped_n_5ad49b6ae4b0edca2cbbfedd (Letzter Zugriff 6. Mai 2019)

https://onlinelibrary.wiley.com/doi/full/10.1002/eat.22682 (Letzter Zugriff: 6. Mai 2019)

https://www.refinery29.com/de-de/5-gruende-warum-es-mich-ankotzt-wenn-schoene-menschen-sagen-sie-seien-body-positive (Letzter Zugriff: 6. Mai 2019)

- Wir dürfen alle Feministinnen sein

  https://www.duden.de/rechtschreibung/Feminismus (Letzter Zugriff: 6. Mai 2019)

- Alle wollen individuell sein, aber wehe, du bist anders

  http://alicedreger.com/oneofus (Letzter Zugriff: 6. Mai 2019)

- An erster Stelle kommt die Selbstliebe

  Brené Brown, Verletzlichkeit macht stark. Wie wir unsere Schutzmechanismen aufgeben und innerlich reich werden, Kailash, 2013

- An erster Stelle kommst du

  https://politicaltheology.com/foucaults-care/ (letzter Zugriff: 6. Mai 2019)

  Audre Lorde, A Burst of Light, Dover Publications Inc., 2017

  https://www.theguardian.com/lifeandstyle/2017/jan/12/self-care-problems-solange-knowles (Letzter Zugriff: 6. Mai 2019)

  https://www.wmagazine.com/story/exclusive-solange-knowles-in-conversation-with-tavi-gevinson-about-a-seat-at-the-table (Letzter Zugriff: 6. Mai 2019)

3. Was will ich eigentlich?

- Von Berufung und Scheitern

  Elizabeth Gilbert, Big Magic. Nimm dein Leben in die Hand und es wird dir gelingen, Fischer, 2015, Seite 141 f.

  https://www.goodreads.com/quotes/339631-by-the-ageof-twenty-you-know-you-re-not-going (Letzter Zugriff: 6. Mai 2019)

https://www.marieforleo.com/2015/09/elizabeth-gilbert-big-magic/ (Letzter Zugriff: 6. Mai 2019)

- Get up, stand up
  https://www.youtube.com/watch?v=_YeulUgWNp8 (Letzter Zugriff: 6. Mai 2019)

  Autumn Leaves, Philosophical eLibrary, 2012, (Feuillets d'automne, 1941, trans. Jeanine Parisier Plottel)/https://en.wikiquote.org/wiki/Andr%C3%A9_Gide

  https://www.youtube.com/watch?v=0OkOQhXhsIE (Letzter Zugriff: 6. Mai 2019)

- Such dir die warmen Menschen, nicht die Coolen
  https://twitter.com/matthaig1/status/945955868910194688?lang=en (Letzter Zugriff: 6. Mai 2019)

4. Was würde ich tun, wenn ich keine Angst hätte?

Spencer Johnson, Die Mäusestrategie für Manager, Veränderungen erfolgreich begegnen, Ariston, 2000, Seite 29

- Was wir brauchen, ist Mut
  https://www.goodreads.com/quotes/172689-courage-is-not-the-absence-of-fear-but-rather-the (Letzter Zugriff: 6. Mai 2019)

  Brené Brown, Verletzlichkeit macht stark. Wie wir unsere Schutzmechanismen aufgeben und innerlich reich werden, Kailash, 2013, Seite 223

  https://www.youtube.com/watch?v=PQcXpoWIwxo (Letzter Zugriff: 6. Mai 2019)

- Was wir brauchen, ist Wut
  https://www.youtube.com/watch?v=wMt0K-AbpCU (Letzter Zugriff: 6. Mai 2019)

https://www.youtube.com/watch?v=Ol9VhBDKZs0 (Letzter Zugriff: 6. Mai 2019)

https://www.youtube.com/watch?v=m5M8vvEhCFI (Letzter Zugriff: 6. Mai 2019)

- Manchmal muss man loslassen

  https://mymonk.de/4-geschichten/ (Letzter Zugriff: 6. Mai 2019)

  Elizabeth Gilbert, Eat, Pray, Love, Berlin Verlag, 2013

  Elizabeth Gilbert, Big Magic: Nimm dein Leben in die Hand und es wird dir gelingen, Fischer, 2015

5. Was kommt nach der Angst?

- Ehrlichkeit ist anstrengend

  https://www.ted.com/talks/mel_robbins_how_to_stop_screwing_yourself_over?language=en (Letzter Zugriff: 6. Mai 2019)

  Matt Haig, Ziemlich gute Gründe, am Leben zu bleiben, dtv, 2016

  https://de.wikipedia.org/wiki/Rationalisierung_(Psychologie) (Letzter Zugriff: 6. Mai 2019, Seite 165)

  http://www.abzaustria.at/sites/default/files/veranstaltung/einladungen/Infoblatt-GloBUNTU-Schnupper-Workshop.pdf (Letzter Zugriff: 6. Mai 2019, Seite 179)

6. Wie gehe ich mit Hindernissen um?

- Die drei Schritte für Stresssituationen

  https://en.wikipedia.org/wiki/Fight-or-flight_response (Letzter Zugriff: 6. Mai 2019)

- Tschüss, Energievampir

  Judith Hanson Lasaster, Ike K. Lasaster, Weil Worte wirken … Gewaltfreie Kommunikation praktisch anwenden, Junfermann Verlag, 2011

- Im Hier und Jetzt

Ruby Warrington, Sober Curious. The Blissful Sleep, Greater Focus, Limitless Presence, and Deep Connection Awaiting Us All on the Other Side of Alcohol, HarperOne, 2018

https://edition.cnn.com/2019/01/02/health/most-addictive-substances-partner/index.html (Letzter Zugriff: 6. Mai 2019)

https://www.bbc.com/news/uk-11660210 (Letzter Zugriff: 6. Mai 2019)

Amy Schumer, The Girl with the Lower Back Tattoo, Gallery Books, 2016

- Raus aus der Konsumfalle

Marie Kondo, Magic Cleaning. Wie richtiges Aufräumen Ihr Leben verändert, Rowohlt, 2013

https://www.ft.com/content/9c57c12c-c517-11e5-808f-8231cd71622e (Letzter Zugriff: 6. Mai 2019, »Thing theory: contemplating the culture of consumption«)

http://articles.latimes.com/2014/mar/21/health/la-he-keeping-stuff-20140322 (Letzter Zugriff: 6. Mai 2019) For many people, gathering possessions is just the stuff of life

http://www.onegreenplanet.org/environment/how-to-reduce-the-impact-of-your-clothing-on-the-planet (Letzter Zugriff: 6. Mai 2019)

https://www.therobinreport.com/preference-for-polyester-may-make-fast-fashion-brands-vulnerable/ (Letzter Zugriff: 6. Mai 2019)

Andrew Morgan, The True Cost – Der Preis der Mode, Alive, 2015

Manfred Karremann, Gift auf unserer Haut, ZDF: 37°, 2013

- Zeit für das, was du liebst

Erich Fromm, Haben oder Sein. Die seelischen Grundlagen einer neuen Gesellschaft, Deutsche Verlags-Anstalt, 1976

https://bemorewithless.com/project-333/ (Letzter Zugriff: 6. Mai 2019) https://www.ted.com/talks/cal_newport_why_you_should_quit_social_media?language=en (Letzter Zugriff: 6. Mai 2019)

Cal Newport, Digital Minimalism. Choosing a Focused Life in a Noisy World, Portfolio, 2019

Andrea Köhler, Und immer wieder Dopamin, NZZ, 31.12.16, https://www.nzz.ch/meinung/im-digitalen-klammergriff-und-immer-wieder-dopamin-ld.137455 (Letzter Zugriff: 6. Mai 2019)

Robert Wringham, Ich bin raus. Wege aus der Arbeit, dem Konsum und der Verzweiflung, Heyne 2016, Seite 261

- Muss ich alles allein schaffen?
  https://www.handelsblatt.com/politik/deutschland/pflege bericht-lieber-zu-hause-als-im-heim/19257650.html?ticket=ST-1073588-efioNPZM7QzOAIfdTKYG-ap5). (Letzter Zugriff: 6. Mai 2019)

7. Wie liebe ich bedingungslos?

- Die Macht der Entschuldigung
  Harriet Lerner, Versuch's mal mit Entschuldigung – Wie Versöhnung kleine und große Herzschmerzen heilt, Droemer Knaur Verlag, 2017
- Der härteste Job der Welt
  https://www.theschooloflife.com/shop/eu/tsol-press-relationships/ (Letzter Zugriff: 6. Mai 2019)
- Warum dein Schmerz mir wichtig ist
  Gabrielle Bernstein, Judgement Detox. Wie wir uns vom Gift des Urteilens befreien, Arkana, 2018, Seite 46, 71
  Brené Brown, Listening to Shame, TED, 2012, https://www.ted.com/talks/brene_brown_listening_to_shame, Minute 20:35, (Letzter Zugriff: 6. Mai 2019)
- Allein ist nicht einsam
  Elizabeth Gilbert, Eat, Pray, Love, Berlin Verlag, 2013

Brené Brown, Braving the Wilderness, The Quest for True Belonging and the Courage to Stand Alone, Random House, 2017

- Weniger Mauern, mehr Vertrauen

Greg Lewin, It's A Matter Of Trust: How trust changes every risk you take and every decision you make, CreateSpace Independent Publishing Platform, 2017

http://www.bildungsvertrauen.de/Vertrauensbildung_Bartmann.htm

Seifert/Brinkmann 2000: 206 (Letzter Zugriff: 6. Mai 2019)

(Letzter Zugriff: 6. Mai 2019)

- Geben & Nehmen

Anne Frank, Tagebuch, Fischer, 2013